JN079626

ディズニー変形譚研究

世俗化された福音への信仰

宮平 望

新教出版社

目　　次

4

ディズニー変形譚研究

世俗化された福音への信仰

凡　例

1. cf. は「参照せよ」、p. は「ページ」、also は「また」、c. は「およそ」、&は「と」を表す。

2. f. 及び ff. は「以下」を表し、引用ページまたは参照ページが前者は二ページ、後者は三ページ以上に渡ることを表す。

3. ed. は「編集」、tr. は「翻訳」、intro. は「紹介」、by は「による」、et al. は「他」、n.d. は「日付不明」を表す。

4. 英語原語は直後に（……）で示し、英語原文における斜字体は〈……〉で示す。G. は「ギリシャ語」を、L. は「ラテン語」を、D. は「ドイツ語」を表す。但し、ギリシャ語はローマ字で表記する。私自身による補足は、同一内容の別表記を示す（＝……）と内容明示のための［……］である。

5. 文献を文中で引用する場合、著作名は明示する必要がなければ、巻末の文献表に記載の副題、シリーズ名、出版社名などと共に省略し、原則として著者名と出版年と参照ページのみをこの順に記す。同一著者に同一出版年の文献がある場合には、文献表の各文献直後にアルファベットで識別を付け、出版年の直後にその識別文字を挿入する。文献表の＝は外国語原本または英語訳本を、≒は部分的に重なる外国語原本または英語訳本を指す。邦訳書に外国語原本がある場合には、外国語原本の出版年を記すが、参照ページは邦訳書のページを記す。また、本文に単に例えば（本書第一章第一節）とある場合は、本書『ディズニー変形譚研究　世俗化された福音への信仰』内の参照章節を示す。

6. 文中で歴史的人物の姓のみを記す場合、そのフルネームと生没年を巻末の年表に別記するものもある。現存の人物や研究者に対しても歴史的記述方法を採り、敬称は省略する。年に関しては、西暦の省略形

A.D. は省略して紀元前の省略形 B.C. のみを記し、C. は「世紀」を表す。

7. 聖書箇所は、下記の括弧内の引用表記を使用し、章と節は : で区切る。
なお、旧約聖書からの引用は共同訳聖書実行委員会『聖書　新共同訳』
（日本聖書協会, 1987）に基づき、新約聖書からの引用は拙著「私訳と
解説」シリーズに基づく。

旧約聖書：創世記（創世）　出エジプト記（出エ）　レビ記（レビ）　民数
記（民数）　申命記（申命）　ヨシュア記（ヨシ）　士師記（士師）　ルツ記
（ルツ）　サムエル記上（サム上）　サムエル記下（サム下）　列王記上（列王
上）　列王記下（列王下）　歴代誌上（歴代上）　歴代誌下（歴代下）　エズラ
記（エズ）　ネヘミヤ記（ネヘ）　エステル記（エス）　ヨブ記（ヨブ）　詩編
（詩編）　箴言（箴言）　コヘレトの言葉（コヘ）　雅歌（雅歌）　イザヤ書（イ
ザ）　エレミヤ書（エレ）　哀歌（哀歌）　エゼキエル書（エゼ）　ダニエル書
（ダニ）　ホセア書（ホセ）　ヨエル書（ヨエ）　アモス書（アモ）　オバデヤ
書（オバ）　ヨナ書（ヨナ）　ミカ書（ミカ）　ナホム書（ナホ）　ハバクク書
（ハバ）　ゼファニヤ書（ゼフ）　ハガイ書（ハガ）　ゼカリヤ書（ゼカ）　マ
ラキ書（マラ）

新約聖書：マタイによる福音書（マタ）　マルコによる福音書（マル）　ル
カによる福音書（ルカ）　ヨハネによる福音書（ヨハ）　使徒言行録（使徒）
ローマ人への手紙（ロマ）　コリント人への手紙一（コリ一）　コリント人へ
の手紙二（コリ二）　ガラテヤ人への手紙（ガラ）　エフェソ人への手紙（エ
フ）　フィリピ人への手紙（フィリ）　コロサイ人への手紙（コロ）　テサロ
ニケ人への手紙一（テサ一）　テサロニケ人への手紙二（テサ二）　テモテへ
の手紙一（テモ一）　テモテへの手紙二（テモ二）　テトスへの手紙（テト）
フィレモンへの手紙（フィレ）　ヘブライ人への手紙（ヘブ）　ヤコブの手紙
（ヤコ）　ペトロの手紙一（ペト一）　ペトロの手紙二（ペト二）　ヨハネの手
紙一（ヨハ一）　ヨハネの手紙二（ヨハ二）　ヨハネの手紙三（ヨハ三）　ユ
ダの手紙（ユダ）　ヨハネの黙示録（黙示）

8. ディズニー作品の省略記号として、下記の括弧内の用語を使用する場合がある。テキストとしてはディズニー・エンタープライジズ・インク（品川泰一発行）『Disney Magical Stories　ディズニー・マジカル・ストーリーズ』（ユーキャン，2016）の全十五巻シリーズを使用し、ディズニー・エンタープライジズ・インク（うさぎ出版，河村誠，日置聡編／栗山節子訳 [vols. 1, 4, 8]／品川泰一発行）『Disney Magical Stories　ディズニー・マジカル・ストーリーズ　全訳解説書』（ユーキャン，2016）は、文中の引用において「全訳解説書」と省略する。より詳細な解説については、『CD 付　ディズニーの英語　コレクション　英文解説　石原真弓』（KADOKAWA, 2011-）のシリーズが参考になるだろう。『アラジン』の原作『アラジンと魔法のランプの物語』は作者不詳につき、文献表においてマルドリュス版『完訳　千一夜物語』を記載している。なお、アントワーヌ・ガランによる十八世紀初頭の仏訳の邦訳『ガラン版　千一夜物語　全 6 冊』（岩波書店，2019-）が現在刊行中である。

あいうえお順

『アナと雪の女王（FZ）』『アラジン（AD）』『くまのプーさん～イースター・エッグ・ハント（WP）』『白雪姫（SW）』『シンデレラ（CD）』『トイ・ストーリー 3（TS）』『塔の上のラプンツェル（TG）』『眠れる森の美女（SB）』『ピーター・パン（PP）』『美女と野獣（BB）』『ファインディング・ニモ（FN）』『ふしぎの国のアリス（AW）』『モンスターズ・インク（MI）』『ライオン・キング（LK）』『リトル・マーメイド（LM）』

ABC 順

『アラジン（AD）』『ふしぎの国のアリス（AW）』『美女と野獣（BB）』『シンデレラ（CD）』『ファインディング・ニモ（FN）』『アナと雪の女王（FZ）』『ライオン・キング（LK）』『リトル・マーメイド（LM）』『モンスターズ・インク（MI）』『ピーター・パン（PP）』『眠れる森の美女（SB）』『白雪姫（SW）』『塔の上のラプンツェル（TG）』『トイ・ストーリー 3（TS）』『くまのプーさん～イースター・エッグ・ハント（WP）』

9. ディズニー社に関する種々の施設名、作品名、商品名などはディズニー社の登録商標であり、本書においてはそれらを専ら研究目的のために活用し解釈していることを関係各位と読者の方々にはご了承いただきたい。

前　書

　本書は、『白雪』から『アナ雪』までのディズニー映像代表作品を完全
網羅した研究書である。

　拙著『ディズニーランド研究　世俗化された天国への巡礼』と比較すれ
ば本書『ディズニー変形譚研究　世俗化された福音への信仰』の執筆意図
は自然と浮き彫りにされると思われるが、前者と後者の関係は一般的に言
えば形式と内容、身体的に言えば肉体と霊魂、神学的に言えば教会と説教
の緊密な関係に譬えることもできるだろう。前者ではディズニー作品研究
を展開しなかったため（cf. 宮平，2019, a, p.34）、本書によって内容補完が
幾分なされることを期待している。したがって、当然のことながら序章や
年表や文献表などにおいて前著と重複する箇所もあれば、逆に本書の各所
において省略されている箇所もある。

　本書における構造上の変容は「ディズニー英語」を追加した点にあり、
大学でディズニー研究に取り組む学生が受験英語の勉強では仄見しただけ
かもしれないが、ディズニー作品では程度の差はあれ使用されている英単
語が便宜上その名称のもとに収録されている。近年は英単語を語源に基づ
いて学習する啓発書が人気を博しているが、英語の語源にも遡及して作品
解釈をする本書の試行はそれに同調するものであり、その際に瀕用される
英和辞典の語源解説の箇所は一見に値し、英語語源辞典に至っては興味が
尽きない。

　この「源（みなもと）」とは元々「水な本（みなもと）」であり、「水源」
の意味から「物事の起り始まるもと。根源」の意味も生まれ、対義語であ
る「港（みなと）」は元々「水門（みなと）」であり、古語においては水源
に由来する水が最終的に下着する「入江の口」の意味から一般に「行きつ
く所」という意味にもなった（大野，1990, p.1268）。この終着点から開始

点を探究するなら単語は幾多の基本的な古典語に収斂していき、単語の意外な背景や単語同志の予期せぬ遭遇も見られる。私自身、中学高校時代の授業で誰からも問題視されない内職として辞典類を読んでいたことを思い出す。単語から文章へ、文章から文学へ、文学から文化へ、文化から宗教へという研究旅程はその頃から準備されていたのかもしれない。

　また前著『ディズニーランド研究』については、この場を借りて「相互遇有収斂」という表記の「遇有」を「偶有」に訂正することを願いたい（宮平，2019, a, pp.156ff., 177, 181, 190, 206, 216, 229, 261）。これは私自身による誤植としてここで読者の方々に対してお詫び申し上げたいと思う。同様にして、前著217頁15行目の下線を一つ上の14行目に入れるべきものとしてご了解いただけるなら幸甚である（宮平，2019, a, p.217）。

14

序章　ディズニー変形譚研究入門

　序章ではディズニー変形譚の研究史と方法論を取り扱うことによって本書の構成と概略を紹介するが、まずは「変形譚（へんけいたん）」について解説しておこう。

　十九世紀後半から二十世紀前半にかけて国際的に活躍した日本の生物学者であり民俗学者である南方熊楠は変形菌類とも称せられる菌類の研究に精励し、特に細胞膜のない「原形体」がアメーバ的移動をしつつ有機物を摂取するものの環境に応じて「生態変化」し（南方，6，1915，p.115）、活着すると胞子を生じるという「変形菌」の生態に魅了された（南方，別巻1，1917，p.15, cf. 南方，9，1931，pp.28f.; 南方，9，1926，pp.437ff., 456ff.; 南方，9，1929，pp.563ff.; 南方，別巻1，1928，p.150）。ある時は動物的であり、またある時は植物的であるこの変形菌に向けられた南方の気迫と匠気を彼自身の言葉で語ってもらおう（cf. 南方，5，1914，p.437）。

　「従来動物学者と植物学者がこれはわが職分以外の物だと相譲ったので、近ごろあまり深く調査されなんだ。本邦にはようやく十八種類知れおったのを、熊楠がこの十三年間断食苦行したり、深山で幽霊の研究をやったり、大酒を飲んだり喧嘩をしたり、監獄に入ったり、種々本業の余暇に大和・紀伊を跋渉して、邦産粘菌の種数を『水滸伝』の豪傑の員数、すなわち、一百八種まで進め、昨年九月の『植物学雑誌』に出したが、その後にまた五種を三箇月間に発見したから今では百十三種ある。現今知れおる粘菌の総数二百四十八、そのうち百五十八種は英国、百八十五種は米国に産す。これらは、歴年多数の学者が調べ上げた結果だ。しかるに熊楠は一人で、しかも酒を飲んだり踊ったり唄ったりを本芸として、内職にかく本邦の粘菌数を増加したのみか、種々先人の知らぬ事実を見

出し、いささかながら国威を九鼎大呂より重たらしめたつもりだ」（南
方，5，1914,pp.437f., cf. 南方，7，1925,p.28; 南方，8，1911,pp.32f.,40; 南
方，8，1916,p.564）。

　かつて、一世紀中葉のローマ皇帝ネロは気に食わないことがあると「食
卓をひっくり返し」（スエトニウス，下，2C., p.189）、いずれ人々から見
捨てられると占星術師たちに予言されると、「芸は身を助ける」という有
名な言葉を放ち（スエトニウス，下，2C., p.181）、幼少期から身に付けて
いた竪琴や歌といった音楽の素養を無理に披露していたものの人心を引き
止めておくことができず、周囲の親族を次々と殺害して最後には自害した
（スエトニウス，下，2C., pp.152, 172, 174, 192f.）。「あらゆるものの源泉を
考えよ」と説いた二世紀の五賢帝時代最後の哲人皇帝マルクス・アウレー
リウスは（マルクス・アウレーリウス，2C., p.107）、ネロを「野獣」と見
なしたが（マルクス・アウレーリウス，2C., p.47）、結局は芸によっても
身を滅ぼしたこのようなネロの変人譚とは対照的に、断食苦行、幽霊研究、
大酒、喧嘩、入獄を「本業」とし、「酒を飲んだり踊ったり唄ったりを本
芸」とし、「内職」で歴史に残る変形菌研究を遂行していたという奇矯な
南方の回顧談は、芸に助けられた人物に関する変才譚であると言えるだろ
う。
　そして、このいわゆる「変形体（plasmodium）」という現象を文学のジ
ャンルに応用したものが「変形譚」であり（岩尾，2000, p.219, cf. 大沢，
1977, p.74）、これは伝承や編集などの過程を経て変容、変質した文学作品
を指すが、「新しい姿への変身の物語」から構成されているオウィディウ
スによる『変身物語』（1世紀）のような古代ギリシャ・ローマの「変身
譚」の著作を指す場合もある（オウィディウス，上，1C., p.11）。いずれ
にせよ、ディズニー映像代表作品は何らかの原作に基づく場合、ディズニ
ー版の物語に変容、変質したという意味でディズニー変形譚であり（宮平，
2019, a, p.17, cf. 宮平，2019, a, pp.103ff.）、種々の作品で登場キャラクター
が変身する場合も変身譚という意味での変形譚であると言えるだろう。

　例えば、『白雪姫』で女王は老婆の行商人に変身し（SW, p.19）、『シンデレラ』でカボチャは馬車に、鼠は白馬に、襤褸服のシンデレラは輝くドレス姿に変身し（CD, pp.12ff.）、『眠れる森の美女』でマレフィセントは竜に変身し（SB, pp.28f.）、『リトル・マーメイド』でアリエルは人間に変身し、父トリトン王は娘アリエルの代わりに弱小生物への変身を余儀なくされ（LM, pp.19, 28）、『美女と野獣』で冷酷な王子は野獣に変身させられ（BB, p.2）、『ライオン・キング』で雲は言わばムファサに変身し（LK, p.27）、『アナと雪の女王』でアナは姉エルサを救おうとして氷像に変身し（FZ, p.31）、『アラジン』でアラジンは魔法のランプによってアリ王子に変身し（AD, p.16）、『トイ・ストーリー3』でおもちゃたちは人間のいない所でのみ生きたおもちゃに変身して活動し（TS, pp.2f. et al.）、『モンスターズ・インク』で少女ブーはきぐるみを着せられてモンスターに変身し（MI, p.20）、『ピーター・パン』で子どもたちはきぐるみを着て動物に変身し（PP, pp.12f., 22ff., 31）、『ふしぎの国のアリス』でアリスは巨人や小人に変身（AW, pp.10ff.）、『塔の上のラプンツェル』でラプンツェルは髪を切り落とされた後は言わば普通の王女に変身し（TG, p.32）、『ライオン・キング』と同様に『くまのプーさん～イースター・エッグ・ハント』では動物自体が最初から人間的存在に変身しており（WP, pp.2f. et al.）、『ファインディング・ニモ』でニモは歯科医の水槽から脱出するために言わば死体に変身する（FN, pp.24ff.）。

　このように、本書で取り上げたディズニー映像代表作品はそのすべてにおいてキャラクターが何らかの形で変身している点で変身譚という意味での変形譚であり、後に各章で検討するように各作品が原作から変容、変質している場合も変形譚であると言えるだろう。

　「譚」という漢字は「言」偏と「ふかい、底力がある、さかんな」という意味の「覃（タン）」から成り、深みのある話を意味する（藤堂／加納, 2005, pp.1663f.）。確かに、深みのある話であれば人々の印象に残り、様々な仕方で伝承、編集されていく過程で時代と場所に応じて変容、変質していくだろう。いわゆる名作というものはすべてこの意味で「譚」であ

ると言えるだろう。また、変形譚の英語表記としては、語源的には「形作られたもの（G.plasma）」と「……の性質・形状を持った（物）（-ode）」から構成されている「変形体（plasmodium）」をそのまま活用することができる（竹林，2002, pp.1714, 1887）。深みのある文学作品は「変形体（plasmodium）」として生物と同様に時代と場所を越えて移動し、文化的栄養を摂取して増殖していくからである。

＊ディズニー映像代表作品におけるキャラクターの変身前と変身後

作品	変身前	変身後
『白雪姫』	女王	老婆の行商人
『シンデレラ』	襤褸服	ドレス姿
『眠れる森の美女』	マレフィセント	竜
『リトル・マーメイド』	トリトン王	弱小生物
『美女と野獣』	王子	野獣
『ライオン・キング』	雲	ムファサ
『アナと雪の女王』	アナ	氷像
『アラジン』	アラジン	アリ王子
『トイ・ストーリー3』	おもちゃ	生きたおもちゃ
『モンスターズ・インク』	少女ブー	モンスター
『ピーター・パン』	子どもたち	動物
『ふしぎの国のアリス』	アリス	巨人や小人
『塔の上のラプンツェル』	魔力を持つ王女	普通の王女
『くまのプーさん』	動物	人間的存在
『ファインディング・ニモ』	ニモ	死体

第一節　ディズニー変形譚研究の歴史

　ディズニーの長編アニメーション全作品と代表的な短篇などを解説するディズニーファン編集部編『ディズニーアニメーション大全集　新版』（2014 年）を一覧すれば明白になるように、ディズニーの作品研究に関する文献はその原作にも遡及すれば膨大な数に達するため、ここでは和書、洋書の順に複数の作品を論じている近年のものに焦点を当てよう。

　メディア論を専門とする有馬哲夫による一連のディズニー研究書と入門書の中でも特に中心的位置を占める『ディズニーとは何か』（2001 年）は、ウォルト指揮下の『白雪姫』（1937 年）、『シンデレラ』（1950 年）、『眠れる森の美女』（1959 年）というヒロイン三部作とアイズナー体制下の『リトル・マーメイド』（1989 年）、『美女と野獣』（1991 年）、『ポカホンタス』（1995 年）というカウンターパートの原作や史実からの改変点に見られる特徴をフェミニズムとの関係において精査し、豊富な研究材料を提供している（cf. 宮平，2019, a, p.27）。この『ディズニーとは何か』の第七章と第八章を拡充した有馬哲夫『ディズニーの魔法』（2003 年）は、『白雪姫と七人のこびと』、『ピノキオ』、『シンデレラ』、『眠れる森の美女』、『リトル・マーメイド』、『美女と野獣』を得てして残酷で異様な原作との相違に着目しながら、ディズニーによってどのように改変されたかを詳述している。本書『ディズニー変形譚研究』にとってこの『ディズニーの魔法』の最も貴重な指摘の一つは、例えばディズニー・ブック・グループ（Disney Book Group）『ディズニー・ベッドタイム・ストーリーズ 365（Disney 365 Bedtime Stories)』（2004 年）という本からも推測されうるように、かつてキリスト教圏において子どもが寝る前に聖書物語を通して親に読み聞かせをしてもらっていた聖書が、今や圏域を問わずディズニー童話に代替されつつあることを充分に想像させる次の回顧談である（本書結章第三節）。

　「幼いころ寝る前に『ディズニー童話』の朗読（というよりはパフォー

マンス）を何度もせがんだ娘明子に感謝しなければならない。目を大き
く見開いたり、顔をおおって怖がったりする様子を今でも覚えている。
親として至福のときを過ごした。本書の萌芽はあのころにすでにあった。
思えば、ウォルトも娘ダイアンと同じような幸福なときをすごし、それ
が長編アニメーションになっていったのだった」（有馬，2003,p.217）。

　有馬哲夫『ディズニー・ミステリー・ツアー』（2010 年）も原作と比較
しつつ、ディズニーの『白雪姫』、『ピノキオ』、『シンデレラ』、『ダンボ』、
『ピーター・パン』、『眠れる森の美女』、『アラジン』、『美女と野獣』の各
場面においてアニメーターたちが映像に込めた意味を鑑賞者が見落とさな
いように解説した書である。
　映像技術に詳しい斎藤嘉博による『Doc 斎藤のディズニー大好き！』
（2008 年）は、小著ながら「プリンス」、「プリンセス」、「お城」、「魔法
使い」、「ヴィラン（＝悪役）」、「妖精」、「生き返る」、「飛ぶ」、「食べる」、
「時計」、「火」、「海」、「雪」、「木」、「笑う」、「アメリカの大地」、「クリス
マス」、「クマ」、「ウサギ」、「『ドラゴン』と『龍』」、「汽車」、「子ども部
屋」という語句を手掛かりにディズニー作品を明快に解説し、さらなる研究
に資する種々の情報を提供している。
　評論家の荻上チキがまとめた『ディズニープリンセスと幸せの法則』
（2014 年）は、作品分析の際に「資本やマーケティング」、「監督や製作陣」、
「モーションや色彩」にではなく、「ストーリーを読み解くこと。作中で反
復する表現に注目すること。人物の台詞に注目すること。原作と対比する
こと。テーマやモチーフの系譜を追うこと」に力点を置いており（荻上,
2014, p.4）、テキスト中心の解釈はこの『ディズニー変形譚研究』と軌を
一にするものである。特にディズニーの作品の特質を「ディズニーコード
（ディズニーの法則）」と呼び（荻上，2014, p.24）、「受動的な女性像、白
人・西洋中心主義の兆候が目立ったディズニーコード１・０の作品群『白
雪姫』『シンデレラ』『眠れる森の美女』と比べ、『リトル・マーメイド』
『美女と野獣』『アラジン』などのディズニーコード２・０の作品群は、相

対的に主体的プリンセスにアップデートされ、マージナルなものへの視線も強化しようと試みられてきました」とまとめ（荻上，2014, p.208）、今や『塔の上のラプンツェル』や『アナと雪の女王』のように同性を含む他者との交流を通して恋よりも自由を自分らしく追求し続ける主人公の登場するディズニーコード３・０の時代からその後の世界が模索されているという指摘は極めて明快である（荻上，2014, pp.71f., 208, 240ff., 255）。

　カルチュラル・スタディーズに基づく本橋哲也『ディズニー・プリンセスのゆくえ　白雪姫からマレフィセントまで』（2016 年）は、公開順に『白雪姫』、『シンデレラ』、『眠れる森の美女』、『魔法にかけられて』、『アナと雪の女王』、『マレフィセント』、『イントゥー・ザ・ウッズ』、実写版『シンデレラ』を取り上げ、プリンセス神話を丁寧に再検討することによって「二一世紀に生きる私たちに多くの知恵と勇気と、意識と感性の変革の契機を与えてくれているのではないか」と提案している（本橋，2016, p.ii）。

　フランスの哲学者シャイヤン，マリアンヌによる入門書『本当に大切なことに気づかせてくれる「ディズニー」魔法の知恵』（2017 年）は、『アナと雪の女王』、『アラジン』、『リトル・マーメイド』、『ライオン・キング』、『眠れる森の美女』、『白雪姫』、『塔の上のラプンツェル』、『美女と野獣』、『ピーター・パン』を含む二十二作に登場するキャラクターたちの特徴的な言動を古代から現代に至る哲学者や文学者の視点に基づいて分析し、物事の本質を見抜きながら生き抜くヒントを提示している。

　洋の東西を問わずディズニーの作品研究は近年特に目覚しい勢いで進んでいる。アメリカのビジネス・ジャーナリストのケーニッグ，デイヴィッド（Koenig, David）による『フレームの中の鼠　ディズニーアニメーションとテーマパークの秘密（Mouse under Glass　Secrets of Disney Animation & Theme Parks）』（2001 年）は、代表的ディズニーアニメーション三十三作品を原作がある場合には原作と比較しつつ検討し、誠実さ、責任感、友情、その他の重要な価値観が人生訓として提示されていることを重視し（Koenig, 2001, p.14）、アメリカのコミュニケーション技能の専門家ウォ

ード，アナリー（Ward, Annalee R.）の『ネズミの道徳　ディズニーアニ
メ映画の修辞学（Mouse Morality The Rhetoric of Disney Animated Film）』
（2002 年）は、そのような道徳的指針を打ち出すディズニーアニメ映画
が宗教と競合する重要な存在になっていると指摘している（Ward, 2002,
pp.128ff.）。

　アメリカの宗教と大衆文化の関係に詳しいピンスキー，マーク（Pinsky,
Mark I.）の『ディズニーによる福音書　信仰と信頼とピクシーダスト（The
Gospel according to Disney Faith, Trust, and Pixie Dust）』（2004 年）は、最も
人気のある三十一のディズニー映画の神学的主題をユダヤ・キリスト教の
伝統に基づいて検討したものである（cf. 宮平，2019, a, p.34）。この研究書
によると、ディズニー映画にはユダヤ・キリスト教の信仰や原則に基づく
一貫した道徳的価値観があるだけでなく、それが「ディズニーによる福
音」を構成しており、「善は常に報われ、悪は常に罰せられる。信仰は本
質的な要素であり、それは自分自身に対する信仰であり、さらには自分自
身より偉大なもの、より高尚な力に対する信仰である。楽観主義と努力
がディズニーの基本的規範のすべてである」とまとめられている（Pinsky,
2004, pp.xif., cf.Pinsky, 2004, p.2）。

　イギリスの英文学者ウィットリー，デイヴィッド（Whitley, David）に
よる『ディズニーアニメーションにおける自然観　「白雪姫」から「ウォ
ーリー」まで（The Idea of Nature in Disney Animation From Snow White to
WALL・E）』（2012 年）は、『白雪姫』、『リトル・マーメイド』、『美女と
野獣』、『ライオン・キング』、『ファインディング・ニモ』を含むディズニ
ー作品を取り上げ、特に主人公に対して協調的な役割を果たしている自然
環境の重要性を解説する本格的な研究書である（Whitley, 2012, p.8）。

　最新の研究書は、カナダの哲学者デイヴィス，リチャード（Davis,
Richard B.）の編集による『ディズニーと哲学　真理、信頼、そして少
量のピクシーダスト（Disney and Philosophy Truth, Trust, and a Little Bit of
Pixie Dust）』（2020 年）であり、大衆文化を哲学的に分析する叢書の一つ
として、人生が検証されることによって生きる価値を生み出すのと同様に

大衆文化も検証されることによって鑑賞される価値を生み出すという見解に基づき（Davis, 2020, p.ii）、ディズニー作品の中の自由、運命、友情、倫理、自己、体の不自由、死という主題に関する問題点がディズニーを愛する哲学者たちによって論じられている（Davis, 2020, p.xix）。

第二節　ディズニー変形譚研究の方法

　本書ではディズニー映像代表作品を便宜的に恋愛譚、家族譚、友情譚、空想譚、聖書譚という五つのジャンルに分類して各々を分析するが、「便宜的」と言うのはこの五つの分類そのものが概略的であり、一つの作品が一つのジャンルに排他的に該当することはないからである。例えば、伝統的なキリスト教的「家族」の中には「友情」や「恋愛」に始まる夫婦の愛もあり、「聖書」を重視する家庭なら、死後の天国の世界を共に言わば「空想」することもありうるだろう。この五つのジャンルでは通有領域が大きな役割を果たしている。

　また、各作品は種々のジャンルに該当している。例えば、『白雪姫』は白雪姫と王子の恋愛譚であるだけでなく（SW, pp.3, 30ff.）、白雪姫と同居人小人たちとの友情譚、新たな家族譚でもあり（SW, pp.14ff., 28ff.）、女王が鏡の中の世界と交信していた点では空想譚であり（SW, pp.4, 19）、白雪姫の仕える姿を丁寧に描いた点で（SW, pp.2f., 9f., 20ff.）、他者への奉仕を重視したキリスト教的な聖書譚であるとも言える（マタ 20:26, 28）。猟師が女王からの白雪姫殺害命令を無視して白雪姫の逃亡を幇助したことは、自らの生命を危険に晒すことであり（SW, pp.4ff.）、かつて評判の囚人バラバ・イエスの身代わりに真のメシア・イエスが十字架刑を受けたように（マタ 27:15-26, ペト一 2:24）、猟師が白雪姫の身代わりになった可能性がある点においても、『白雪姫』は聖書譚である。また、『シンデレラ』もシンデレラと王子の恋愛譚であるだけでなく（CD, pp.19, 32）、シンデレラと養母の妖精の家族譚（CD, pp.11ff.）、シンデレラと小動物たちとの友情譚でもある（CD, pp.2f., 6f.）。シンデレラが魔法をかけられた状

態で宮廷舞踏会に参加することは空想譚に近く（CD, pp.14ff.）、聖書が信仰の意義を強調しているように（マタ 17:20, 21:22）、『シンデレラ』も信じることの重要性を説いている点で聖書譚である（CD, pp.3, 32）。さらに、『眠れる森の美女』もオーロラ姫とフィリップ王子の恋愛譚であるだけでなく（SB, pp.16f., 30ff.）、ある王家と別の王家との拡大家族譚であり（SB, pp.2f., 32）、オーロラ姫と妖精たちとの友情譚であり（SB, pp.4f., 8f., 12ff., 18f., 22f.）、フィリップ王子が竜と戦うという空想譚であり（SB, pp.28ff.）、眠った人々が目を覚ますという点では（マタ 22:31, 27:53, ヨハ 11:11, テサ一 4:14）、復活の現実性を示唆する聖書譚でもある（SB, pp.22ff., 30ff.）。

　『リトル・マーメイド』はトリトン王が娘アリエルの身代わりとして弱小生物になった点で固い絆で結ばれた家族譚であり（LM, p.28）、アリエルとエリック王子の友情譚、恋愛譚（LM, pp.11ff., 20ff., 29ff.）、鳥や人魚が人間世界を空想する空想譚でもある（LM, pp.3ff.）。『美女と野獣』はベルが野獣の城に監禁された父モーリスの身代わりに人質となる家族譚であり（BB, pp.12f.）、ベルと野獣の友情譚、恋愛譚（BB, pp.20ff., 30ff.）、読書家のベルと発明家のモーリスが時と所を越えた世界を空想する空想譚でもある（BB, pp.4, 6）。『ライオン・キング』はムファサ王が息子シンバを助けた後に自らの命を落とすという家族譚であり（LK, pp.19f.）、ライオンと他の動物の友情譚（LK, pp.2f., 22f., 25ff., 32）、シンバとナラの恋愛譚（LK, pp.10ff., 23f., 32）、シンバが影の土地や夜空の星となった歴代の王たちを空想する空想譚でもある（LK, pp.7ff., 10ff., 14f., 25）。『アナと雪の女王』はアナが姉エルサを救うために剣の前に身を投げ出した家族譚であり（FZ, pp.30f.）、アナとクリストフの友情譚、恋愛譚であり（FZ, pp.11ff., 20f., 32）、エルサが感極まって作り出した氷の世界を舞台とする一連の出来事は空想譚と言えるだろう（FZ, pp.10ff.）。そして、『リトル・マーメイド』、『美女と野獣』、『ライオン・キング』、『アナと雪の女王』のすべては、身代わりという要素を内包している点で聖書譚でもある（マタ 27:15-26, ペト一 2:24）。

　『アラジン』はアラジンと異世界の魔法のランプの召使との友情譚（AD,

pp.14ff., 23, 30f.)、アラジンとジャスミンの恋愛譚であり（AD, pp.20ff., 31f.）、この二人の家族譚はこの恋愛譚の後に待ち受けている。ランプから召使が出て来ることや空を飛ぶ絨毯は空想譚である（AD, pp.20f., 27）。『トイ・ストーリー3』は異世界のおもちゃと人間アンディ、ボニーとの友情譚であり（TS, pp.4, 31f.）、おもちゃ同志の友情譚でもある（TS, pp.3ff. et al.）。おもちゃが人間の家庭に同居しているという意味では家族譚とも言えるだろう（TS, pp.4, 13, 31f.）。カウボーイのおもちゃウッディとカウガールのおもちゃジェシーが別離しそうな際の表情には恋愛譚が微妙に読み取れ（TS, pp.4, 6ff., 30f.）、おもちゃが人間のいない状況でのみ活動している点では空想譚である（TS, pp.3, 5ff. et al.）。『モンスターズ・インク』は異世界のモンスターのサリーやマイクと人間の少女ブーの友情譚であり（MI, pp.8ff. et al.）、マイクの「一度名付けてしまうと、それに愛着を感じ始めてしまう！」という名言のとおり（MI, p.14）、この物語の殆どすべての場面でブーを抱きかかえているサリーとブーの間には恋愛譚とは言えないものの愛情譚が確かに漂っており（MI, pp.9, 13f., 16, 21, 24, 27f.）、最後にサリーがブーの家の部屋でブーを寝かし付ける場面は異世界を本拠地とするモンスターとの家族譚の一部であり（MI, p.30）、空想譚であるとも言える。このように、『アラジン』、『トイ・ストーリー3』、『モンスターズ・インク』は異世界との交流を描写している点で、異邦人との交流を開始したキリスト教の主題と軌を一にしているという点でキリスト教的聖書譚でもある。

　『ピーター・パン』はロンドンの少女ウェンディと弟たちがピーター・パンに導かれて子どもの国ネバーランドに飛び立つ空想譚であり（PP, pp.2, 8ff.）、この世だけでなくネバーランドというあの世があることや人が空中浮遊することは、同種の内容を含む聖書譚を想起させる（本書第四章第一節）。バリによる原作ではピーター・パンはフックによって毒を入れられた薬を飲もうとするが、代わりにティンカー・ベルが飲む場面があり（バリ，1911, p.256, cf. おかだ，2006, p.70）、身代わりを描写する点で極めてキリスト教的聖書譚であると言える。また、ネバーランドの迷子

たちやインディアンの少女タイガー・リリーといったピーター・パンの仲間たちとの友情譚や（PP, pp.12ff., 19, 22ff.）、ピーター・パンたちとフック船長たちとの戦闘譚もあり（PP, pp.16f., 24f., 30f.）、後半はウェンディが家族の素晴らしさを説く点で家族譚であり（PP, pp.22f.）、この家族譚がウェンディとピーター・パンの間の恋愛譚を矮小化し抑制している（PP, pp.4f., 14）。『ふしぎの国のアリス』はアリスの夢の中の空想譚であり（AW, pp.2f., 30）、誕生しなかった日を祝ってくれる人たちとの不思議な友情譚（AW, pp.21ff.）、部分的には機嫌の悪い女王と臆病な夫との家族譚も含まれるが（AW, pp.25ff.）、アリスと交尾期の野兎である三月兎との間に恋愛譚はありそうにない（AW, p.21, cf. 本書第四章第二節）。現実の世界として描写されているのはイギリスの古い大学町の遠景であるとするなら（AW, p.2）、そこの大学チャペルで聖書譚が語られていそうであるが、アリスがその現実から夢の世界へと入る時点でその可能性はむしろ否定されている。

　『塔の上のラプンツェル』と『くまのプーさん〜イースター・エッグ・ハント』と『ファインディング・ニモ』は各々聖書の「サムソン」、「落穂拾い」、「放蕩息子」の話と本質的に共通点がある世俗化された聖書譚であると言えるだろう（本書第五章冒頭）。『塔の上のラプンツェル』にはフリンとラプンツェルの友情譚（TG, pp.18ff.）、恋愛譚（TG, pp.26f., 31）、誘拐されてから漸く家族のもとに戻ったラプンツェルの長い家族譚（TG, pp.2f., 32）、髪の毛に魔力を持つという空想譚がある（TG, pp.2f., 18ff., 31）。『くまのプーさん〜イースター・エッグ・ハント』は専らプーさんとその仲間たちの友情譚を中心とし（WP, pp.5, 20f., 31f.）、『ファインディング・ニモ』は父マーリンと息子ニモの家族譚（FN, pp.2ff., 26f., 30ff.）、海の生き物同志の友情譚から構成されている（FN, pp.8ff. et al.）。

　以上のように検討してみると、本書において『白雪姫』、『シンデレラ』、『眠れる森の美女』を恋愛譚、『リトル・マーメイド』、『美女と野獣』、『ライオン・キング』、『アナと雪の女王』を家族譚、『アラジン』、『トイ・ストーリー3』、『モンスターズ・インク』を友情譚、『ピーター・パン』、『ふしぎの国のアリス』を空想譚、『塔の上のラプンツェル』、『くまのプーさ

ん〜イースター・エッグ・ハント』、『ファインディング・ニモ』を聖書譚という五つの章に分類することは便宜的な手法であることが明白になる。各々の物語には種々のジャンルが錯綜、混在しているからである。

　従来なら、まずは『白雪姫』（1937 年）、『シンデレラ』（1950 年）、『眠れる森の美女』（1959 年）というウォルトの時代の古典的プリンセス・ストーリー三部作と『リトル・マーメイド』（1989 年）、『美女と野獣』（1991 年）、『アラジン』（1992 年）というアイズナーの時代の現代的プリンセス・ストーリー三部作に分けるのが慣例であり（本書年表, cf. 有馬，2001, pp.143, 202; 斎藤，2008, p.2）、一般に前者三部作は王子の登場を消極的に待つ女性像を、後者三部作は積極的に相手を求める女性像を描いていると評価される。近年顕著になってきたように、英語で「ヘロイン（heroin）」と全く同じ発音の「ヒロイン（heroine）」という表現を回避して、これらを「ヒーロー（hero）」ならぬ「シーロー（shero）」ストーリーと言う場合もある。

　但し、白雪姫が初めて王子と出会ったのは逆境の中で井戸の水汲みをしている時であり（SW, p.3）、シンデレラは困難な生活環境の下で家事をこなしつつ宮廷舞踏会に参加する意欲を失わず（CD, p.7）、眠れる森の美女オーロラ姫は靴を履いていない貧しい田舎娘姿で三人の妖精たちに言われるままベリー摘みに行った時に王子とは知らずにフィリップ王子に出会った（SB, p.13）。つまり、これら三人のプリンセスたちは逆境の中で負けることなく懸命に前向きに生きていたのであり、そういう女性こそプリンセスに値するというメッセージが古典的プリンセス・ストーリー三部作には込められていたのだろう（cf. 斎藤，2008, pp.6f.）。これに対して、『白雪姫』の王子は相手の家系や身分を考慮せずに評判を頼りにしてガラスの柩に眠る少女に近づき（SW, p.30）、それがかつて井戸の水汲みをしていた召使であったことに恐らく気付きつつも口付けを交わし（SW, p.3）、『シンデレラ』の王子も同様にして相手の名前も知らない女性と舞踏会で踊って会場から二人だけで離脱し（CD, p.19）、『眠れる森の美女』の王子も靴を履いていない貧しい田舎娘が小動物たちに語る話を耳にしただけで恋を

した（SB, pp.16f.）。ある意味で積極的な女性たちに対して、王子たちも高貴な身分とは裏腹に型破りで自由なアプローチの仕方を選んでいたと言えるだろう（cf. 斎藤，2008, pp.4ff.）。

　後者三部作は確かに積極的に相手を求める女性像を描いているが、『リトル・マーメイド』の王子は声を失った少女に対して自分の犬が迷惑をかけたと説明してその少女を宮殿へと連れ込み（LM, pp.20ff.）、『美女と野獣』の野獣は自分の容貌にもかかわらずベルの積極さを受け止め（BB, pp.13, 21f., 24ff.）、『アラジン』のアラジンは自分の恵まれない背景にもかかわらず王女に接近していった（AD, pp.20ff.）。後者三部作の男性陣も女性の積極さに応じて女性を果敢に攻めている（cf. 斎藤，2008, pp.2ff.）。

　このように、従来の区分でも確かに種々の論点が明快になる。しかし、ユダヤ・キリスト教の視点に基づいてこれら十五の物語を読み進めると、プリンセス・ストーリーとして知られる『白雪姫』、『シンデレラ』、『眠れる森の美女』では各々仕えること、信じること、眠ることを通して奉仕、信仰、復活という主題が浮き彫りになり、『リトル・マーメイド』、『美女と野獣』、『ライオン・キング』、『アナと雪の女王』ではすべて家族内での身代わりという出来事が明白に現れ、『アラジン』、『トイ・ストーリー3』、『モンスターズ・インク』では異邦人との交際を想起させる異世界の存在との交流が際立ち、『ピーター・パン』、『ふしぎの国のアリス』ではこの世に限られないあの世の現実性に対して意識が研ぎ澄まされ、『塔の上のラプンツェル』、『くまのプーさん〜イースター・エッグ・ハント』、『ファインディング・ニモ』では有名な聖書物語が立ち現れてくる。別の視点で読み進めるなら、別の論点が強調されるだろう。したがって、例えば『白雪姫』は語り手、聞き手、読み手の視点や力点、興味や関心により伝承や編集の過程で恋愛譚、家族譚、友情譚、空想譚、聖書譚のいずれのジャンルにも変形されうるのであり、この意味でもディズニー作品は変形譚であると言える。これは変形譚の第三の意味である（本書序章冒頭）。ここで変形譚の三つの種類を整理しておこう。

　第一の意味における変形譚は、伝承や編集などの過程を経て変容、変質

した文学作品を指し、原作に基づきつつも特定シーンの削除や縮小、変更や追加などによりストーリーが程度の差はあれ変わったものを指す。これを「ストーリー変形譚」と呼ぶことができる。顕著な例の一つは『リトル・マーメイド』であり、アンデルセンの原作『人魚姫』で人魚は最後に海に飛び込んで泡になるという悲劇的結末を迎えるが、『リトル・マーメイド』では幸福な結末で締められている（本書第二章第一節）。

　第二の意味における変形譚は、登場するキャラクターの形態が変化、変身する文学作品を指す。これを「キャラクター変形譚」と呼ぶことができる。本書で検討した殆どすべてのディズニー作品はこの意味でも変形譚である（本書序章冒頭）。

　第三の意味における変形譚は、一つの文学作品が特定の文化的背景、読者や作者個人の趣向に応じて、便宜的に提示した恋愛譚、家族譚、友情譚、空想譚、聖書譚という五つのジャンルのいずれかに、またはその他のジャンルに充当されうる場合を指す。これを「ジャンル変形譚」と呼ぶことができる。例えば、『アナと雪の女王』はアナとエルサの姉妹愛を基軸にした家族譚、友情譚と理解することもできれば、アナとクリストフの恋愛譚と理解することもでき、アナがエルサの身代わりとなった点を強調すれば聖書譚であり、感極まって作り出された氷の世界を大前提にするなら空想譚でもある。一つの文学作品は強調点の変更によって別のジャンルに変形されうるのである。

＊変形譚の種類と意味

変形譚の種類	変形譚の意味
ストーリー変形譚	伝承や編集などの過程を経て変容、変質し、各シーンからなるストーリーが変わった文学作品。
キャラクター変形譚	登場するキャラクター自身が別の様態に変身する文学作品。
ジャンル変形譚	恋愛、家族、友情、空想、聖書などのジャンルのうち、強調点が一つのジャンルから別のジャンルに変更されうる文学作品。

　これら三種類の変形譚は相互に厳密に区別できるものではなく、相互に通有する要素が内包されている。例えば、『リトル・マーメイド』はストーリー変形譚であると同時にキャラクター変形譚であり、なおかつ従来のように恋愛譚と見なすこともできれば、本書の章分けのように身代わりという聖書譚を認めることができるジャンル変形譚であるとも言える。

　さらに、この通有性という視点から様々な作品全体を検討し直すこともできるだろう。

　第一に、複数の文学作品が構造的に通有するストーリーを展開していれば、これに対して「ストーリー通有性」があると言える。例えば、ディズニーの作品はすべてが幸福な結末に至る幸福譚である点において幸福譚というストーリー通有性がある。ディズニーの作品に限らず一般に善が悪に、正義が不正に勝利するという文学構造も正義譚として瀕用されるストーリーであり、ストーリー通有度が高い。恋愛譚における得恋譚や失恋譚も同様にしてストーリー通有度の高い作品である。また、原作と原作に基づく変形譚の間にも程度の差はあれストーリー通有性があると言える。

　第二に、複数の文学作品に同種のキャラクターが登場していれば、これに対して「キャラクター通有性」があると言える。例えば、『白雪姫』、『シンデレラ』、『眠れる森の美女』、『リトル・マーメイド』、『美女と野獣』、『アラジン』などのディズニーの作品で多々登場するプリンセスはキャラクター通有度の高い顕著な例であり、プリンセスと結ばれるプリンスや英雄、この二人の仲を邪魔する悪役もキャラクター通有度が高い。また、主人公たちを支援する脇役には（cf. リュティ，1975, pp.316ff.）、『白雪姫』の小動物や小人（SW, pp.2f., 8ff., 12ff., 20, 23, 26ff., 31）、『シンデレラ』の小動物や妖精（CD, pp.2f., 6f., 11ff., 21, 27, 30）、『眠れる森の美女』の妖精（SB, pp.4f., 8ff., 18f., 22ff., 27）、『リトル・マーメイド』の鳥や海の生き物（LM, pp.2ff., 12, 22, 24ff., 31）、『美女と野獣』の小道具や小鳥（BB, pp.15ff., 24）、『ライオン・キング』の鳥や動物（LK, pp.3, 5, 12, 18, 22f., 26ff., 32）、『アナと雪の女王』の小さな雪だるまや小人（FZ, pp.2, 12, 15, 20, 22, 32）、『アラジン』の小猿やランプの精（AD, pp.9f., 12, 14ff., 18,

23, 27, 31f.）、『ピーター・パン』の小さな妖精（PP, pp.2, 7, 21, 27）、『塔の上のラプンツェル』の小動物（TG, pp.7, 9, 15, 27）、『ファインディング・ニモ』の海の生き物に見られるように（FN, pp.9f., 12ff., 19ff., 24ff., 28ff.）、大きな役割を果たしている小さい生き物が比較的多く、種々のディズニーの作品でキャラクター通有度が高いと言える。

　第三に、複数の文学作品に同種のシーン（＝場面）が描写されていれば、これに対して「シーン通有性」があると言える。例えば、井戸の水面に自分の顔だけでなく王子の顔を見つける白雪姫（SW, p.3）、湖面に映るオーロラ姫とフィリップ王子（SB, p.17）、鏡の中に父モーリスの姿を見いだすベル（BB, p.28）、池の水面に映る自分の姿の中に父ムファサの姿を重ね見るシンバ（LK, p.26）、町の建物の壁にはめ込まれた王と王妃に抱かれている幼い王女の肖像画がかつての自分であることに気付いたラプンツェルなどに見られるように（TG, pp.25, 30）、投影された自分の中や隣に最も愛する人を見いだす投影シーンはシーン通有度が高い。また、『白雪姫』における王子と白雪姫の口付け（SW, p.30）、『眠れる森の美女』における王子とオーロラ姫の口付け（SB, pp.30f.）、『リトル・マーメイド』における王子とアリエルの口付け（LM, p.32）、『美女と野獣』における王子とベルの口付けの予兆（BB, p.32）、『アラジン』におけるアラジンとジャスミンの口付け（AD, p.22）、『塔の上のラプンツェル』におけるフリンとラプンツェルの口付けの予兆などに見られるように（TG, p.26）、口付けシーンもシーン通有度が高い。さらに、白雪姫に対する王子の抱擁（SW, p.31）、シンデレラに対する王子の抱擁（CD, p.19）、オーロラ姫に対する王子の抱擁（SB, pp.16, 30）、王子とアリエルの抱擁（LM, pp.13, 29, 32）、ベルと野獣の抱擁（BB, pp.26f., 30, 32）、シンバやその子に対するラフィキの抱擁（LK, pp.3, 32）、ナラに対する母の抱擁（LK, p.10）、シンバとナラの抱擁（LK, p.23）、王子とアナの抱擁（FZ, p.6）、アナとエルサの抱擁（FZ, p.31）、ジャスミンと虎の抱擁（AD, p.5）、ジャスミンとアラジンの抱擁（AD, pp.20f., 32）、バズに対するボニーの抱擁（TS, p.31）、ブーに対するサリーの抱擁（MI, pp.9, 13f., 16, 24, 27f.）、タイガー・リリー

に対するピーター・パンの抱擁（PP, p.19）、マイケルに対するウェンディの抱擁（PP, p.23）、ラプンツェルに対する母や父の抱擁（TG, pp.2, 25, 32）、ラプンツェルに対するゴーテルの抱擁（TG, p.3）、ニモに対する父マーリンや友ドリーの抱擁などに見られるように（FN, pp.28, 32）、抱擁シーンもシーン通有度が高い。そして、ディズニーの作品に極めて特徴的なことであるが、女王や悪の妖精の使う魔術（SW, pp.18f.;SB, pp.6f., 20f., 28f.;LM, pp.18f., 23f., 28f.）、王や妖精の魔法（CD, pp.12ff.;SB, pp.4f., 8ff., 24ff.;LM, pp.16, 31）、少女や少年の使う魔法などに見られるように（FZ, pp.2f., 9, 18f., 24f., 30f.;AD, pp.14ff., 20, 27, 30f.;PP, pp.2f., 7ff., 16, 19, 21, 27, 30, 32;TG, pp.18ff., 31）、魔術や魔法のシーンもシーン通有度が高い。

＊通有性の種類と意味

通有性の種類	通有性の意味
ストーリー通有性	複数の文学作品において幸福譚や正義譚、得恋譚や失恋譚などの各々のジャンルにおいて、展開するストーリーに通有性があること。
キャラクター通有性	複数の文学作品においてプリンセスやプリンス、悪役や脇役など、登場するキャラクターに通有性があること。
シーン通有性	複数の文学作品において投影像や鏡像、口付けや抱擁、魔術や魔法など、部分的なシーンに通有性があること。

　このように、ディズニーの作品に限らず広く文学作品は相互に通有性があり、作品の創作の段階において時代と地域、ストーリーとキャラクターとジャンルが特定されていくと同時にシーンも限定されていくため、近似したシーンが別々の作品で描写されることも不思議ではない（cf.Koenig, 2001, pp.231f.;Davis, 2020, p.153）。名作であればあるほど、作者は過去の名作や出来事を研究していたはずであり、執筆の際には別の作品に使用された同種のシーンをすべて回避することは不可能なはずである。まして時

代の変遷と共に多くの文学作品が様々な形態を纏って陸続と現れてくるため、新境地が開拓されて想像的領域が創造される中で無意識的にであっても同種のシーンが別々の文学作品で描写されることもあるだろう。このような場合は、両作品の通有性はむしろ偶有性と言うべきものかもしれず、時代や地域の異なる環境であっても限定された一つの主題を突き詰めていくと、意図せずして近似したシーンが描写されることも考えられる。

　偶有性に関しては相互偶有収斂現象の議論が参考になるだろう（宮平, 2019, a, pp.156ff.）。前著『ディズニーランド研究　世俗化された天国への巡礼』（2019 年）においてこの現象の構造的な具体例として、かつての修道院には鏡がないか少ないことと、ディズニーランドの洗面所では鏡が少ないこと（宮平，2019, a, p.205）、「子どものようにならなければ」天の王国には入れないことと（マタ 18:3）、子どもか子ども心を持っていなければディズニーランドには入りにくいこと（宮平，2019, a, p.177）、日本の自衛隊に「陸」・「海」・「空」が揃っているように、日本のディズニーランドにも「ランド」と「シー」の次には「スカイ」の可能性が示唆されていることに言及した（宮平，2019, a, pp.95f., 159）。また、日本のディズニーリゾートに「宇宙」に関連する施設の建設が予定されているとしても、航空自衛隊が将来的に航空「宇宙」自衛隊となる可能性や「宇宙」作戦部隊が編成される計画を指摘することができる。

　翻訳における身近な例としては、拙著『ゴスペルスピリット　君に贈る 5 つの話』（2008 年）の「第 3 章　少年のこころ」において取り上げた英語の絵本シルヴァスタイン，シェル（Silverstein, Shel）『与える木（The Giving Tree）』（1964 年）とその邦訳を巡る論点がある。例えば、邦訳のシルヴァスタイン，シェル（本田錦一郎訳）『おおきな木』（1976 年）は原題の『与える木（The Giving Tree）』を『おおきな木』とすることによって与え続ける木の性質の希薄化してしまっていること（宮平，2008, p.52）、原文ではその木の相棒である少年を老いさらばえるまで一貫して「少年（boy）」と呼んでいるにもかかわらず、邦訳では「ちびっこ」、「そのこ」、「おとこ」、「よぼよぼのそのおとこ」と訳し分けることによって

老いても喪失しない「少年」の心を捨象してしまっていること（宮平, 2008, pp.53f.）、原本では木を「彼女（she）」という人称代名詞で表して少年との人格的な交流を示し（宮平, 2008, p.57）、この話の冒頭近くの「その木は、一人のかわいい少年が大好きだった（she loved a little boy）」という表現と中程の「少年もその木が大好きだった（And the boy loved the tree）」という表現によって木と少年の相互の親密な関係を強調しているにもかかわらず、邦訳ではこの前者を「かわいい ちびっこと なかよし（she loved a little boy）」と訳して後者との対応関係を消失してしまっていることなどが論点として挙げられる（宮平, 2008, pp.56f.）。しかし、新訳のシルヴァスタイン、シェル（村上春樹訳）『おおきな木』（新訳 2010 年）ではこれらの点が訳文において修正されており、この「訳者あとがき」においても「この『おおきな木』は原題を "The Giving Tree" といいます。文字通り訳せば『与える木』です。このりんごの木は最初から最後まで、一人の少年に何かを与え続けます。木は原文では『彼女』と書かれています。つまり女性なのです。……」と解説されている。拙著における指摘とこの新訳や解説との関係もある意味で相互偶有収斂現象なのかもしれない。

　昔話とその変形譚の間の通有性に関しては既に詳細な研究があり、ハンス＝イェルク・ウター『国際昔話話型カタログ　アンティ・アールネとスティス・トムソンのシステムに基づく分類と文献目録』（2011 年）に基づいて伝統的童話集を適宜参照することが重要である（宮平, 2019, a, p.11, cf. ウター, 2011, pp.209f., 246f., 276, 321f.）。

＊伝統的童話集

（1）『イソップ寓話集』　　　　（紀元前 3 世紀頃）
（2）『バジーレ五日物語』　　　（1634 年－ 1636 年）
（3）『ペロー童話集』　　　　　（1697 年）
（4）『グリム童話集』　　　　　（1812 年－ 1857 年）
（5）『アンデルセン童話集』　　（1837 年－ 1874 年）

　また、伝統的童話集が人々の日々の生活や社会における出来事に関して何らかの教訓を提示し、旧新約聖書がこの世に生きる信仰者に対する指針を与えているなら、両者に通有性が見いだされることはある意味で当然である。したがって、本書において旧新約聖書の各文書もディズニーの作品分析に資するだろう。

　本書では株式会社ユーキャン発行の『Disney Magical Stories　ディズニー・マジカル・ストーリーズ』全十五巻の英語絵本を底本とし（本書凡例；本書文献表）、適宜『Disney Magical Stories　ディズニー・マジカル・ストーリーズ　全訳解説書』も参照するが、基本的に英語絵本原文からの私訳に基づいて解説を進める。その際、この絵本付属の CD は各頁の文字や色彩のみからでは得られないイメージを与えてくれる点で極めて重要な音声資料であったことを付記しておきたい。

　各章各節における各段落は概してディズニー変形譚の要旨と解説を交互に提示し、特に英語の語源を重視することによって英語に対する興味も一層深めることができる契機となるように努め、印刷媒体の辞典、事典類を極力活用して典拠を文中括弧内で明示した。全般的に研究社の竹林滋編者代表『新英和大辞典』（2002 年）と特に英単語の俗語としての意味も網羅的に収録している松田徳一郎監修『リーダーズ・プラス』（1994 年）が解釈の地平を拡大してくれたことに感謝申し上げたい。

　「もしあなたが後悔しているなら、あなたは過去を生きている。もしあなたが心配しているなら、あなたは未来を生きている。もしあなたが幸福なら、あなたは現在を生きている（If you are sorry, you are living in the past. If you are worried, you are living in the future. If you are happy, you are living in the present.）」という英語の諺は（本書第二章第三節）、かつて NHK ラジオ番組で仄聞した記憶のみを頼りに文字化したものであり、印刷媒体の典拠は未確認である。しかし、そのような引用をしたことを後悔していないし、心配もしていない。本書で記録したすべての文献と同様にその放送に対しても感謝申し上げたい。

第一章　ディズニー恋愛譚

『白雪姫』、『シンデレラ』、『眠れる森の美女』という古典的なプリンセス・ストーリーは、ディズニー恋愛譚として不動の尤なる位置を占めている。しかし、キリスト教の視点から再検討するなら、それらは各々のプリンセスがその王子と結ばれるまで仕えること、信じること、眠ることを通して、奉仕、信仰、復活という重要な主題を世俗的な形で説いているという点が明快になるだろう。こうした点を作品別に探究してみよう。

第一節　仕えるプリンセス－『白雪姫』

　一九三七年公開の『白雪姫（Snow White and the Seven Dwarfs）』を貫流する一つの主題は「仕える」ことであり、この英語絵本では冒頭から座して階段を束子で洗っている白雪姫が描かれている（SW, p.2）。しかも、それは屋外であるだけでなく、最下段のステップである。特に屋内の「階段、ステア（stair）」に対して屋外の「階段、ステップ（step）」という表現は（竹林，2016, p.1718, cf. 竹林，2002, pp.2393, 2410）、「階級（rank）」も意味するため（竹林，2016, p.1733）、白雪姫は本来「第一の位（L.primus）を占める（L.capio）女」（竹林，2002, p.1956）、つまり「王女、プリンセス（princess）」であるにもかかわらず（SW, p.2）、それとは対照的な最下位の「召使（servant）」であることが示されている（SW, p.2）。

　実はこの場面において「階段、ステップ（step）」という表現は、英語絵本でも日本語全訳解説書でも独立の単語としては登場せず、階段とその最下段を洗う白雪姫が中心的に描かれているだけである。しかし、英語絵本の文章を注視すると、継母を意味するstepmotherという単語の中にstepという綴りがあるように、白雪姫が屋外の「階段、ステップ（step）」で

働かせられているのは、他ならぬ「継母、ステップマザー（stepmother）」の仕業であることが示唆されている。通常、レトリックは言葉に基づいて構成されるが、言葉と絵画との関係においてもレトリックを駆使するのは、ディズニーの絵本の秀逸な技法の一つであると言えるだろう。

但し厳密に言えば、stepmother の step と、単なる step とは語源が異なり、前者は「押し出されること（pushed out）」を、後者は「踏み固めること（treading firmly）」を意味する語に各々由来する（竹林, 2002, p.2410）。恐らく何らかの形で元の家庭から「押し出されること」によって別の家族形態に押し入れられ、確かに地面を「踏み固めること」によって階段が作られるからである。

継母のもとで召使として働く白雪姫は井戸の水汲み（SW, p.3）、小人らの家での掃除だけでなく（SW, p.10）、洗濯、裁縫、料理などの家事もこなした（SW, pp.9, 17, 21）。そして最終的に白雪姫は、王子の城で王子に仕えたことだろう（SW, p.32）。したがって白雪姫は、女王から白雪姫殺害命令を課せられた猟師が女王の乱心に反しつつ、自分の前で片膝を突いた時には（SW, p.6）、「目玉が飛び出すほど（eye-popping）」、「鼻血が出るほど（nose-bleeding）」驚愕して、「口をあんぐり開け（jaw-dropping）」、「足をわななかせて（leg-staggering）」驚倒していると言えるだろう。このような「仕える」召使とされた王女の逆説的な生は「死（death）」を通して（SW, p.28）、王子の口付けによって息を吹き返し（SW, p.30）、最終的に王女本来の姿に回帰する（SW, p.32）。その姿を最初から追っていこう。

「昔々（Once upon a time）」、「白雪（Snow White）」という名前の「素敵な可愛らしい（lovely little）」王女がいたが、その継母は「虚栄心の強い（vain）」「邪悪な（wicked）」女王であり、いつか白雪姫の美が自分の美より弥増すことを恐れて白雪姫を召使とし、日々「魔法の（Magic）」鏡に「最も美しい（fairest）」のは自分であることを確認していた（SW, p.2）。他方、白雪姫は願い事をかなえる井戸に、「素晴らしい（nice）」人が自分を見つけてくれることを夢見ていると、井戸の水面に映し出されたハンサムな王子と出会った（SW, p.3）。

　白雪姫の「雪（snow）」は汚れなき美の溶けてなくなる儚さや弱さを象徴しているが、雪解け水を含む井戸の水は多くの人々の飲料や洗浄のためのものとして、開放的な性質を纏う解凍された美の集積である。すると、泉に映る自分の美貌に魅せられてそのまま衰弱死に至ったギリシャ神話の少年ナルキッソスとは異なり（オウィディウス，上，1C., pp.116ff., cf. 松原，2010, p.868）、白雪姫が井戸水の水面にハンサムな王子を見いだすということは、一般化すると、人は解凍されて解放された自己において最良の他者を見いだすということを示している。これに対して女王は「虚栄心の強い（vain）」、つまり実際には中身のない「空虚な（L.vanus）」性格であり（竹林，2002, p.2719）、「邪悪な（wicked）」、つまり魔法によって悪意を実現する「魔術（wicca）」師そのものである（竹林，2002, p.2817）。この女王の空虚さは悪意で満たされている。これは、白雪姫の潔「白さ（white）」が小人らの誠実な善意と王子の純真な愛で彩られていくのとは対照的である。但し、「素晴らしい（nice）」という表現が「無知（L.nescius）」に由来することを考慮すると（竹林，2002, p.1669）、白雪姫の異性理解に安穏な無邪気さが伴っているとも言える。これは白雪姫を取り囲む多くの鳩が象徴している（SW, pp.2f.）。

　また、白雪姫が水面の鏡で他者の美を見いだしたのに対して、女王は壁面の鏡で自己の美を追求していた。壁面の鏡に「最も美しい（fairest）のは誰か」と問う女王は、単に美しさだけでなく、「公正（fair）」さを確認している。蝋を分厚く塗り固めたような女王の化粧が素顔を隠蔽しているように（SW, pp.18f.）、日々重ねて自らの公正さを確認する女王は自らの不正な悪意を隠蔽しているのだろう。このように、壁面の鏡によって自己の虚栄の世界へ入る女王と水面の鏡によって他者の善意の世界へ入る王女は、相互には文字どおり鏡像となっている。

＊王女と女王の対比

地位	性格	道具	経験する現実
女王	邪悪な魔女	壁面の鏡	自己の虚栄の世界
王女	無邪気な白雪姫	水面の鏡	他者の善意の世界

　女王は年と共に美において王女に凌駕されるだけでなく、やがて権力においても肉薄されることを懸念し、王女と王子を監視することにした（SW, p.4）。そして、女王は鏡からは白雪姫という名前の娘が女王より「美しく（fair）」、強要された「粗末な服（rags）」でさえ隠せない「優しく恵まれた姿（gentle grace）」をしていると教えられて逆上し、猟師に「森（forest）」の中の花園での白雪姫殺害を命じた（SW, p.4）。

　この場面では、白雪姫という名前の由来が解説されている。「唇はバラのように赤く（lips red as a rose）、髪は黒檀のように黒く（hair black as ebony）、肌は雪のように白い（skin white as snow）」ことから（SW, p.4）、最後の形容に基づいて白雪姫と呼ばれたのである。したがって、同様にして白雪姫は「赤バラ姫（Rose Red）」や「黒檀姫（Ebony Black）」とも呼ばれうるだろう。しかし、白雪姫という名前になったのは同様に形容される少年ナルキッソスとの対比が考えられる。

　　「狩猟と暑さで疲れきった少年は、ここに身を投げ出した。あたりのたたずまいと、泉とにひかれてやって来たのだ。渇きを静めようとしていると、別の渇きが頭をもたげた。水を飲んでいるうちに、泉に映った自分の姿に魅せられて、実体のないあこがれを恋した。影でしかないものを、実体と思いこんだ。みずからがみずからの美しさに呆然として、パロス産の大理石で作られた像のように、身じろぎもせず、同じ表情を続けていた。地面にうつぶせになって、ふたつの星のような自分の目を見つめる。バッコスやアポロンにもふさわしい髪を、うら若い頬を、象牙のような頸を、きれいな顔を、雪のような白さにほんのりと赤みをまじえた肌の色を、眺める」（オウィディウス, 上, 1C.,pp.116f.）。

　このナルキッソスの「雪のような白さにほんのりと赤みをまじえた肌の色」という表現に白と赤みが見られるが、最も明確な全体的表現がなされているのは「雪のような白さ」である。「雪のような白さ」のナルキッソスが水面に映る自分の顔を見続けて衰弱死したのに対して、雪のように白い白雪姫は水面に映る王子の顔を見つけて後の活路を切り開いたのである。さらに、「白雪姫」という名前は、後に全身黒衣の老女に化けた女王との対比を明示しているとも言えるだろう（SW, pp.19ff., cf.Whitley, 2012, p.20）。

　こうした外見だけでなく、白雪姫の良い家柄に受け継がれている「優しい（gentle）」気質と（竹林，2002, p.1018）、人間を超えた神に由来する「恵み（grace）」に満ちた（竹林，2002, p.1060）、言わば神と人に愛される性格は、女王の嫉妬をさらに加速させている。この嫉妬の頂点が「ああ（alas）」という感嘆詞である。「ああ（ah）」「惨めだ、くたびれた（L.lassus）」という意味に由来する感嘆詞は、「ああ（ah）、小娘が（lass）」と聞こえるだけでなく、女王自身の気持ちであると同時に王女の惨めでくたびれた「粗末な服（rags）」も指している点で実に適切な用語選択である。この服を「着せる（dress）」だけでなく（SW, p.2）、今度は白雪姫本人とは知らずにその名前を「暴け（reveal）」と命じる鈍感な女王は（SW, p.4）、自らの権力に酔い痴れている。こうした表現は、女王の「着せる（dress）」行為が語源的には無関係であるものの「固い（L.durus）」に由来する「拘束（duress）」を想起させ（竹林，2002, p.758）、「暴く（reveal）」行為が語源的に「ベール（veil）」を「取る（re）」ことを意味する点で適切である（竹林，2002, pp.2045, 2104）。

　この権力は猟師に対する白雪姫殺害命令に逢着する。女王は猟師に、「野花を摘み（pick wildflowers）」に行くという理由で白雪姫を森に誘い出して（SW, p.4）、その中の人気のない花園で殺害するようにと命じた。「森（forest）」は「他地方の（foreign）」という表現の語源と同様に「外側の（L.foris）」ものを指すから（竹林，2002, pp.955f.）、女王の命令は、王国の外側に王女を追放し、野性種の花を摘んでいる王女を殺害することによ

って、言わば王国の最も重要な一輪の栽培種の花を摘み取れというもので
ある。これは女王の残忍さを如実に感じさせると共に、白雪姫の名前の別
候補として再び「赤バラ姫（Rose Red）」を想起させるだろう。「赤」いの
は、言うまでもなく猟師の短剣によって吹き出るかもしれない王女の血潮
を象徴しているからである（SW, p.6）。ここに鮮やかな対比が見られる。

＊王女と女王の対比

地位	行動	摘む花の種類	摘む花の色
女 王	白雪姫を摘み取らせる。	栽培種	赤
王 女	花園で花を摘み取る。	野生種	色々

　また、「森（forest）」と同語源の「他地方の（foreign）」という表現から
着想を得るなら、「女王（sovereign）」が自らの「王国（reign）」から白雪
姫を「他地方（foreign）」に追放するとも言える。
　しかし、この「忠実な（faithful）」猟師は女王の命令に対してではなく
（SW, p.4）、死を覚悟しつつ自己の良心に忠実に従って白雪姫に逃亡を勧
めた。それは女王が「忠実な（faithful）」猟師に王女を殺害させるという
「乱心（mad）」状態にあり（SW, p.6）、さらに付加するなら「邪心（bad）」
と「傷心（sad）」に満ちているとも言える。純真美麗な王女の存在そのも
のによって自らの心を傷付けられている女王は悪逆な思いを抱き、忠実な
猟師に本来の狩猟対象の動物ではなく人間の殺害を命じ、それも猟師自身
が衷心を持って従属する義務のある王女の殺害を命じているからである。
この命令を女王から受けた時の猟師の目は半開きであり（SW, p.5）、森の
中で王女の前で片膝を突いて逃亡を勧める際には目を閉じているが（SW,
p.6）、これは自らの死を覚悟していることを示している。命令を下す女王
の存在が余りにも「大きい（major）」からである。猟師は女王の前で「陛
下（Your Majesty）」と呼んで恭順の意を表して跪くが（SW, p.4）、この
「陛下（Majesty）」という表現は「大きな（major）」という単語に由来し

（竹林，2002, p.1494）、女王の使う「魔法（magic）」も語源的には「占星学者（Magus）」に由来するものの（竹林，2002, pp.1487f., 1490）、得体の知れない「大きな（major）」力を連想させる。

　猟師の勧めに従って白雪姫は逃亡したが、恋心に燃えたアポロンに追い掛けられたダプネが、「吹く風が、彼女のからだをむきだしにしていた。向かい風が、それに逆らう衣裳をひるがえし、髪をうしろへなびかせている。逃げることで、かえって美しさは増した」と形容されたように（オウィディウス，上，1C., p.p.36）、逃げる白雪姫のさらなる美しさは女王の魔法の鏡にも知られただろう。こうして、白雪姫は力尽きた所で森の動物たちによって「魅力的な可愛い小屋（charming little cottage）」の中に案内され（SW, p.8）、誰もいない散らかしたままの小屋の中の掃除をすることで、そこに泊めてもらおうとした（SW, p.9）。小屋の中に入った時の白雪姫の感嘆は、「可愛い！ まるで人形の家みたい（It's adorable! Just like a doll's house）」というものであり（SW, p.9, cf.SW, p.10）、「可愛い（adorable）」とは語源的には神「に対して（L.ad）」「語る、祈る（L.oro）」ことであるから（竹林，2002, p.34）、小屋を拝みたくなるほどの感激であり、神妙な気持ちの世俗的表現であると言える。

　小屋の二階の寝室には七つの小さなベッドがあり、「博士（Doc）」、「幸男（Happy）」、「くしゃみ君（Sneezy）」、「薄鈍君（Dopey）」、「怒りん坊（Grumpy）」、「はにかみ屋（Bashful）」、「寝坊助（Sleepy）」と名前が彫られており、白雪姫自身も「寝坊助（Sleepy）」のように「眠たく（sleepy）」なって寝入った（SW, pp.10f.）。この七人の名前は、知性に関する二極である「博士（Doc）」と「薄鈍君（Dopey）」、性格に関する二極である「幸男（Happy）」と「怒りん坊（Grumpy）」または「はにかみ屋（Bashful）」、体調の良くないとも思われる「くしゃみ君（Sneezy）」と「寝坊助（Sleepy）」というように、様々な個性が調和的に共存している。これらの小人らの手がすべて四本指であるのは（SW, pp.12f., 23, 26, 31）、完全な人間ではなく、かと言って単なる動物でもない中間的存在として独自の役割を果たすことを示唆するためである（SW, pp.12, 23, 26ff.）。

　この二階の寝室の場面では、かつて猟師が白雪姫の前で「かがんで（fall）」跪いたように、逃亡した白雪姫も力尽きて地面に「倒れ（collapse）」、小屋の小人らのベッドでも「倒れて（fall）」寝込んだ。女王の命令に背いた猟師が恐らく後に女王に殺されたと考えられるように（SW, p.4）、白雪姫も魔女に扮した女王の差し出した毒リンゴによって「倒れ（fall）」（SW, p.25）、死の床に就いた（SW, p.28）。猟師や白雪姫が死に向かう下降線を辿っていくのに対して、権威と魔法によって女王は周辺世界を睥睨し、後には斜め上方に突き出た岩棚の上から大きな岩石を転がして小人らを圧死させようとした（SW, pp.26f.）。しかし、魔女は逆に雷に打たれて谷底へと突き落とされ（SW, p.27）、白雪姫は王子の優しい口付けによって目を覚まして体を起こした（SW, pp.30f.）。

　こうした対照的な状景は、力尽きた白雪姫を覗き込む「光る目（blazing eyes）」が後に小人らの家へと案内をしてくれた森の動物の目だとすると（SW, pp.7f.）、女王の「嫉妬深い（jealous）」目付きとは対極的であることにおいても見られる（SW, pp.4, 6）。「光る目（blazing eyes）」とは「燃えて光る（blazing）」ような目のことであり（竹林，2002, p.265）、「嫉妬深い（jealous）」目付きとは「熱（zeal）」を帯びて焼き餅を焼く見方である。双方共に言わば燃える思いを抱いているが、動物らの目は相手を温める目であり、女王の目は相手を焼き殺す目である。この動物らの温かい眼差しの後には小人らや王子の温かい眼差しが待っている点で、白雪姫は受動的で消極的であるとも言えるが、皮肉なことに女王から強要されていた「仕える」という姿勢を積極的に維持することで活路を見いだしたのである（SW, p.9）。

　小屋の住人である小人らはダイヤモンド鉱山での仕事から戻ると、博士が小屋に人の気配を感じ（SW, p.12）、七人は二階で起き抜けの白雪姫を見つけた（SW, p.14）。白雪姫は小人らに自分を匿って欲しいと願うが、怒りん坊は、そうするなら女王が自分たち全員に復讐して「一掃する（swoop）」だろうと恐れた（SW, p.17）。そこで、白雪姫は洗濯、裁縫、「掃除（sweep）」、料理などの家事をこなすことを約束し、小屋に置いてもら

う了解を得た（SW, p.17）。ここで恐らく、白雪姫が小屋の二階の小人ら
のベッドで目覚める場面は（SW, p.14）、後に白雪姫が死の眠りから同様
にして覚醒することを予兆していると言えるだろう（SW, pp.29f.）。また、
白雪姫は博士を通してではあるが（SW, p.17）、七人の個性的な小人らか
ら了解を得る交渉力があったということは、将来的に王子との間にもうけ
られるどんな子どもにも対応できることを示唆している。

　この点で特に着目しておきたいことは、最も取り扱いにくい設定の怒り
ん坊と白雪姫との興味深い会話のやり取りである。復讐心に燃えた女王が
自分たちを「一掃する（swoop）」ことを危惧した怒りん坊に対して（SW,
p.17）、白雪姫はその危惧を払拭して、自分は「掃除（sweep）」や料理な
どができると返答した。つまり、女王の暴力的な「一掃（swoop）」とい
う可能性に対して、白雪姫は語源的にも類義語である「掃除（sweep）」と
いう表現を活用して（竹林, 2002, pp.2481, 2486）、自分は平和的な「掃除
（sweep）」を実現できると約束したのである（SW, p.17）。これは博士の
ような知的応答であるだけでなく、音声の点からユーモアとして聞くことも
できる。また、続けて「料理（cook）」もできるという正当な自己紹介は、
博士を即座に納得させている（SW, p.17）。この恋愛譚において博士と同
様に（SW, pp.12ff., 17, 20, 23, 28）、怒りん坊は度々中心的役割を果たして
いる（SW, pp.13, 17, 20, 23, 27）。

　城では女王が魔法の鏡から七人の小人の小屋にいる白雪姫が一番美しい
と教えられると、老婆の行商人に「変装（disguise）」、「変身（transform）」
して毒リンゴを手にその小屋に向かい（SW, p.19）、仕事に出かけた小人
たちがいない隙に乗じて白雪姫にそのリンゴを言葉巧みに勧めた。何匹も
の小鳥らが老女に「襲いかかる（swoop）」が（SW, p.22）、白雪姫が老女
を庇って家で休ませてしまった。小鳥や動物らはこの異変を鉱山にいる小
人らに懸命に伝えようとし、博士が女王の仕業であると感づくと、怒りん
坊は鹿に乗って駆け出した（SW, p.23）。小屋では、王子に思いを寄せて
いた白雪姫がその願いのかなう魔法のリンゴだと老女に勧められたリンゴ
を食べて倒れていた（SW, pp.25ff.）。

「変装（disguise）」が「外装（guise）」を「取り（dis）」替えることであり（竹林，2002, pp.699, 1091）、「変身（transform）」が体の「形（form）」を「別の状態に（trans）」変えることであるとすると（竹林，2002, pp.2610, 2612）、女王は外見も内実も共に老獪な人物に変容したのである。ここで重要なことは、かつて真の王女である白雪姫が女王によって召使への変容を強要されて仕えるという誠実な自己を現したのに対して（SW, p.2）、女王は老婆の行商人になることで内外共に真の自己になり老獪な本性を現したという点である。

＊王女と女王の対比

地位	変容後の姿	真の自己
女 王	老婆の行商人	老獪な人物
王 女	召使	誠実な人物

この老獪さは、白雪姫殺害を意図しながらも白雪姫に「可愛子ちゃん（my pet）」、「いい子だね（dearie）」と呼びかけて接近する場面から明白である（SW, p.21）。その時に「スグリ（gooseberry）」のパイを作っていた白雪姫は、「まぬけ（goose）」をも意味する単語を含む「スグリ（gooseberry）」が示唆しているように（竹林，2002, p.1056）、博士や怒りん坊が警告したにもかかわらず（SW, p.20）、また小鳥らが老女に「襲いかかる（swoop）」ことで示唆したにもかかわらず、（SW, p.22）、愚かにも老婆に扮した女王を小屋に入れてしまった（SW, p.24）。小鳥らの「襲いかかる（swoop）」行為は明らかに、女王が小人らを「一掃（swoop）」しかねないことに対するささやかな抵抗である（SW, p.17）。ここで小動物が人間以上の能力を持っていることが前提とされているが、確かに現実社会においても犬の嗅覚、鷹の視力など、人間以上の五感を備えている動物については枚挙に遑がない。世事に疎い白雪姫は、この場面では言わば薄鈍君のようである。また、赤ん坊がどこから産まれて来るのかと尋ね

る子どもに対して、英語圏では赤ん坊は「スグリの木（gooseberry bush）」の下で見つかるのよという返し方があることも（竹林，2002, p.1056）、白雪姫の純朴さを髣髴させる。恐らく子どものこのような質問に対しては、「赤ん坊は逆子でなければ頭から産まれて来る」と答えるのが博士的だろう。

聖書の記事との関連で言えば、「スグリ」の代わりにと言って老婆の勧めたリンゴを白雪姫が食べてしまう件は、蛇に唆されて最初の女エバが禁断の木の実を食べてしまう出来事と部分的に類似している（創世 3:1-20）。白雪姫は怒りん坊から誰も何も小屋の中に入れてはいけないと警告されていたにもかかわらず（SW, p.20）、リンゴを持つ老婆を小屋に入れてリンゴを食べてしまったように（SW, p.25）、エバは神から食べることを禁止されていた木の実を食べてしまったからである（創世 2:9, 16-17, 3:1-24）。蛇と木の実の間に密接な関係があるように、老婆とリンゴの間にも緊密な関係があり、この関係は髑髏の形をした作り立てのリンゴが老女の大きな目、鼻、口に対応して描かれている点に見られる（SW, p.19）。

外では、突然の「嵐（storm）が荒れ狂い（rage）」、岩を転がして小人らを押しつぶそうとする「老女（hag）」の立つ岩棚を稲妻が破砕して女王を谷底に落とした（SW, p.27）。「邪悪な（evil）」な老女の姿の女王は「永遠に（forever）」いなくったが、白雪姫には女王の「魔法（spell）」がまだ解かれないままであり、白雪姫の美は死んでも残った（SW, p.28）。博士は自分の涙を「ぬぐい去り（brushed away）」、皆がいつでも会えるようにガラスと金で棺を作ることを提案した（SW, p.28）。

突然の天変地異は「雷」が「神鳴り」であるように（前田，2005, p.354）、言わば神の働きであり、邪悪な女王が永遠に去ったことは、白雪姫の死において残った美も永遠であることを示唆している。したがって、悪の消滅と美の勝利は、女王の死後も白雪姫にかけられた魔法が言わばまだ生きていたとしても、いずれ死滅することを示している。それは一般に、人が死んでもその髭が一時的に延び続けているように見えるが、やがてそのような現象も収まるのと同様である。お通夜のために亡くなった自分の

父の髭を剃ったものの、告別式の直前に再び伸びた髭を剃ってあげたという話は、度々耳にする。このような現象の説明として、人の心肺停止と瞳孔散大に基づく個体の死後も一定期間は細胞が部分的に生きているため髭や爪は成長しているからとか、死後硬直や遺体乾燥などによって肉体がやや縮小するためとも言われている。その際に髭が伸びたように観察されるのかもしれない。医学的に厳密に言えば次のようになる。

> 「細胞は超生したとしても、細胞分裂は死後にはない。つまり、毛や爪は死後に伸びることは絶対にない。死亡直後死体化粧のさいに、死体の髭を剃り、爪を切ったのに、1日経過して出棺の前にもう一度見たら、髭が伸び爪が伸びていたという。これはどういうことかというと、髭を剃り爪を切った時は、その断端とその部の皮膚面とは同一平面上にあったのに、死後皮膚は乾燥して退縮し、髭と爪のほうは乾燥退縮しないので相対的に突出してきて、あたかも髭が伸び爪が伸びたかのように見えるのである」（錫谷，1985,pp.17f.）。

「超生（Überleben）」とは、細胞、組織、器官（＝臓器）、器官系、個体というレベルで構成されている人体において「個体の死後、細胞組織、時には臓器が、その機能を保っている現象」であり（錫谷，1985, p.16, cf. 錫谷，1985, pp.13）、個体の死後、神経細胞は最も速く死滅するが、超生は概して心筋の運動や腸の蠕動運動では部分的に数時間、筋の電気興奮性では二時間から六時間、精嚢内の精子の運動では三十時間から時には七十時間、百二十七時間後まで観察されたことがある（錫谷，1985, pp.16ff.）。

　女王の魔法が女王の死と共にいずれ死滅するのとは逆に、王女の美は永遠であり、小人らは「依然として（still）」「引き続き（constant）」それを見守ることができる（SW, p.28）。また、博士が自分の涙を「ぬぐい去った（brushed away）」ことは（SW, p.28）、洗い物であれ着る服であれ恐らく「ブラシをかける（brush）」ことなく、散らかしたままであるのと対照的である（SW, p.9）。

　ドイツ語の「魔女（D.Hexe）」と語源的に同系統の表現である「老女（hag）」の魔法を解いたのは（竹林，2002，p.1100）、ガラスの柩に眠る美しい乙女の話を聞いて駆け付けた王子の口付けであった（SW, p.30）。王子は目を覚ました白雪姫を自らの腕の中に「さっと抱き（sweep）」かかえ（SW, pp.30f.）、程なく結婚式の鐘が森中に響き渡り、それから白雪姫と「魅惑（Charming）」の王子は、雲の中に聳える城で幸せに暮らした（SW, p.32）。

　白雪姫に覆い被さるように口付けをする王子は、白雪姫に息を吹き込んでいるようにも見え、かつて神が土の塵で形作った人の鼻に命の息を吹き込んで生きる者としたことも想起させる（創世 2:7）。双方共に相手への愛がその動機となっている。王子が口付けをする場面では（SW, p.30）、目を閉じた白雪姫と同様に王子が目を閉じているが、それは白雪姫の死を共有していることを表しており、白雪姫を抱きかかえて歩く際も王子と白雪姫の双方が目を閉じて笑みを浮かべていることは、死んでも生きる現実があることを（cf. ヨハ 11:25）、生は死を克服することを示している。これは聖書の説く復活の世俗的表現である。また、ここで白雪姫が王子に「さっと抱き（sweep）」かかえてもらったのは、召使として女王の城や小人らの家を「掃除（sweep）」し続けてきたことに対する御褒美であると解釈できるだろう（SW, pp.17, 31）。

　王子の名前が最後に「魅惑（Charming）」と明かされていることは（SW, p.32）、小人らの小屋も「魅力的（charming）」であったことを想起させる（SW, p.8）。白雪姫は最後に究極的な「魅惑（Charming）」を経験したのである。「魅惑の王子（Prince Charming）」という英語は一八五五年から一般に理想的な男性という意味で使用されているが（竹林，2002，p.1956）、「魅力、魅惑（charm）」とは語源的には魔法の呪文を「唱える（L.cano）」ことであるから（竹林，2002，p.425）、この物語では魔法が様々な役割を果たしていることも明白になる。女王は魔法の鏡や魔法の薬を活用し（SW, pp.2, 4, 19）、白雪姫は願い事をかなえる井戸に願いをかけ（SW, p.3）、王子は言わば魔法の口付けで白雪姫を蘇生させ（SW, p.30）、自らの「魅惑」

で白雪姫を虜にした（SW, p.31）。

＊女王と王女と王子の魔法

地位	魔法の道具	魔法の効果
女王	鏡と薬	一時的成功
王女	井戸と自己の性格	永続的実現
王子	自己の地位と人柄と唇	永続的実現

　雲間に黄金に輝く城は女王の黄金の冠よりも比較にならない程の偉大さであり（SW, pp.5, 18, 32）、低雲が垂れ込める高地に位置するか、雲を突き抜けるほど巨大な建物であることを示している。聖書の伝統では雲は神の栄光を表すが（列王上 8:10, 歴代下 5:14）、城を取り巻く雲はそれと共に、白雪姫の雪（SW, p.2）、井戸の雪解け水（SW, p.3）、雪解け水の蒸気としての雲という通有性のある三態を完成するものである。この栄光の城には女王の爪跡はもはや一つとして残されていない。この絵本に登場する白雪姫、女王、手袋をはめた猟師、王女、小人、王子のうち、爪が手の先に描かれているのは実に女王だけであり、老女に扮した際にその爪は一層刺々しいにもかかわらず（SW, pp.19, 21f., 24f., 27）、女王は大団円で爪跡一つ残すことができなかったのである。また、この絵本に登場する人物のうち、目を閉じている描写がないのは女王だけであり、老婆に扮した際には大きな鼻や口と同様に目を一層大きく引ん剥いている（SW, pp.19, 21f., 24f., 27）。これは生への強烈な執着を表すと共に、獲物を狙う動物的本能を露呈している。

　最後の頁では（SW, p.32）、白馬に白雪姫を腰掛けさせて遠方の城に向かう王子の光景が描かれているが、この構図は多くの解釈を招来するだろう。「ギリシア哲学の巨人」、「万学の祖」であるアリストテレスは（廣松渉, 1998, p.39）、『問題集』の「第四巻　性交に関する諸問題」で乗馬と性交に関する考察を真剣に展開している。

「何故に、絶えず馬に乗っている者は人一倍性交を欲するようになるの
か。或いはそれは、熱と乗馬による動きとのために、交わりの時と同じ
状態におかれるからであろうか。それゆえ、適齢期に達し、その成熟が
陰部付近で進むにつれて、この部分はますます大きくなるのである。し
たがって、常にこの運動をしていると、その身体は通りのよいものとな
り、性交のために予め道を用意している状態になるのである」（アリス
トテレス，4C.B.C.,p.80）。

　アリストテレスによると、王子が白雪姫を馬に乗せることは、意識的で
あれ無意識であれ、馬の体温とその動きを通して白雪姫に間接的に前戯を
開始しているということになる。城に向かう二人の前途には女性的な谷間
があり、その背後には男性的な城が屹立している。城から上方へ突き出た
多くの尖塔は、子孫の繁栄を示しているのだろうか。ちなみに、現代なら
馬の代わりにバイクの後部座席も同等の役割を果たすだろうし、ゆずの
「夏色」の歌詞にあるように、「長い長い下り坂を、君を自転車の後ろに乗
せて、ブレーキいっぱい握りしめて、ゆっくりゆっくり下ってく」方法も
あるだろう。
　小動物と小人らの歓喜の中で白雪姫を抱きかかえる王子の笑顔は（SW,
p.31）、ゆっくりゆっくり「後々まで幸せな（happily ever after）」生涯を白
雪姫と共に送ることを満面で予兆している。このような王子なら、馬から
姫に乗り換えたことを年老いてから笑顔でこう回顧するのかもしれない。

　　「昔々私は姫をもらった。
　　昔その姫の上で私は一時を過ごした。
　　Once upon a time,　　　I had a princess.
　　Once upon the princess, I had a time.」

『白雪姫』のグリム版にはディズニー版には見られない幾つかの印象的

な場面がある。白雪姫に継母が来る前の実母であった女王は、冬に黒檀の窓枠で針仕事をしていると指を針で刺してしまい、外の雪の中に三滴ほど落ちた血の美しさに見とれて、雪のように白く、血のように赤く、窓枠の木のように黒い子を授かるように願うと、肌が雪のように白く、頬が血のように赤く、髪が黒檀のように黒い子が生まれた（グリム，二，1857，pp.130, 143, 145, 150）。この白雪姫が生まれると実母は死に、一年後に継母が来た。この新しい女王は白雪姫が七歳の時に鏡から王国で白雪姫は女王よりも千倍美しいと聞いて嫉妬に燃え、猟師に白雪姫を殺害してその肺臓と肝臓を持ち帰るように命令するが、猟師は白雪姫の代わりに猪の肺臓と肝臓を持ち帰り、料理番が女王に食べさせた（グリム，二，1857，p.130）。

　しかし、女王が鏡に尋ねると白雪姫は七人の小人の家に匿われていることが分かり、自ら出向いて白雪姫を胸紐で絞め殺そうとするが、後に帰宅した小人らに白雪姫は助けられ（グリム，二，1857，pp.138f.）、次に女王は毒の付いた櫛を白雪姫の髪に刺したが、また後に帰宅した小人らに白雪姫は助けられ（グリム，二，1857，p.141）、最後に女王は毒入りリンゴを白雪姫に食べさせて殺害した（グリム，二，1857，p.143）。小人らは白雪姫の遺体をガラスの柩の中に入れて金文字で柩に名前を記すと、どこかの国の通りすがりの王子が大枚を出すので柩ごと白雪姫を買い取りたいと申し出た（グリム，二，1857，p.145）。そこで小人らは世界中の金貨を出されても渡せないと言い返すが、王子はそれなら宝物のように大切にするので「無償でください」と言うと、優しい小人らは承知した（グリム，二，1857，p.146）。その後、王子の家来が柩を運んでいて揺れた時に、白雪姫の食べかけていた毒リンゴが喉から飛び出たので白雪姫は生き返った（グリム，二，1857，p.146）。目を覚ました白雪姫が自分はどこにいるのかと尋ねると、王子は「ぼくのそばにいる」と答えてプロポーズをし、自分の城で結婚式を挙げることになった（グリム，二，1857，p.146）。そこに様子を探りに来た女王は真っ赤に焼けた鉄の上靴を無理に履かせられ、踊り狂って死んだという（グリム，二，1857，pp.147f.）。

　高価すぎるものは買えないため無償でもらうほかないということは、神の授ける無限の価値のある救いと通底する部分があり（マタ 10:8, ロマ 3:24）、白雪姫に対して王子が「そばにいる」という存在自体も、神が人々と共にいるという存在のあり方を連想させ（マタ 1:23, 28:20）、王子の結婚式は、聖書において夫婦関係がキリストと教会の結び付きに基づいて説明されている点を想起させる（エフ 5:21-33）。ディズニー版はこれらの点を強調していないが、白雪姫の仕える姿を一貫して明示していると言えるだろう。

第二節　信じるプリンセス－『シンデレラ』

　『白雪姫』の主題が「仕える」ことであるなら、一九五〇年公開の『シンデレラ（Cinderella)』の主題は「信じる」ことであると言えるだろう。シンデレラは夢を語るだけでなく実現することを「信じ（believe)」（CD, p.3)、「信じて（believe)」いたからこそ魔法を使う「養母の妖精（Fairy Godmother)」と出会い（CD, p.11)、実際にこの絵本の最後の頁では、「もし、あなたが信じ続けるなら、あなたの夢は実現するだろう（If you keep on believing, your dreams will come true)」と締め括られている（CD, p.32)。『シンデレラ』では信じることについて頻繁に言及されている訳ではないが、このように冒頭と巻末と養母の妖精との出会いという要所で強調されている。この点に留意しつつ『シンデレラ』を冒頭から紐解いていこう。

　かつて「シンデレラ（Cinderella)」という「優しく（kind)」「美しい（beautiful)」少女が、「残酷な（cruel)」継母と「自己中心的な（selfish)」義理の姉二人と住んでいた（CD, p.2)。シンデレラは友達の鼠や鳥に、寝る際に行う願い事を語っていたが、その夢を信じれば、やがて実現すると思っていたからである（CD, p.3)。ある日、王が王子のために開催する宮廷舞踏会に王国内のすべての「娘（maiden)」は出席するようにという告知が出されると（CD, p.4)、義理の姉らは浮足立つが、シンデレラは着ていくドレスがないだけでなく、一層多くの家事が継母とその娘たちから課

せられた（CD, pp.5f.）。そこで、鼠や鳥たちがシンデレラの小さな屋根裏部屋で作った素晴らしいドレスをシンデレラに与えたが、ドレス姿で階下に来たシンデレラを見た二人の義理の姉たちは逆上してそのドレスを引き千切ってしまった（CD, pp.6ff.）。

シンデレラが「優しく（kind）」、継母は「残酷（cruel）」という対比的な表現は、前者が元々は「生まれの良い（according to nature）」という意味で（竹林，2002, p.1354）、後者が「生の（L.crudus）」という言葉に由来する点で（竹林，2002, p.593）、興味深い。双方共に「生まれ」という「生の」状態を指しつつも、前者は肯定的意義を持ち、後者は否定的意義を纏っていったからである。シンデレラは内面が親切であり、外見も「美しい（beautiful）」ため、継母からだけでなく、他者のことを考慮に入れない「自己中心的な（selfish）」義理の姉二人からも嫉妬を招いた。義理の姉たちの名前が、各々「アナスタシア（Anastasia）」と「ドゥリゼラ（Drizella）」であることは（CD, p.2）、前者が「復活」を意味し（竹林，2002, p.89）、後者の発音が「霧雨、水滴（drizzle）」を想起させるように（cf.竹林，2002, p.745）、シンデレラが最終的に幸福な大尾を飾るまでに涙の滴る日々もあることを象徴しているのだろう（CD, pp.5f., 8ff., 32）。

シンデレラの夢を共有できる友達が人間ではなく鼠と鳥であり（CD, p.3）、「友達（friend）」が「愛すること（love）」や「自由（free）」という意味に由来することを考慮すると（竹林，2002, p.979）、実にシンデレラは人間同士の友愛関係を自由に持てない逆境に陥れられていたことが示されている。さらに、語源的に「喜び（joy）」という意味を内包する「夢（dream）」の実現を願う願い事は寝る時になされるということは（CD, p.3, cf.竹林，2002, p.740）、起きて階下の継母たちと共にいる時は喜びのない悪夢そのものにほかならないということを意味している。但し、屋根裏部屋の小動物たちや場所的に城が見える見晴らしの良さは（CD, p.2）、シンデレラの重要な喜びである。そのような状況において王が王子のための宮廷舞踏会にすべての「娘（maiden）」を招集したことは転機の到来であり（CD, p.4）、恐らく「娘（maiden）」は一層限定的に王子との婚姻のための

「処女（virgin）」を意味しているのだろう（cf. 竹林，2002, p.1491）。

　王室の伝令が背中の鞄に入れた招集状は絵本では少なくとも数十はあると思われ（CD, p.4）、後の実際の宮廷舞踏会でもその位の人数の娘たちが集められている（CD, p.17）。この宮廷舞踏会のために動物たちが激務に追われるシンデレラを見兼ねて代わりにドレスを作ってくれたことにシンデレラは深く「感謝する（thank）」が（CD, p.7）、「感謝する（thank）」と「考える（think）」という表現が英語では同語源であるように（竹林，2002, p.2542）、確かにシンデレラは多忙の中で小動物たちにも思いを馳せることを厭わなかったのである。このように多くの小さな努力が積み重ねられて完成したドレスを激昂した義理の姉たちはずたずたに引き千切ってしまったが（CD, pp.8f.）、真に引き千切られたのは後に養母の妖精に新しいドレスを作ってもらった点でシンデレラのドレスではなく（CD, pp.14f.）、むしろ最後まで修復されなかった義理の姉たちの心である（CD, p.31）。

　シンデレラは一時的に「絶望する（heartbroken）」が（CD, p.10）、庭に現れた「養母の妖精（Fairy Godmother）」はカボチャを馬車に、鼠たちを白馬に、襤褸服を輝くドレスに変え、シンデレラの足には星のように輝くガラスの靴を履かせた（CD, pp.11ff.）。但し、養母の妖精は夜中の十二時の鐘の音と共に魔法が解けてすべてが元通りになると警告した（CD, p.16）。宮廷舞踏会で王子は次々と儀礼的に娘らに挨拶をするが（CD, p.17）、「月明り（moonlight）」色のドレスを着たシンデレラを見初め（CD, p.18）、広間と庭でワルツを踊った（CD, p.19）。するとすぐに真夜中の鐘が鳴ったので、シンデレラは自分の名前を告げないまま駆け出し、ガラスの靴の片方を落としたまま馬車に飛び込んだ（CD, pp.19ff.）。こうしてすべてが元に戻った（CD, p.21）。

　シンデレラが「信じられるものは何も残されていない！（There's nothing left to believe in!）」と嘆いて絶望したのはこの世の現実世界であり（CD, p.10, cf. ロマ4:18）、庭のベンチに蹲るシンデレラの後ろでは友達の鼠が見守っているように（CD, p.10）、シンデレラは小動物の友達を信じ

ていたはずであり、またこの世以外の何かを否定する状況にはまだ遭遇していない。したがって、養母の妖精はシンデレラにそういう信仰があるからこそ、「ここに私はいるのよ（Here I am）」と諭して（CD, p.11）、自分が代理の母として今後のことを教え導くことを約束した（cf. 竹林, 2002, p.1049）。「妖精（Fairy）」という表現が「運命（L.fatum）」（竹林, 2002, pp.874, 889, cf. 斎藤, 2008, p.32）、さらには「語る（L.for）」の受動態に由来するように（Glare, 1982, pp.680, 720）、妖精からは運命が語られる。その声が「サクランボ色の、処女の、未経験の（cherry）」声であることは（CD, p.11）、「処女（virgin）」であるシンデレラと通底、共感するものを持っていたと考えられる。

　また、この「私はいる、私はある（I am）」という自己紹介はユダヤ・キリスト教世界において神自身の名前であり（出エ 3:14）、神の子イエス自身も使用した名称である（ヨハ 8:58）。この養母の妖精が通常の人間ではない異世界の妖精であることは、右手で招集状を手渡す伝令（CD, p.4）、左手に招集状を持ち右手で指示を出し（CD, p.5）、右手で鍵を持つ継母（CD, p.23）、右手でシンデレラのネックレスを引き千切る義理の姉（CD, p.9）、右手右足に重心を置いてベンチに崩れるシンデレラ（CD, p.10）、右手で馬を操る御者などとは異なり（CD, p.16）、左手で魔法の杖を振る左利きであると考えられることによっても窺われる（CD, pp.12, 15）。この養母の妖精がその「杖（wand）」を「振る（wave）」なら「素晴らしい（wonderful）」夢が叶うという表現は、Wで開始される単語の頭韻を踏む音響的効果を醸し出している（CD, p.15, cf.CD, p.12）。ちなみに、ネズミたちがシンデレラのためにドレスを作る場面では、少なくとも一匹のネズミは左手で針仕事をしている（CD, p.6）。

　王子に見初められたシンデレラが王子とワルツを魔法が解けるまで踊っていたという場面は（CD, pp.18f.）、取り分け秀麗な描写である。シンデレラはかつて小さな屋根裏部屋まで「重い足取り（trudge）」で上っていたが（CD, p.7）、今や宮廷舞踏会で王子と言わば軽やかな足取りでワルツを踊るまでになったのである。ワルツの特徴は三拍子であり、三拍子のリ

ズムは人間の右左右左という行進や吸って吐いて吸って吐いてという呼吸の二拍子と異なり、音楽史的には十二世紀後半から十三世紀にかけてパリのノートル・ダム大聖堂を拠点とした中世ポリフォニー（＝多声）音楽のノートル・ダム楽派において三拍子を基本としていたことにまで遡及できる（宮平，2004, pp.54ff.）。この三拍子は自然界には見いだしにくいものであるが、唯一完全の神が御父、御子、聖霊という三者から成り立つという中世カトリックキリスト教会の神学的世界観における三位一体論に基づくものである（宮平，2004, pp.58ff.）。逆に言うと、ワルツは神聖な三拍子の世俗化された形態であるから、シンデレラはかつて二拍子の重い足取りで階段を上っていたが、今や三拍子の軽やかなワルツで天にも昇る気持ちになったのである。かつてシンデレラは屋根裏部屋で窓から遠方の城を眺めつつ枕を胸から腰にかけて抱き締めていたが（CD, p.2）、恐らく今や王子の腰にしっかりと手を回して自らの腰に引き寄せているのである。ドイツの文豪ゲーテならこの時のシンデレラの心をこう表現するだろう。「ああ、全身の血脈がおののく。ふとこの指があのひとの指に触れるとき……」（ゲーテ，1774, p.53）。「こんなに軽々と身の動いたことはなかった。わたしはもう人間ではなくなった」（ゲーテ，1774, p.33）。この後者の引用は、若きウェルテルが憧れのロッテとワルツを踊っている時の陶酔感である。これは『シンデレラ』における王子の心境でもあると言えるだろう。王子が目の前にしたのは、「華麗な衣装を身にまとってはいるが、容姿のほうがいっそうはなやかだ。よく聞く話だが、水の精や森の精が森中を歩きまわる姿が、まさにこのようであろう」と形容されるギリシャ神話のピロメラのような女性である（オウィディウス，上，1C., p.243, cf. 松原，2010, pp.824, 1008）。

　こうして王子とシンデレラは大勢の舞踏会会場から庭園へと二人だけで離脱し（CD, p.19）、絵本では詳述されていないが恐らく口付けをかわそうとする直前で午前零時の鐘が鳴り始め（cf.CD, p.19）、シンデレラはそこから「走り（run）」出し、矢の如く「駆け（dart）」抜け、階段を「急いで（race）」降りた（CD, p.20）。ここで、「階段、ステップ（step）」という

表現は「階級（rank）」も意味するため（竹林，2016, p.1733, cf. 本書第一章第一節）、階段を急いで降りるシンデレラの姿は、魔法によって実現した王女のような待遇からすべてが一挙に元通りにされることを予兆している（CD, p.20）。但し、そのままだったものは階段を降りる際に脱げ落ちてしまった片方の靴と持ち帰ったもう片方の靴である（CD, pp.20f.）。

　翌日シンデレラは、王が王子の結婚相手として城に残された片方のガラスの靴にぴったりと合う足の娘を探しているという王室の布告を知ると嬉しさを隠し切れなくなり、継母に気付かれて屋根裏部屋に監禁された（CD, p.22）。大公と召使がそのガラスの靴の片方を手に現れると、義理の姉らがその靴を履いて見せようとするが入らず（CD, pp.24ff.）、シンデレラが鼠の助けで屋根裏部屋から出て降りて来ると、継母に転倒させられた召使が自ら持って来たガラスの靴を粉々に割ってしまうが（CD, pp.28ff.）、シンデレラは隠し持っていたもう片方のガラスの靴を見事に履いて見せた（CD, pp.30f.）。間もなく結婚式の鐘が鳴り、結婚した二人は宮廷馬車に乗り込んだ。シンデレラは信じ続けるなら、夢は叶うと改めて実感した（CD, p.32）。

　このように、王子に対するシンデレラの熱い思いは最後まで減衰することがない。この王子の名前も「魅惑の王子（Prince Charming）」である（CD, p.19, cf. 本書第一章第一節）。王子の魅力は、王室の布告を知ったシンデレラが嬉しさを隠し切れなかったように、そのようなシンデレラを継母も屋根裏部屋に隠し切れなかったことから明白である（CD, pp.22f., 27f.）。シンデレラの思いは自らの胸の内から飛び出し、監禁されていたはずの屋根裏部屋から友達の鼠たちの助けによって抜け出したのである。この鼠たちの苦闘は、継母のポケットから屋根裏部屋の鍵を密かに取り出して屋根裏部屋まで「苦労して運ぶ（lug）」姿に表れている（竹林，2002, p.1472）。このネズミたちの足取りも重い二拍子であり、この二拍子があってこそ後のシンデレラと王子との再会が実現するのである。

　継母が召使を躓かせた時（CD, p.31）、継母は自分の足で召使の足を引っ掛けて躓かせたのかもしれないし、自分の足の代わりに杖で召使の足を

引っ掛けて顕かせたのかもしれない。いずれにせよ、継母の足は汚い下品な足であった。これに対して、シンデレラの足は養母の精が作った「気品ある（dainty）」ガラスの靴の似合う美しい「気品ある（dainty）」足であった（CD, pp.15, 31）。この「気品ある（dainty）」足とは、語源的に「尊厳のある（dignity）」足であり（竹林, 2002, p.617）、この世の屋根裏部屋に住んでいた時の重い二拍子のステップも、天にも昇る気持ちで参加した宮廷舞踏会の三拍子のステップも踏める足である。このような気品を維持できたのは、シンデレラ自身が宮殿を跡にする際に機転を利かせて残った片方のガラスの靴をしっかりと持ち帰ったような堅実さにある。このようなシンデレラの堅実な知恵は、継母らの姦計を凌駕していたのであり、真の意味で粉々に破砕されたのは召使の持って来たガラスの靴ではなく、むしろ継母らの姦計である。継母の姦計は、この絵本において継母のみに爪が描かれている点に象徴されている（CD, pp.5, 23f., 28, 31, cf. 本書第一章第一節）。継母はシンデレラに爪跡を残そうとしたが、継母らが残したものは粉々に破砕された自分たちの姦計のみである。

　ガラスの靴に関して興味深い描写がある。シンデレラが真夜中の鐘と共に宮廷舞踏会から急遽退去する際に階段に残したのは、ドレスの下から裸足の右足を覗かせているように、右足のガラスの靴であり（CD, p.20）、左足のガラスの靴を持ち帰ったはずなのに、靴以外のすべてが元に戻った際に手にしているのは明らかに右足の靴である（CD, p.21）。したがって、シンデレラが最後に召使に差し出して履いてみせたのも右足の靴である（CD, p.30）。これはどう解釈すべきだろうか。これを絵本作家の間違いだと片付けることは簡単である。しかし、ここでマーティン・ガードナーの著した『新版　自然界における左と右』（1992年）を参考にして、次のような思考実験に基づく解釈を施すことができるだろう（ガードナー, 1990, pp.11f., 90, 201f., cf. 都筑, 2002, pp.63ff.）。

　仮に二次元平面世界に左の鋏足の大きいシオマネキがいたとする。この非対称のシオマネキも二次元生物なので、言わば高さのないぺしゃんこの生物であり、三次元世界以上の世界については無知である。しかし、この

二次元世界を超越している三次元世界において何者かがこのシオマネキを二次元世界から取り出して、裏返して二次元世界に戻すなら、そのシオマネキは二次元世界において右の鋏足の大きいシオマネキとなる。これはシオマネキ自身が変化したのではなく、より高次元の世界を通過して転換されたからである。

　同様にして一次元上げて類推してみよう。三次元立体世界に左足の靴があったとする。この非対称の左足の靴もこの靴を履く本人も三次元の存在なので、この靴を履く本人は四次元世界以上の世界については夢見ることぐらいしかできない。しかし、この三次元世界を超越している四次元世界において何者かがこの左足の靴を三次元世界から取り出して、裏返して三次元世界に戻すなら、この左足の靴は三次元世界において右足の靴となる。これは靴自体が変化したのではなく、より高次元の世界を通過して転換されたからである。ガードナー自身はこう説明している。

　　「三次元空間において……両手のないからだをもち出して、そのからだの心臓側を『左』とするという約束をしないうちは、そこにある手が右であるか左であるかが決まらない……。もし、からだが四次元空間を使って『転換させられた』とすると、手の左右も自動的に変わる」（ガードナー，1990,p.202）。

　ここで「転換させられた」「より高次元の世界」とは『シンデレラ』では魔法の世界に相当し、シンデレラが魔法をかけられて立派な身なりになる時、また真夜中の鐘と共に元の服装に戻る時に通過した世界であると言える。したがって、養母の妖精の力で魔法の世界を通過した際にシンデレラ本人が左足の靴を「転換」して、つまり慌てふためいて戻る際に何かの拍子でお手玉のように裏返してしまい、右足の靴にしてこの通常の世界に戻って来たと解釈できるだろう。養母の妖精が左利きであるとするなら（CD, pp.12, 15）、それは以前は右利きであったにもかかわらず、より高次元の世界で裏返るように転換して戻って来たことを示唆しているのかもし

れない。この場合、養母の妖精の心臓は右側にあることになる。

　ガラスの靴に関してもう一つの解釈を施すことができる。シンデレラが真夜中の鐘と共に宮廷舞踏会から急遽退去する際に階段に残したのは、ドレスの下から裸足の右足を覗かせているにもかかわらず、右足ではなく左足のガラスの靴であるとすると（CD, p.20）、右足のガラスの靴は右手か左手の指に引っ掛けてスカートの向こう側の隠れて見えない所にぶら下げていたと考えることができる。シンデレラはカバンを持っていないだけでなく、ドレスに靴の入るポケットがあるようには見えないからである。この場合シンデレラは両足が裸足であり、ヒールの高いガラスの靴を片方だけ履いたまま階段を降りることは不自然であり危険でもあるから、片方が脱げた時点でもう片方も脱いで手に持ったまま帰途を急いだのだろう。残された片方のガラスの靴と（CD, p.20）、後に大公の召使がシンデレラの残した片方のガラスの靴を義理の姉らに履かせてみようとした時のその靴は（CD, p.26）、絵本では描写が小さく左右の判別が困難であるためこのような解釈も可能である。この解釈では片方のガラスの靴がより高次元の世界を通過した際に裏返されたと仮定することは不要である。

　いずれにせよ、シンデレラは屋根裏部屋から宮廷に移され、かつては友達の鼠や鳥に対して寝る際に行う願い事を語っていたが（CD, p.3）、今や王子に対して寝る際に行う睦び事を語っているのだろう。これこそ、信じ続けたシンデレラの信仰が実現した夢である。

　『シンデレラ』のペロー版である『サンドリヨンまたは小さなガラスの靴』は、シンデレラが継母の命令で食器洗い、階段の掃除、継母とその二人の娘の寝室の床磨きなどの雑用を課せられて屋根裏部屋で暮らしていたことに言及した後に（ペロー, 1697, p.212）、シンデレラの名前の由来を説明している。

　　「仕事をすませると、娘はいつも炉の片隅に身を寄せ、灰の上に坐ったので、この家では皆から灰尻っ子（キュサンドロン）と呼ばれましたが、下の姉は上の姉ほど無作法ではないので、灰っ子（サンドリヨ

ン）と呼んでいました。けれども、みすぼらしい服のサンドリヨンの
ほうが、豪華に着飾った姉たちより百倍も美しかったのです」（ペロー，
1697, pp.212f.）。

　つまり、自分のまともな部屋も寝台もないシンデレラは寒さ凌ぎに灰
で暖を取っていたのである（cf. 有馬，2003, p.82）。語源的に「シンデレ
ラ（Cinderella）」とは「燃え殻、燃え滓（cinder）」と「指小辞の女性形
（-ella）」からなり（竹林，2002, pp.454, 791）、家事に消耗憔悴し切ってい
たシンデレラの様子も適確に表している。宮廷舞踏会に出る義理の姉二人
の髪結いや服の支度までも任されていたシンデレラは二人を見送ると泣
き出したが、妖精が現れてかぼちゃを金色の四輪馬車に、六匹の鼠を馬
に、三匹の肥えた鼠を御者に、六匹のとかげを召使に、シンデレラの古い
服を煌びやかな服に変え、この世で最も美しいガラスの靴を与えた（ペロ
ー，1697, pp.213ff.）。こうしてシンデレラは宮廷舞踏会に向かうが、すべ
てが元通りになる真夜中までに帰途に着くようにと忠告された（ペロー，
1697, p.217）。案の定、宮廷舞踏会でシンデレラは王子の心を射止め、合
間には義理の姉たちに王子からもらったオレンジやレモンを分けてあげ
たが、姉たちはそれがシンデレラだとは気付かなかった（ペロー，1697,
p.218）。翌日も宮廷舞踏会で王子はシンデレラに愛の言葉を囁き続けるの
で、真夜中になって慌てて宮廷舞踏会から飛び出した際にガラスの靴の片
方を落としてしまったが、王子はその靴に合う足の女性を自分の妻とする
お触れを出し、宮廷役人が最終的にシンデレラこそその当人であることに
気付くと、シンデレラも自分のポケットから靴のもう片方を出してはいて
見せた（ペロー，1697, pp.220f.）。そこに再び妖精が現れてシンデレラの
服を豪華な衣装に変えると、二人の姉は宮廷舞踏会で見た美しい女性がシ
ンデレラ自身であったことを漸く知るに至った（ペロー，1697, pp.221f.）。
こうして、二人の姉がそれまでの意地悪な振る舞いを詫びると、シンデレ
ラは喜んで許すだけでなく、王子との結婚後に二人の姉を宮廷に住ませ、
宮廷の大貴族と結婚させた（ペロー，1697, p.222）。

　ペローは、「教訓こそはあらゆる寓話の根本をなすものであり、寓話はそのために作られたはずのもの」であるという原則に基づいて具体的には（ペロー，1697, p.9）、「どの話の中でも、徳が報われ、悪が罰せられるのです。昔話はどれも、正直で、辛抱強く、思慮深く、働き者で、従順であるのが有利であることを、そしてそうでない者たちに起こる禍を示すもの」であるとして（ペロー，1697, p.10）、各物語の後に教訓を付加している。この『サンドリョンまたは小さなガラスの靴』に付加された教訓とは、「美しさは女性にとってまれな財産、みな見とれて飽きることはない、しかし、善意と呼ばれるものは値のつけようもなく、はるかに尊い」という文章で始まるものである（ペロー，1697, pp.222f.）。

　逆に現在、シンデレラという名前を含む用語には、理想の男性が突然現れて自分を幸福にしてくれることを待望する女性の心理である「シンデレラ・コンプレックス（Cinderella complex）」（小学館大辞泉編集部，2012, p.1887）、夜中の十二時に終了するダンスパーティーである「シンデレラ舞踏会（Cinderella dance）」（竹林，2002, p.454）、海軍や海兵隊において夜中の十二時までの外出許可を表す「シンデレラの自由（Cinderella liberty）」（松田，1994, p.544）、または単に門限を示す「シンデレラ・タイム（Cinderella time）」（小学館大辞泉編集部，2012, p.1887）、突然の成功物語を意味する「シンデレラ・ストーリー（Cinderella story）」（小学館大辞泉編集部，2012, p.1887）、突然の幸運に遭遇した男性や女性である「シンデレラ・ボーイ（male Cinderella）」及び「シンデレラ・ガール（Cinderella）」があるものの（渡邉，2003, p.1356; 小学館大辞泉編集部，2012, p.1887）、これらの使用方法にはペローの本来意図した善意という要素が欠落している。しかし、ペロー版のシンデレラの場合は悪逆な相手に対する意趣返しに興じることなく許しを宣言し、そのような二人の義理の姉を宮廷の大貴族と結婚させるという善意を示すものであった。この意味でペローの童話集は現存するシンデレラの慣用句とは対照的に極めて宗教的要素が濃厚であったと言えるだろう。そして、この宗教的要素はディズニー版の『シンデレラ』において「信じる」ことの重要性を強調している点にも見られる。

　他方、『シンデレラ』のグリム版である『灰かぶり』では、シンデレラ
（＝灰かぶり）の母が自らの最期に、「いつまでも神さまをだいじにして、
それから、気だてをよくしているのですよ。そうするとね、神さまは、い
つなんどきでも、おまえを助けてくださるし、かあさんも、天国からおま
えを見おろしていて、おまえのためをおもってあげることよ」と言い残し
ているように（グリム，一，1857, p.227）、物語冒頭で確かに神への愛と
人への愛が掲げられているが、大団円で二人の義理の姉は二羽の鳩によっ
て各々の目玉を二つとも突つき出されており（グリム，一，1857, p.242）、
悪逆な行為に対する許しではなく天罰が説かれている。この異様な鳩は妖
精の代わりとして、はしばみの木と共に登場しており、王子がシンデレラ
の残していった小さな靴に合う足を持つ娘を探している時に、二人の義理
の姉のそれぞれの爪先と踵を包丁で切り落とさせて無理にその靴を履かせ
た母親にも同様の異様さが見られる（グリム，一，1857, pp.238f.）。

第三節　眠れるプリンセス－『眠れる森の美女』

　『白雪姫』の主題が「仕える」ことであり、『シンデレラ』の主題が
「信じる」ことであるなら、一九五九年公開の『眠れる森の美女（Sleeping
Beauty）』の主題の一つは「眠る」ことだと言えるだろう。眠れる森の美
女オーロラ姫は、まず母の両手の内で眠っている赤子の状態で登場し（SB,
p.7）、後半はマレフィセントの力で糸車の針に触れてしまって以来、王子
の口付けで目覚めるまで眠りに陥っている（SB, pp.21f.）。主人公の眠っ
ている状態が強調されているという展開は興味深い。主人公以外の登場人
物がいかに活躍しているかが読み取れるからである。こうした点を踏まえ
て、『眠れる森の美女』を読み解いていこう。

　昔々、「ステファン（Stefan）」王と王妃は念願の子「オーロラ（Aurora）」
姫が与えられると、盛大な祝賀会を開いて親友の「ヒューバート（Hubert）」
王と「フィリップ（Phillip）」王子を含む賓客を招待した（SB, p.2）。そ
して、二人の王はいつかオーロラ姫とフィリップ王子を結婚させて、二

つの王国を統一しようと決めた（SB, p.2）。さらに三人の妖精が現れると、「幼い（infant）」姫に妖精フローラが美を授け、妖精フォーナが歌を贈り（SB, p.5）、最後に妖精メリーウェザーが贈り物をしようとした時、祝賀会に招待されなかった悪の妖精「マレフィセント（maleficent）」が現れ、オーロラ姫は十六歳の誕生日の日没までに「糸車（spinning wheel）」の「針（spindle）」に指を刺して死ぬという呪いの予言を贈って消え去った（SB, pp.6f.）。これに対してメリーウェザーが魔法によってできたことは、その死を眠りに変え、「真の愛の口付け（True Love's Kiss）」によってその眠りが解かれるようにすることだけだった（SB, p.9）。

　「ステファン（Stefan）」王の名前は、キリスト教の最初の殉教者「ステファノ」に由来し（使徒 7:54-60）、「冠」を意味する（竹林，2002, p.2411）。この王と王妃の念願の子は「夜明け、始まり（aurora）」も意味する「オーロラ（Aurora）」と名付けられたが（竹林，2002, p.162, cf. 斎藤, 2008, p.7; 有馬，2010, p.77）、極地のオーロラを見ることが難しいのと同様、オーロラ姫はマレフィセントから呪いの予言を受けて以来、森の小屋の中に匿われ（SB, pp.12ff.）、糸車の針に触れて眠りに就いてからは城の塔の中に寝かされたため（SB, pp.20ff.）、人の目に付くことが稀であった。夜の大空に見られるオーロラは透明な緑色の場合が多いから、「マレフィセント（maleficent）」、つまり「悪（malum）」を「行う（facio）」女を取り巻く「怪しげな緑の輝き（eerie green glow）」はオーロラ姫の強力なライバルである（SB, p.6, cf. 竹林，2002, p.1498; 有馬，2003, pp.131f.）。マレフィセントの頭の山羊の角は、かつてイエスがいずれ裁きの座においては羊を右に山羊を左に置く牧者と同様に正しい人々と正しくない人々を分けると説き（マタ 25:31-46）、山羊と正しくない人が同列に位置づけられたことに由来すると思われるが、元々羊と山羊を放牧していた牧者は日中には両者を一緒にしているが、夜には羊は新鮮な空気を必要とし、山羊は暖かさを必要とするため両者を分けていたにすぎない（宮平，2006, p.542, cf. 有馬，2010, pp.69f.）。

　マレフィセントのような敵対者のいる中、長年子どもが与えられなか

ったステファン王と女王の願いが「認められた（was granted）」とは（SB, p.2）、語源的には「保証された（guaranteed）」という意味であり（竹林, 2002, p.1066）、文法的には神的受動態として神または神々によってそうされたことを示している。ステファン王の親友の「ヒューバート（Hubert）」という名前は、「心が明るい（bright in spirit）」という意味であり（竹林, 2002, p.1195）、その「王子（Prince）」である「フィリップ（Phillip）」という名前は「馬が好きな人」という意味である（竹林, 2002, p.1853, cf.SB, p.16）。ここで、「王（king）」とは「一族（kin）」の代表者であり（竹林, 2002, p.1356）、「王子（Prince）」とは王の次に「第一の位（L.primus）を占める（L.capio）」人である（竹林, 2002, p.1956, cf. 本書第一章第一節）。

　オーロラ姫がまだ「幼い（infant）」頃、つまり、まだ言葉を「語る（L.for）」ことができ「ない（in）」頃のこと（SB, p.5, cf.Glare, 1982, pp.720, 894）、「植物相」という意味の「フローラ（flora）」は木々や花々の植物に代表されるような「美（beauty）」を（竹林, 2002, p.937）、「動物相」という意味の「フォーナ（fauna）」は動物の鳴き声に代表されるような「歌（song）」声を（竹林, 2002, p.888）、オーロラ姫に与えた（SB, p.5）。「メリーウェザー（Merryweather）」とは文字どおり「陽気な（merry）」「天候（weather）」のことであり、動植物にとっては爽快な快晴も湿潤な雨天も双方共に陽気で快活な生命を維持するために必須のものである。ここで人間は起きている時は動物のようであり、眠っている時は植物のようであるとも言えるだろう。したがって、このようにこの世の生命を維持する役割を果たしているメリーウェザーだからこそ、マレフィセントがオーロラ姫に定めた死を眠りに変え、眠っている姫の渇いた唇に重ね合わせられる王子の湿った唇の「真の愛の口付け（True Love's Kiss）」で目覚めるようにできるのだろう（SB, p.9）。これは確かに陽気な魔法である。また、妖精たちがオーロラ姫に美と歌と死の回避という三点を授けたことは、イエスの誕生時に東方からベツレヘムに来た占星術師たちがイエスに黄金と乳香と没薬の三点を捧げたことを想起させる（マタ 2:1-11, cf.Pinsky, 2004, p.74）。

　三人の妖精とは対照的にマレフィセントは「邪悪（wicked）」であり（SB, p.7）、つまり魔法によって悪意を実現する「魔術（wicca）」師そのものである（竹林，2002, p.2817, cf. 本書第一章第一節）。神からの「恵み（grace）」と人間的な「美（beauty）」を兼ね備えたオーロラ姫は（SB, pp.7, 12, cf. ルカ 2:40, 52）、この陽気な魔法と陰気な魔法の間で、生きているようでも死んでいるようでもなく眠りに就くことになるのである。

　さらに、ステファン王と王妃の悲しみに満ちた許可のもと、三人の妖精たちは農家の女に変装して、城から離れた森の小屋の中でオーロラ姫を十六歳になるまで農家の娘として密かに育てることにした（SB, pp.10f.）。そこでは妖精たちは魔法を使わない叔母さんになり、姫を「ブライア・ローズ（Briar Rose）」と呼ぶことにした（SB, p.12）。そして、十六歳の誕生日の朝、妖精たちが誕生会の準備をしていると、姫にばれそうになったので、姫をベリー摘みに出かけさせた（SB, p.13）。妖精たちは姫が真の王女であることを知らせる誕生会のためのケーキやドレスを準備していたが、捗らないので魔法を使ってしまうと、マレフィセントの手下の「邪悪な（wicked）」カラスに魔法の光を散見されてしまった（SB, p.14）。この「カラス（raven）」は、語源的には別の系統であるが「荒らし回る（raven）」乱暴さをイメージさせる生き物である（竹林，2002, p.2043）。

　大きな城に住む王と王妃が「重たい心で（with heavy hearts）」オーロラ姫を妖精たちに託して送り出したのとは対照的に、妖精たちは小さく軽い姫を「さっと連れ出し（whisk away）」（SB, p.11）、「遠く離れた（far away）」「森（forest）」に向かうが（SB, pp.10, 12, cf. 本書第一章第一節）、それはマレフィセントに発見されないようにするための仕方のない仕儀であった。「ブライア・ローズ（Briar Rose）」という名前にも工夫が施されていると思われる（SB, p.12）。この名前は直接的には『眠れる森の美女』のグリム版である『野ばら姫』という題名に由来しているのかもしれないが（斎藤，2008, p.7）、「ブライア（briar）」とはとげのある「イバラ」を指し（竹林，2002, pp.316f.）、「ローズ（rose）」は「バラ」であるから（竹林，2002, pp.2138f.）、これらの名前を呼ぶ時にはいつでもとげを想

起し、マレフィセントの呪いの予言にあった「糸車（spinning wheel）」の「針（spindle）」などの尖ったものからオーロラ姫を守らなければならない自分たちの使命を意識化することができる（SB, p.7）。

　森の奥深くではオーロラ姫が夢の王子様の話を動物たちに語っていると、馬で通りかかったフィリップ王子が姫の話を気に入り、二人は恋に落ちた（SB, p.16）。姫は彼自身がフィリップ王子であることを知らないまま一人で家に急いで帰ると、真の恋人に出会ったと妖精たちに告げるが、妖精たちは姫の誕生会で実は姫が王女であり、フィリップ王子と既に婚約していることを告げ、四人はステファン王の城に旅立った（SB, pp.18f.）。他方、それを監視していたカラスの報告に基づいてマレフィセントは、日没前に城に着いて一人になった姫のもとに現れ、魔法の強い力で糸車の針に触らせた（SB, p.21）。その途端、姫は深い眠りに陥った。

　妖精たちがうっかり魔法を使ってしまったことでマレフィセントの手下のカラスに感付かれたが（SB, p.14）、「明るい（bright）」色の果肉という意味に由来する「ベリー（berry）」を摘みに行ったオーロラ姫は（竹林, 2002, p.236）、森の中では自分自身が明るく目立ち、馬上のフィリップ王子に気付かれた（SB, p.16）。そして、王子は姫がかつて夢見た王子について動物たちに語っていた話が気に入り、自分たちは「かつて夢の中で（once upon a dream）」出会っていると姫に諭すが（SB, p.16）、これは恐らく王子が少年の時にまだ寝てばかりいる赤ん坊だった姫と出会っていたことを指しているのかもしれない（SB, pp.3, 7）。しかし、姫も妖精たちも森で現れた青年が王子であったことに気付かず、姫は十六歳の誕生日に城に戻ると、マレフィセントの魔力で日没前に城で糸車の針に触れてしまった（SB, p.21）。

　本来的な意味で糸車は、「さあ、糸巻棒と羊毛籠を手にとるのだ！　糸紡ぎでも、やることだ！　戦争などは、男に任せてな」とも言われたように（オウィディウス, 下, 1C., p, 180）、一方で平和の象徴であるが、他方では戦争によって伴侶を失うこともあるだろう。このことと関連して次の文化史的な指摘は重要である。

「糸車はまた裁縫という、人間が他の動物と異なる特徴を示す営みである衣服生産の基礎となる。そのような家内工業的な生産労働は、ほとんどの文化圏で女性が担うものとされてきた。女性が縫う衣服としてもっとも重要なものの一つは生まれる赤子をくるむ産着であり、その点で糸車は女性の出産と深い関わりを持つと考えられる。優秀な糸の紡ぎ手をしめす spinster という英語が、結婚しないでひとりで自活する女性をも意味することは、糸を紡ぐ職業が女性にとって自立の道であったという歴史的事実にもとづくものだろう」（本橋，2016,pp.54f.）。

このように、「優秀な糸の紡ぎ手（spinster）」が「独身女性（spinster）」でもあるのは、戦争で未亡人となった場合もあれば、元々自立的な女性の場合もあるだろう。また、次のような語源的な指摘も参考になる。

「昔女性は紡ぎ仕事ができることが嫁入りの条件と考えられていた。そのため未婚女性の肩書に語義1の spinster（＝「紡ぎ女」）が用いられ、『嫁入りの資格のある女性』のような意味をもっていたが、17C 以降は本来の意味は忘れられて、単に『未婚女性』をさすこととなった」（寺澤，1997,p.1326）。

これらから、大学の卒業資格である「学士（bachelor）」という表現に「独身男性（bachelor）」という意味もあったことの背景を類推することもできるだろう。中世の階層的世界において「学士（bachelor）」は、学士「より大いなる（L.magis）」者である「修士（master）」や「教える（L.doceo）」資格である「博士（doctor）」の前段階として（cf. 寺澤，1997，pp.383, 870）、結婚の資格のある未婚男性のような意味が付随していたかもしれないが、教会と密接に結び付いていた大学が聖職者の養成を主目的とする当時のカトリック世界において聖職者の妻帯が禁止されていたことを考慮すると、聖職者という職業が男性にとって別な意味での自立の道で

あったとも言えるだろう。こうして、教会や大学において聖職や教職に就く者が独身で生涯を終えると、その遺産の多くは妻や子どもたちに分散されることなく大学や教会に寄贈され、これらの機関は莫大な資産を蓄積していくことになったと考えられる。

　『眠れる森の美女』に見られる糸車の針には糸玉が巻き付けられており（SB, p.21）、これが男性性器の象徴であるとすると、マレフィセントはフィリップ王子に先駆けて、オーロラ姫を少女から大人にさせるべく懸命に意地を張ったのだろう（cf. 本橋, 2016, pp.55f.）。実際に、「針（spindle）」と訳した単語には「陰茎（spindle）」という意味もある（松田, 1994, p.2403）。このことは呪いを実現させたマレフィセントの「ケラケラ笑う（cackle）」声からも明白である（SB, p.21, cf.SB, p.9）。この「ケラケラ笑う（cackle）」声が雌鶏の感極まる「クワックワックワッ」という鳴き声であることを考慮すると（竹林, 2002, p.356）、そこにその英単語の発音も似ている「雄鶏（cock）」の存在を髣髴させ、「雄鶏（cock）」という単語自体に「陰茎（cock）」の意味があることも想起させるに十分である（竹林, 2002, p.483）。マレフィセントはフィリップ王子以外の何物かとオーロラ姫との擬似的な性交を成功させたのである。しかし、ここでその「陰茎（cock）」は細く固立している「針（spindle）」であり、刺し傷も招来しかねないものであるから、ここにマレフィセントの敗北とフィリップ王子の勝利は最初から予期されている。これらのことは、森で踊るフィリップ王子とオーロラ姫の腰の位置からも示唆されている。二人が森で踊っている時の描写は、王子が頭一つ背が高いにもかかわらず、姫と腰の高さは同じである（SB, p.17）。この直前、王子は馬に乗って来たため（SB, p.16）、彼の下半身はすでに十分に刺激されており（アリストテレス, 4C.B.C., p.80, cf. 本書第一章第一節）、どうかすると腰の括れた体型の良い姫と人気のない森の中でどういう展開になったとしてもおかしくない状況だったからである（cf.SB, p.20）。

　糸車の針に触れたオーロラ姫の異変に気付いた三人の妖精たちは姫を塔の上の寝台に寝かせ（SB, p.22）、その眠りが覚めるまで逆に城全体を魔法

で眠りに落とすことにした（SB, p.24）。フローラはステファン王が眠りに落ちる直前に、フィリップ王子が農民の娘と恋に落ちたようだと口籠るのを耳にし、王子こそ森で姫に出会った真の恋人であり、姫を呪いから解くことができると気付いた（SB, p.24）。しかし、姫を探していた王子は森の小屋でマレフィセントの手下たちに拘束され、マレフィセントの城の牢屋に監禁された（SB, p.26）。そこに妖精たちが現れて王子の鎖を解き、彼女から「美徳（virtue）」の盾と「真理（truth）」の剣を与えられた王子は自分の城に戻る中途、竜となったマレフィセントと戦い、その剣で竜の心臓を貫いて竜を岩棚から突き落とした（SB, pp.27ff.）。こうして三人の妖精たちは王子を姫の寝ている塔に案内し、王子が彼女こそ森で出会った姫だと確認して優しく口付けをすると、姫は目を覚ました（SB, pp.30f.）。こうして、城全体も眠りから目覚め、ステファン王と王妃も喜びに包まれた（SB, p.32）。

　妖精たちが城全体を眠らせたのは、オーロラ姫の状態がステファン王と王妃に知られないようにするためであったが（SB, p.22）、意外にもこの配慮によって逆に王の口からフィリップ王子とオーロラ姫の恋仲が伝えられることになった。そして、嫉妬に燃えるマレフィセントに監禁された王子は「万策尽きたようだ（all seemed lost）」と絶望しかけたその時、妖精たちに助けられ、竜に化けたマレフィセントをフローラから与えられた「美徳（virtue）」の盾と「真理（truth）」の剣で打ち倒した（SB, pp.27ff.）。この辺りの描写は聖書の題材が活用されているのではないかと思えるほどであり（cf.Pinsky, 2004, p.77）、聖書では「希望に反していても希望を持って」信じることや（ロマ 4:18）、悪魔の策略に対して「真理の帯」、「義の胸当て」、「信仰の盾」、「霊の剣」という神の武具を身に付けることが命じられている（エフ 6:14-17, cf. イザ 11:5, エフ 6:11, 13）。また、終末に対する預言書であるヨハネの黙示録では、「大きな竜、古い蛇、悪魔やサタンと呼ばれるもの、全世界を惑わすものは、投げ出されて地に投げ込まれ、その天使たちもそれと共に投げ出されました」という筆致で悪魔の断末魔が記されている（黙示 12:9, cf. 斎藤, 2008, p.127）。

＊『眠れる森の美女』と聖書の並行表現

	窮地	武具	結末
『眠れる森の美女』	万策尽きたようだ。	美徳の盾、真理の剣。	竜は岩棚から突き落とされる。
聖書	希望に反していても。	真理の帯、義の胸当て、信仰の盾、霊の剣。	竜は地上に投げ落とされる。

　『眠れる森の美女』では、この物語内の並行表現によるレトリックも見られる。マレフィセントの邪悪な「家来たちが彼を待ち伏せしていた（henchman ambushed him）」という表現は（SB, p.26）、森の小屋に来たフィリップ王子をマレフィセントの家来たちが待ち伏せして捕らえる場面にあるが、これは語源的には「馬（horse）」の世話をする「人（man）」が「薮（bush）」の中で「彼に（him）」罠を仕掛けたという意味であり（竹林, 2002, pp.78, 1146）、かつてフィリップ王子が馬に乗って森の中にやって来たことに対するマレフィセントの邪悪な意趣である。また、王子は妖精たちに案内されて眠っているオーロラ姫を目にするが（SB, pp.30f.）、これはかつて王子が少年時代に眠っている赤子の姫を目にした原風景の再来である（SB, pp.3, 7）。かつて王子は眠っている赤子を起こさないように配慮し、今や眠っている姫を起こそうと口付けに及ぶのである。こうして城全体も目覚めるが、その目覚め方の表現は眠った状態から「かすかに動く（stir）」と和訳することもでき、眠った状態から「躍動し出す（stir）」と和訳することもできる（SB, p.32, cf. 竹林, 2002, p.2418）。この表現は「嵐（storm）」に相当する表現に由来することを考慮すると（竹林, 2002, p.2418）、目覚めた宮廷が王子と姫の再会に喜び沸き立つ興奮状態を示しているとも言えるだろう。

　さらに、オーロラ姫に覆い被さって口付けをしようとする王子の行為は（SB, p.30）、かつて神が土の塵で形作った人の鼻に命の息を吹き込んで生きる者にしようとしたことも想起させる（創世 2:7, cf. 本書第一章第一節）。双方共に相手への愛がその動機となっている。王子が覆い被さろうとして

いる場面では、目を閉じた姫と同様に王子が目を閉じているが（SB, p.30）、これは姫の死を共有していることを表し、こうして口付けの後に姫が目覚めるだけでなく城全体も目覚めたことは（SB, p.32）、個人だけでなく社会も世界も甦ることを教えている。これは、聖書の説く終末における復活と天地万物の復興の世俗的表現にほかならない（cf. 黙示 21:1）。

　『眠れる森の美女』の同名のペロー版では、マレフィセントに相当する老いた妖精（＝「仙女」）は一人であるものの他の妖精は七人である（ペロー，1697, p.158）。この七人の妖精の中の最初の六人はそれぞれ、世界最高の美貌、天使の心、優雅な振る舞い、最高の踊り、鶯のような歌唱力、すべての楽器の演奏能力という賜物を授けたが、その次に老いた妖精が、王と王妃の念願の女の子の誕生後に開催された洗礼式に招待されなかったことを恨み、糸車の針が手に刺さって死に至るだろうと呪った（ペロー，1697, p.159）。しかし、七人目の妖精が老いた妖精の死の呪いを「百年続く深い眠り」になんとか変え、王子がその子の目を覚ましてくれると予言した（ペロー，1697, p.160）。十五、六年後、糸車使用禁止勅令に反して城の中の屋根裏部屋で糸車を使っていた老女の所に王女が飛び込んで来て、糸車を触らせてもらう瞬間に針で手を刺してしまって気絶した（ペロー，1697, pp.160f.）。別荘から戻り騒ぎを聞き付けた王は王女を宮殿の最も美しい部屋に移し、七人の妖精は百年後に王女が困らないように王と王妃以外のすべての人と動物を調理中の食事と共に杖で眠らせ、「火も眠りこみ」、王女が目を覚まさないように最後に王と王妃が王女に口付けをした（ペロー，1697, p.162）。妖精は王女の百年間の睡眠中に楽しい夢も準備した（ペロー，1697, p.166）。

　百年後、王女とは別の家系の王がこの国を統治していたが、その王子が大きな森の中に古い城を見つけ、老農夫から世界一美しい王女が眠っていて、定められた王子だけがその目を覚ましてあげることができる旨を聞くと体中が熱くなり、その城の王女の部屋に辿り着いた（ペロー，1697, pp.163ff.）。そして、王子が美しい王女のそばに跪くと、魔法の解ける時が来ていたため王女は目を覚ました。王子は自分自身以上に王女を愛す

ることを誓い、言葉に詰まるが、「口数のすくないのは愛が深い証拠」である（ペロー，1697, p.165）。こうして宮殿中が目を覚まし、夕食の後に、宮中司祭長が城の礼拝堂で二人の結婚式を司り、女官が二人の寝室の帳を下ろした（ペロー，1697, p.166）。

　『眠れる森の美女』のペロー版の特徴は、王女に対する口付けは目を覚ますためのものではなく、王と王妃によるお休みの口付けであり、王女の目覚めは百年という魔法の効力の失効時に自然と起こるという点にある。また、物語はさらに展開し、王子と王女の暮らしが二年以上も続くと、娘のオーロールと息子のジュールが与えられたが、王子の母は人食い人種の家系の者として、王となった王子が出陣した後に、オーロールを食べようとすると、料理長が代わりに子羊を料理して出し、ジュールを食べようとすると、今度は料理長が代わりに子山羊を料理して出し、王妃となった王女を食べようとすると、最後は料理長が代わりに若い牝鹿を料理して出した（ペロー，1697, pp.167ff.）。しかし、オーロールとジュールの存在がばれるとその人食い女は激怒し、蛇や蝮の満ちた大桶に王妃や子どもたちを投げ込もうとしたが、戻って来た王を前にして、自分自身が大桶に身を投げて食い尽くされた（ペロー，1697, pp.171f.）。この物語の教訓はペローによると、女性は結婚に憧憬の念を抱くが、「結婚のたのしい絆はたいてい、延期になったところで幸せなことに変わりなく、待つことで失うものなし」というものである（ペロー，1697, p.173）。『眠れる森の美女』のペロー版より古いバジーレ版の『日と月とターリア』ではこの物語の結論を「幸運児は寝たまま運命の女神の祝福を受ける」としており（バジーレ，1634-1636, p.318）、運命の力は消極的な待機でさえ活用しうることを説いている。

　『眠れる森の美女』のグリム版である『野ばら姫』でもマレフィセントに相当する妖精（＝「神通力をもった女」）は一人であるが（グリム，二，1857, p.108）、他の妖精は十二人である。この十二人の妖精の中の最初の十一人はそれぞれ、美徳、美貌、富という具合にこの世の贈り物を授けたが、その次に十三人目の妖精が、王と王妃の念願の女の子の誕生後に

開催された祝賀会に招待されなかったことを恨み、王女は十五歳になると糸車の針が手に刺さって死に至るだろうと呪った（グリム，二，1857, pp.108f.）。しかし、十二人目の妖精がこの呪いを「百年のあいだ、死んだようにねむりつづける」形に和らげ、王は国中で糸車焼却勅令を出した（グリム，二，1857, p.109）。王女が十五歳になった日、王と王妃が留守で王女が一人で城の留守番をすることになり、探索していた古い塔で糸車を操る老婆に出会い、自分も糸を紡いでみようとした途端に指を針で刺してしまって深い眠りに陥った（グリム，二，1857, pp.110f.）。

その時に城に戻った王と王妃も、その他の人々も動物も、料理中の物も火も眠り始める一方、城の周囲の野ばらは年と共に伸びて城を取り囲んだ（グリム，二，1857, pp.111f.）。眠っている美しい王女の伝説が国中に広がると、あちこちの王子たちが到来して野ばらに遮られたが、百年経過して漸くこの野ばら姫が目覚める時に来た王子は野ばらに遮られることなく、眠り続ける人々や物の間を通り過ぎ、横になっている野ばら姫のもとに来て口付けをした（グリム，二，1857, p.113）。こうして姫が目を覚ますと、王、王妃、家来たち、その他の人々、動物たち、その他の物の順で目を覚まし、王子と姫の立派な結婚式が挙げられた（グリム，二，1857, p.114）。

ディズニー版『眠れる森の美女』の内容に最も近似しているのはこのグリム版であるが、興味深いのはペロー版、グリム版、ディズニー版の悪魔の妖精を除く妖精の人数が、ユダヤ・キリスト教的意義のある数値と一致している点である（cf. 宮平，2019, b, pp.60ff.）。ペロー版では妖精は七人であり、ユダヤ・キリスト教では神が天地万物を七日間で完成したことから七は完全数とされており（創世 2:2）、グリム版では妖精は十二人であり、ユダヤ・キリスト教において神の選んだイスラエルの民は十二部族であり（創世 49:28）、この民が失われたためにイエスが選んだ弟子の中心的人物は十二人から構成されている（マル 3:13-19）。ディズニー版では妖精は三人であり、ユダヤ・キリスト教において三という数は確認や確証の数であり（サム上 3:8, イザ 6:3, マル 14:30, 66-72, 使徒 10:16, 11:10, 黙示 4:8）、父なる神、子なる神、聖霊なる神という三位一体の神に基づいて三度水を

振り掛けて志願者に洗礼を授ける（マタ 28:19, cf. リュティ，1975, pp.95, 180; 荻上，2014, pp.33ff.; 本橋，2016, p.118）。ユダヤ・キリスト教とは異なり『眠れる森の美女』において人々に働きかける超越的契機は神ではなく魔法を駆使する妖精であることを考慮すると、この物語の種々の版においてもユダヤ・キリスト教的枠組は依然として世俗的な形で残存していると言えるだろう。

＊『眠れる森の美女』とユダヤ・キリスト教

	ペロー版	グリム版	ディズニー版
『眠れる森の美女』	七人の妖精	十二人の妖精	三人の妖精
ユダヤ・キリスト教	七は完全数	十二は選びの数	三は確証の数

第二章　ディズニー家族譚

　『リトル・マーメイド』、『美女と野獣』、『ライオン・キング』、『アナと雪の女王』は各々多岐に渡る主題を内包しているが、通底しているのは家族の中で誰かが誰かの身代わりになるという点であり、このことを通して家族の重要性を訴えているように思える。こうした視点は、父なる神の創造した天地万物の堕落の責任を共に引き受けるために御子イエスが父なる神の身代わりとしてこの世に送られて十字架刑を受けたことや、この十字架刑は罪人を神の子にするためにイエスが罪人の身代わりとして受けたものであることも想起させる（マタ 27:15-26, ペト一 2:24）。ディズニーのこれらの作品の家族形態に留意しつつ、身代わりの意義を考察しよう。

第一節　娘の身代わり－『リトル・マーメイド』

　一九八九年公開の『リトル・マーメイド（The Little Mermaid）』の印象的な場面の一つは、魔女アースラの魔法によって自分の声と引き換えに人魚から人間に変貌したアリエルが（LM, pp.18f.）、三日以内に実現しなければならない王子からの口付けを逸したためにアースラの奴隷となるはずのところを（LM, p.22）、トリトン王が娘アリエルの身代わりになり、海の弱小動物に変えられてアースラの奴隷になったという出来事である（LM, p.28）。このように家族を強く結び付けている絆は、『リトル・マーメイド』では人魚の世界から人間の世界にまで越境している。その道筋を順に追っていこう。

　人魚「アリエル（Ariel）」は沈没船の探索が好きで、友達の黄色い魚「フラウンダー（Flounder）」を無理に誘った（LM, p.3）。そして、フォークを見つけては水面まで上がり、機転が利く友達のカモメ「スカット

ル（Scuttle）」に、それは人間が髪を梳かすための道具だと教えてもらったりしていた（LM, p.4）。アリエルは人間世界から集めてきた宝物を「洞窟（grotto）」に隠していたのだが、それは父「トリトン王（Triton）」が人間との接触を禁じていたからである（LM, p.7）。その夜、海上に不思議な光を認めると、アリエルは大きな帆船のデッキで執事の「グリムズビー（Grimsby）」が誕生日を迎えた「エリック（Eric）」王子に等身大のエリックの勇壮な銅像を贈り物として指し示しているところを目にした（LM, p.8）。

　主人公「アリエル（Ariel）」の名前は、「アラビアガゼル（ariel）」のような美しい体躯を連想させ、「空気の精（Ariel）」のような透明感のある「淡く美しい（aeriel）」様子を醸し出している（竹林，2002, pp.39, 130）。また、旧約聖書には生け贄が捧げられる「祭壇の炉（アリエル）」という意味で、祭壇の炉を含む神殿があるエルサレムを指している箇所がある（イザ 29:1-2, 7）。アリエルの相棒「フラウンダー（Flounder）」という名前は、フラウンダーが平べったい魚ではないので（LM, pp.2, 4, 6, 9, 22）、「カレイ目の魚（flounder）」というよりも「おたおたする、まごまごする（flounder）」という動詞と関連付けてこの魚の性格を表すものと考えることができるだろう（竹林，2002, p.938）。好奇心の旺盛なアリエルには海の友達だけでなく、「急いで行く（scuttle）」という意味の空の友達「スカットル（Scuttle）」もいて（竹林，2002, p.2214）、このように海と空の友達がいれば、さらに必要なのは陸の友達である。フラウンダーはアリエルの沈没船探索に怖じ気付いている点からしても（LM, p.3）、恐らくアリエルより行動が遅く、空をも飛翔するスカットルは明らかにアリエルより行動範囲が広い。つまり、アリエルには陸にいて自分と同じ時間と空間を同じペースで生きてくれるものが必要なのである。それは人間である。帆船に男の人間の見つけた時のアリエルの「こんなに近くで人間を見たことがないわ。彼はとてもハンサムね」という興奮は（LM, p.8）、彼女の必要を満たしてやまない何かが人間の内にあることを示している。

＊アリエルの友達

	生活環境	性質
魚	海	おたおた、まごまご
鳥	海と空	機敏で機転が利く
人	陸／船の場合は海	人魚と半身は同じ

　沈没船探索でアリエルは船室の中から小さな三つ又フォークを発見する
が（LM, pp.2, 4）、これは後に登場する父トリトン王が携える巨大な黄色
い「三つ又鉾（trident）」の予表的役割を果たしている（LM, pp.14ff., 31）。
つまり、アリエルが父の命令に背いて人間界に侵入し、三つ又フォークの
ような物を収集するなら、その何十倍もの大きさの父の三つ又鉾が人間界
から収集されたそのような物を破壊してしまうのである（LM, p.16）。本
来は三つ又鉾がトリトン王の父ポセイドン（＝ネプトゥーヌス）の制海
権の象徴であることを考慮すると（竹林，2002, pp., 1922, 2632, cf. オウ
ィディウス，上，1C., pp.4, 24, 26, 51, 224, 335; オウィディウス，下，1C.,
p.186; 松原，2010, pp.849, 1170）、父ポセイドンの三つ又鉾をしっかりと継
承するトリトン王は権威追随型の伝統的人物として描かれていることにな
るだろう。したがって、娘アリエルが人間界に関心を寄せることに対して
は決して穏やかではないのである。

　アリエルが人間界からの収集物を宝物として海底の「小洞窟（grotto）」
に並べて飾っていることは（LM, p.7）、極めて興味深い行動である。「小
洞窟（grotto）」という表現は「地下礼拝堂、小礼拝堂、祈祷室（crypt）」
という表現に由来し（cf. 竹林，2002, pp.596, 1082）、恰もアリエルが人間
界から収集したものを祭壇に並べて拝んでいるかのような宗教的行為に近
似しているからである。キリスト教会では祭壇にキリスト像やマリア像、
三位一体像などを掲げるが、「三位一体（Trinity）」と英語の響きの似てい
る「トリトン（Triton）」が「三つ又鉾（trident）」を持っているというこ
とは、三位一体論を教理として正統に継承する教会から成り立つキリスト

教界と三つ又鉾を象徴として正統に継承する神々に関するディズニー版ギリシャ神話との間の親和性さえ窺える。「三つ又鉾（trident）」は語源的に「三つの（L.tri）歯（L.dens）」という意味である（竹林，2002, p.2626）。

＊ギリシャ神話とキリスト教界の親和性

	継承過程	継承内容
ギリシャ神話	父から子へ	三つ又鉾
キリスト教界	教会から教会へ	三位一体論

また、元々は「隠された所（crypt）」という意味を持つ「小洞窟（grotto）」には女性の「鼠蹊部（groin）」の間の「小洞窟（grotto）」である「穴（vagina）」をも指すから（松田，1994, p.1149, cf. 竹林，2002, pp.596, 1081f.）、下半身が魚であるアリエルが海底の小洞窟をお気に入りの場所としていることは、人間の女性の二本足の間の小洞窟に対して憧憬の思いを寄せていることも十分に連想させる。その証拠にアリエルは海底の小洞窟の飾り物として、ペアで盛装して踊っている男女二体の人形を載せた小さなオルゴールを置き、この女性の人形が左足で爪先立ちをして右足を跳ね上げ、右手でスカートを軽く持ち上げているところを横から覗き込んでいる（LM, p.7）。

アリエルが帆船のデッキで見初めた王子の名前「エリック（Eric）」は元々「名誉ある統治者」という意味に由来するが（竹林，2002, p.825）、「勃起（erection）」の俗語として「勃起（eric）」という意味もある（松田，1994, p.883, cf.Pinsky, 2004, p.247）。「子宮の中の胎児でさえ、陰茎や股、陰のうが羊水や臍帯で刺激され、勃起することがある」から（安藤，1992, p.192）、ここにおいて小洞窟を愛するアリエルと血気盛んなエリック王子が急接近するという未来予想図は不可避である。したがって、このエリック王子に対して「厳格な（grim）」姿勢で臨むと思われる「グリムズビー（Grimsby）」という名前の「執事（adviser）」は適任である（cf. 竹

林，2002, p.1079; 全訳解説書，p.39）。

　海底では、トリトン王によって海の王国から追放された海の魔女アース
ラが魔法によってアリエルの様子を覗き見しつつ、王への復讐の機会を窺
っていた（LM, p.9）。海上では、嵐が王子の乗った船を襲って王子が海中
に投げ出されると、アリエルは必至で彼を探し出して地上に引き上げた
（LM, pp.10f.）。その際、海の王国の宮廷音楽家セバスチャンというカニが、
トリトン王の警告を想起させた（LM, p.12）。セバスチャンは「明らかに
楽聖ヨハン・セバスチャン・バッハのパロディ」である（有馬，2003,
p.157）。この海の王国では異変に気付いたトリトン王がアリエルの小洞窟
に行き、魚を食う野蛮人との交流を叱責するが、アリエルがエリック王
子への愛を正直に言うと（LM, pp.14f.）、激怒したトリトン王は三つ又鉾
でアリエルの集めた人間界からの収集物をすべて破壊してしまった（LM,
p.16）。涙に暮れているアリエルはウツボたちに誘われてアースラの隠れ
家に着き、自分の声と引き換えに人間に変えてもらうが、人間になって三
日の内に王子から口付けをもらうなら王子はアリエルのものになり、もら
えなかったらアリエルはアースラのものになるという条件付きであった
（LM, pp.18f.）。

　アースラが巨大な蛸であることは、蛸が英語では「悪魔の魚（devilfish）」
と呼ばれることからも適切である（有馬，2003, p.162）。アースラは自ら
の「悪行（evildoing）」のゆえにトリトン王によって王国から追放された
にもかかわらず「恨みを抱いて（bitter）」いるが（LM, p.9）、この「恨み
を抱いて（bitter）」という表現が「噛み（bite）」付くという表現に由来す
るように（竹林，2002, p.257）、自らの悪のゆえに罰せられたことに対し
て噛み付かんばかりの勢いで復讐を企てている。これは悪の性質を如実に
物語っており、ここで実際にアースラは歯を剥き出しにしているが（LM,
p.9）、後に三日以内にエリック王子からの口付けを得られなかったアリエ
ルに対しても「薄ら笑い（grin）」を浮かべている。「薄ら笑い（grin）」と
いう表現が「歯を剥き出す」という表現に由来するように（竹林，2002,
p.1079）、アースラはすべての場面で歯を剥き出しにしている唯一のキャ

ラクターである（LM, pp.9, 18f., 23, 28ff.）。

　そして、アースラがトリトン王に対して復讐心を燃やす時、王の娘アリエルが人間に恋をしてしまったという弱味がアースラの格好の攻撃材料となった。恐らく王子の乗った船を嵐で襲い、稲妻を落としてエリックを海中に放り出したのは（LM, p.10）、依然として魔法を駆使するアースラによる報復措置だろう。自分が海の王国から放り出されたように、エリック王子を船から放り出したのである。魔女アースラの意趣はまずトリトン王本人に対してではなく、トリトン王の愛する娘アリエルに対してでさえなく、アリエルの愛するエリック王子に対する攻撃だったのかもしれない。真に悪辣な報復は直接的な相手に向けるより、その相手の最も愛する人に間接的に向けることによって陰険執拗な効果を発する。この点でアースラの報復は、相手の愛する人の愛する人に対する手の込んだ攻撃だったと言える。

　アリエルはこのようにして海に投げ出されたエリック王子を必至で救出したのだが（LM, p.11）、この時、本文では明示されていないものの、アリエルはエリック王子にマウス・トゥー・マウスの人工呼吸をしていたのかもしれない（LM, p.13）。アリエルが救出したのはこの生身の王子だけでなく、かつて帆船のデッキで見た王子の勇壮な銅像もである。アリエルは王子に対する溢れんばかりの愛のゆえに王子の銅像も回収して、海底の自分の小洞窟に安置していたのであり、それだからこそ父トリトン王の一層の激怒を招いたのである（LM, pp.8, 15f.）。その時トリトン王は人間のことを「魚を食らう野蛮人たち（fish-eating barbarians）」と呼んでいる（LM, p.15）。「野蛮人（barbarian）」とは、意味不明な「外国の」言葉を喋る人という意味であり（竹林, 2002, p.196）、このような人間を愛したアリエルが人間となる代わりに実に声自体まで失うという筋書きは（LM, p.19）、海の王国を自ら離れることの代償の大きさを物語っている。また、父トリトン王がアリエルの小洞窟の収集物を破壊した直後に二匹の「ウナギ（eel）」が出て来てアリエルに「擦り寄る（slither）」場面は（LM, p.17）、教育的効果を放っている。ここで描かれている画像からしても「ウナギ

（eel）」は恐らく「ウツボ（moray eel）」であり（竹林，2002, p.1606, cf. 全訳解説書，p.40）、アリエルに向かって言わば鎌首をもたげて「ずるずると滑るように進む（slither）」ウツボは、お気に入りのエリック王子像が壊されて失意のどん底にいるアリエルに対する軽薄危険な誘惑を象徴している。「滑る（slide）」という語源に由来する「ずるずると滑るように進む（slither）」という表現は（竹林，2002, pp.2317f.）、「性交する（slither）」という直接的意味も兼ね備えているからである（松田，1994, p.2358）。

　アースラによって人間となったアリエルはエリック王子に連れられて宮殿に行き、翌日には共にボート遊びに出て、湖の生き物に応援してもらったにもかかわらず口付けの機会を逸した（LM, pp.20ff.）。すると翌朝、アリエルはエリック王子が別の女性との結婚を執事に報告している場面に遭遇した（LM, p.24）。スカットルは、船上で結婚式を行おうとしているエリック王子の相手が鏡に映る姿を見て海の魔女だと気付き、他の動物たちと共に魔女を攻撃し、アリエルの声を閉じ込めておいた魔女の貝殻が砕かれた（LM, pp.25ff.）。その間、アリエルはフラウンダーの助けで船に辿り着いて声を取り戻したが（LM, p.27）、すでに日が暮れて三日という期間が終わってしまったので、アースラが人魚に戻ったアリエルを連れ去ろうとした。その時、トリトン王はアリエルの身代わりに自分がアースラの奴隷になるというアースラとの取引に応じ、こうしてアースラが海の女王となった（LM, p.28）。しかし、エリック王子が浮き上がって来た沈没船を操縦して船首をアースラに突き刺して倒すと、トリトン王は人魚に戻されて力を取り戻し（LM, p.30）、エリック王子を愛してやまないアリエルを再び人間にした（LM, p.31）。その翌日、二人が船上で結婚式を挙げて口付けを交わすと、人間も人魚たちも歓声を上げて二人を祝った（LM, p.32）。

　このようにアリエルがエリック王子に魅せられていたことの証左の一つは、人間になった直後に「古い船の帆（an old sail）」を体に巻いて服としたことにも見られる（LM, p.20）。本文では明示されていないが、この帆はかつてエリック王子の乗っていた船が嵐に襲われた後に落としたもの

なのかもしれない（LM, p.10）。翌日のデートは嵐に襲われるような危険を伴う船上ではなく、静かな湖での安全なボート遊びであり（LM, p.22）、ボートを取り囲む湖面の六匹の魚たちは口から水を噴水の如く上げ、カメ、アヒル、フラミンゴたちは宮廷音楽家セバスチャンというカニの指揮によって恋のムードを盛り上げる合唱を歌い始めた。この場面は「湖（lagoon）」、厳密には湾口などが砂州で囲い込まれてできた「潟湖（lagoon）」でボートに乗る二人を海の生き物たちが囃し立てているものであるが、「潟湖（lagoon）」とは語源的に「空隙（lacuna）」である「穴（hole）」やそこに溜まってできた「水溜まり（pool）」を意味するだけでなく「湖（lake）」にも通じる表現であるから（竹林，2002, pp.1376, 1378）、このような空隙とその水面に割り込むボートはアリエルとエリック王子の今後の関係を象徴しており、魚たちはこのボートを噴水によって十分に湿らせている。エリック王子自身の準備も、彼が嵐によって帆船から投げ出される前に船員たちに放った最後の命令、「しっかりふんばれ！帆を守れ！（Stand fast! Secure the rigging!）」以来（LM, p.10, cf. 全訳解説書，p.39）、整っているはずである。この大音声は、「帆等の索具（rigging）」が「道具、アレ（rig）」の婉曲表現だとすると（cf. 松田，1994, p.2150）、「固く立て！アレを守れ！」とも聞こえるからである。さらに、三匹の亀の上部で亀頭の形をしたガマのような植物を抱えて二人を恨めしそうに見ているセバスチャンの姿も印象的である（LM, p.22, cf. 塚本，1994, a, pp.514f.）。

　しかし、エリック王子がアリエルに迫ろうと身を乗り出した時に、ボートが傾いて二人共湖面に投げ出された。かつてエリック王子は嵐に襲われて危険な海面に一人投げ出されたところをアリエルに救出されたが、今回二人がデートで安全な湖面に投げ出されたということは、二人共無事に宮殿に戻るのだろうという期待と、将来二人が人間と元人魚のカップルとして新しい世界に投げ出されるのだろうという予想を抱かせてくれる。この時、人魚の世界を後にして人間の世界に入ろうとするアリエルの気持ちを後押しした父トリトン王の存在は大きい（LM, p.31）。トリトン王はかつて娘アリエルのために海の小動物の世界に甘んじて仲間入りし

（LM, p.28）、同様にして今や娘アリエル自身のために人魚の世界を捨てて人間の世界に仲間入りするアリエルの幸福を心から願っているからである（LM, p.31）。

　トリトン王がエリック王子に対するアリエルの懸想を決定的に思い知ったのは、まだ「意識の戻らない王子が浜辺で横になっていると、アリエルが岩に腰を据えて彼を見つめていた（as the unconscious prince lay on the beach, Ariel perched on a rock and gazed at him）」からである（LM, p.31）。この文は「岩（rock）」が何らかの塊を意味し、「見つめる（gaze）」という表現が語源的に「ポカンと口を開けて見とれる（gape）」という意味と関係があることを考慮すると（cf. 竹林，2002, pp.1004, 1011, 1834, 2128f.）、アリエルは意識不明のエリック王子の「とある塊（a rock）」の上に「腰を据えて（perched）」彼に「見とれていた」という意味にも訳せる文であり、さらに「見とれる（gape）」とはアリエルの上の口であれ「下の口（gape）」であれ（松田，1994, p.1049）、その「割れ目がパクリと開く（gape）」ことも意味する（竹林，2002, p.1004）。つまり、「見つめる（gaze）」は「見とれる、割れ目がパクリと開く（gape）」の婉曲表現かもしれない。こうした解釈が可能なのは、最初にアリエルが意識不明のエリック王子を救出した時に、友達のカニから「アリエル、その人間から離れなさい！あなたの父は人間たちとの接触を禁じているでしょ。覚えている？（Ariel, get away from that human! Your father forbids contact with them, remember?）」と警告されているが（LM, p.12）、ここで「接触（contact）」は「性交（contact）」も意味するので（松田，1994, p.614）、この時には禁止されていたこの行為が（LM, p.12）、功成り名遂げた二度目の意識不明のエリック王子への対応としては許可されていたとも考えられるからである（LM, p.31）。ちなみに、アリエルの上の口はエリック王子にマウス・トゥー・マウスの人工呼吸をしていたなら、その時にはパクリと開かれていただろう（LM, p.13）。

　アリエルに対するエリック王子の懸想も同様にしてトリトン王を納得させるのに十分なものだったと考えられる。かつてはエリック王子がアリエ

ルに救われたが（LM, p.11）、エリック王子は沈没船を駆使して魔女のアースラを倒すことによってアースラからアリエルへの致命的な攻撃を未然に防いだという点で、間接的にアリエルを救っているからである（LM, p.30）。こうした相互の救済こそ二人の仲を深めていたのだろう。もっともエリック王子がアースラを倒す前には、王子とアリエルがアースラの引き起こした渦巻きの中で抱き合って難を凌いでいたから（LM, p.29）、二人の仲は苦難のお陰で深められていたとも言える。

　かつて、メルヒェンの研究家リュティはメルヒェンの技術的、芸術的特徴について次のように述べた。

　　「くり返しとヴァリエーションはメルヒェンのなかで、いろいろに形をかえて、いくつかのレベルであらわれる。それぞれのメルヒェンの内部では単語や語のグループ、定式句、さらには行動の仕方、話の筋の成りゆき（エピソード）がくり返され、当然ながら、それに伴って同一の人物あるいは類似の人物の行動が、まったく同じに、あるいは多少のヴァリエーションをつけながらくり返される」（リュティ，1975,pp.171f., cf. リュティ，1975,pp.195ff.）。

　リュティのこの見解に基づいて、『リトル・マーメイド』ではある物や出来事と類似のものが後に登場して物語の展開を促進させて内容を深化させる反復強調法とも言うべきレトリックが駆使されている（cf. リュティ，1975, pp.189f.）。

　例えば、アリエルの発見した三つ又のフォークと後に登場する父トリトン王が携える巨大な黄色い三つ又鉾（LM, pp.2, 4, cf.LM, pp.14ff., 31）、意識不明のエリック王子に近づくアリエルと後に同様にして意識不明のエリック王子に迫るアリエル（LM, pp.12f., cf.LM, p.31）、アリエルの大切な胸を閉じ込めている紫色の貝殻とアリエルの大切な声を閉じ込めている黄色い貝殻がある（LM, pp.2, 4, 7ff., 15ff., 28, 31, cf.LM, pp.19, 23, 26）。そして、恐らくこの物語を貫流している重要な題材は海と陸を繋げ、人魚アリ

エルと人間エリックを繋げた船である。アリエルは船でエリックを見初め（LM, p.8）、船から投げ出されたエリックを助け（LM, p.11）、二人はボートでデートをしたが落水し（LM, p.22）、最後に船で挙式している（LM, p.32）。

＊『リトル・マーメイド』の反復強調法

	初出	反復
三つ又	アリエルの好奇心の対象としてのフォーク	トリトンの制海権の道具としての鉾
意識不明の王子	アリエルは上の口で愛を示唆？	アリエルは下の口で愛を示唆？
貝殻	アリエルの胸を閉じ込める物	アリエルの声を閉じ込める物
船	アリエルがエリックを見初める。	アリエルとエリックが挙式する。
船からの落水	エリックが帆船から落水する。	アリエルとエリックがボートから落水する。

　船という題材は最後の最後まで揺曳し、船上での結婚式の後に二人は地平線に臼搗く夕陽を目がけて船を帆走させている（LM, p.32）。二人の新しい船出に真に似つかわしい情景である。

　このディズニー版『リトル・マーメイド』とは対照的に、原作のアンデルセンによる『人魚姫』は悲劇的結末を綴っていたことで知られている。『人魚姫』では、アリエルに相当する人魚は深海の城に住む人魚の王の六人の娘の中で最も美しい末娘であり、この末娘のお気に入りは難破船から収集して城庭の花壇に飾っていた真っ白な美少年の大理石像である（アンデルセン，一，1837-1874, pp.120f.）。娘たちは十五歳になったら海面から顔を出して人間の世界を見ることが許されていたため、年子の姉妹たちは毎年一人ずつ海や川から見える人々や建物の様子を報告していた（アンデルセン，一，1837-1874, pp.122f.）。そして、漸く末娘が十五歳の誕生

日に海面に上ると、大きな船の船室の窓越しに誕生会の最中である同じ年頃の王子を見つけたが、嵐になり船が沈没してその王子は海に投げ出された（アンデルセン，一，1837-1874, pp.127ff.）。この人魚姫は溺れていた王子を見つけ、自分の持っていた大理石像にそっくりの王子の額に口付けをして息を取り戻すようにと祈りながら、陸地まで導いて砂の上に王子を置いて海に戻った（アンデルセン，一，1837-1874, pp.130ff.）。王子は人々に保護されたが、人魚姫は毎日この浜に来て王子の姿を探して思いを募らせ、大理石像を両腕に抱いて慰めを得ていた（アンデルセン，一，1837-1874, p.132）。

　この思いを知った姉たちは王子の御殿の場所を末の姫に教えると、末の姫は度々王子を見に行って恋い焦がれ、ついに海の魔女から自分の声と交換に二本足の人間になる強い飲み薬をもらった（アンデルセン，一，1837-1874, pp.133ff.）。姫がその薬を飲んで王子と出会うと御殿に案内され、服を着せてもらい、馬で遠乗りや登山もした（アンデルセン，一，1837-1874, pp.143ff.）。他方、ある晩は姉たちが海面に出て来て、末の姫に向けて悲しみの歌を歌っていた（アンデルセン，一，1837-1874, pp.146f.）。王子は遭難した時に姫に助けられた記憶はなかったが、浜で介抱してくれた一人の娘と姫が似ていて、教会に一生を捧げたあの最愛の娘の代わりに幸福の神様が姫を送ってくれたと考え、いずれ結婚したいと思っていた（アンデルセン，一，1837-1874, pp.147ff.）。その後、王子は両親の勧めで形式的に隣の王国の王女と会うことになり、姫も共に乗船すると、海面に出て来た姉たちの悲しげな様子を目にした。ところが王子は実際にその王女に会うと、彼女こそ砂の上で倒れていた自分を介抱してくれた最愛の娘だと叫び、厳かな結婚式が挙げられた（アンデルセン，一，1837-1874, pp.150ff.）。明け方に姫は海に目を向けると、剃髪姿の姉たちが海面にいて、海の魔女に自分たちの髪の毛を差し出して取り入り、代わりに短刀をもらったので、それで王子の心臓を突き刺して返り血を足に浴びるなら、人魚の姿に戻れると教えてくれたが、姫は逡巡の挙げ句にその短刀を海に投げ捨て、自らも海に飛び込んで泡になり、空気の精となって王子にほほえ

みかけながら空に昇っていった（アンデルセン，一，1837-1874, pp.153ff.）。『リトル・マーメイド』のアリエルという名前は、この「空気の精（Ariel）」に由来している（有馬，2003, pp.155f.; 斎藤，2008, p.8）。

第二節　父の身代わり－『美女と野獣』

『リトル・マーメイド』が娘の身代わりとなった父を描いているとすれば、一九九一年公開の『美女と野獣（Beauty and the Beast）』は逆に父の身代わりとなった娘を描いていると言えるだろう。娘は野獣によって塔の中に監禁されていた父の身代わりとして自分がそこに残り、父を解放するからである（BB, p.13）。しかし、身代わりとなったことを転機として娘には新しい人生が繰り広げられていき、最終的に野獣に対して変貌の機会を準備した（BB, p.31）。この野獣が野獣となったのは、若い頃に犯した一つの過ちのためである（BB, p.2）。そこからこの物語が始まる。

昔、寒い夜のこと、巨大な「城（castle）」に住む若い王子に、「避難所（shelter）」を提供してもらおうと貧しい老女が一本のバラを差し出すが、王子は追い返した（BB, p.2）。すると、老女は美しい「魔女（enchantress）」になり、王子を「恐ろしい野獣（hideous beast）」に、城の召使を物に変え、魔法の鏡とバラを残して立ち去ったが、魔法を解くためには、そのバラの最後の花びらが落ちる前に王子が恋をして、その娘の愛を勝ち取らなければならないことになった（BB, p.3）。

「城（castle）」とは元々「都市（city）」の「要塞（citadel）」という意味であり（竹林，2002, pp.395, 458）、巨大な城を所有していながらたった一人の貧しい老女に雨露を凌ぐ「避難所（shelter）」を提供しなかった若い王子の心は（BB, p.2）、言わば小さな冷たい要塞であり、自分自身の内部の不安と脆弱さを示している。事も有ろうに王子はこの老女を「鼻であしらう（sneer）」という暴挙に出た。「鼻であしらう（sneer）」とはsnで始まる「唸る（snarl）」、「くしゃみをする（sneeze）」、「鼻を啜る（sniff）」、「鼾をかく（snore）」、「鼻を鳴らす（snort）」、「鼻先で掘る（snout）」とい

う表現が示すように（竹林，2002, pp.2329ff.）、鼻息をフンと出してあし
らうことであり、相手に対する最大の侮辱である。なお、「鼻」関係の表
現は、本好きなベルにガストンが、「もう本に鼻を突っ込むのはやめるん
だ（It's about time you got your nose out of those books）」と言う表現にも見
られる（BB, p.5）。

　老女の差し出したバラは美と棘を兼ね備えているから、魔法を使う美女、
つまり「魔女（enchantress）」を象徴している（BB, p.2）。この魔女が王子
を野獣に、城の召使を物に変えたのは、貧しい老女にとって王子や召使が
どのように見えたかを示すためであり、王子は弱者に対しては野獣のよう
に獰猛であり、召使は弱者に対して何の役にも立たない物に過ぎなかった
のである。魔女の魔法は明快である。もし、相手に対して野獣や無益な物
のように振る舞うのなら、貧しい老女と対蹠的な人物が現れた時にもその
ように振る舞えば良いのである。そういう魔法を魔女は仕掛けた。確かに
野獣の姿で若い美女と出会って得恋することは困難である。但し、魔女は
得恋命令の遂行に対して、そのバラの最後の花びらが落ちるまでという時
間的猶予を与えている点で哀れみ深さも残している（BB, p.3）。

　近くの村には「ベル（Belle）」という若い美女がいて、町の本屋で遠隔
地の話題や剣闘、魔法や変装した王子について書かれている本をもらっ
て歩いていると（BB, p.4）、本を馬鹿にする猟師「ガストン（Gaston）」と、
ベルの父の発明家としての仕事を侮辱する「ルフー（LeFou）」に会った
（BB, p.4）。ベルの父「モーリス（Maurice）」は町の人々の悪口をベルから
聞いても気にせず、馬の「フィリップ（Phillipe）」に乗って町に発明品を
売りに行くが（BB, p.6）、道に迷って「森（forest）」の中で狼らに追われ、
這う這うの体で自分一人ある高い門の中に逃げ込んだ（BB, p.7）。モーリ
スは大きな城に近づき、馬を失ったため一晩泊めてもらいたいと告げると、
時計や燭台が歓迎してくれたが（BB, p.8）、大きな野獣はモーリスを牢獄
へ引き摺り込んだ（BB, pp.9, 12）。

　フランス語の「美女（belle）」に由来する「ベル（Belle）」という名前
は英語では「美女（beauty）」であり、「野獣（beast）」と頭韻を踏んでいる。

猟師「ガストン（Gaston）」の名前は語源的にはフランスの「法螺吹きとされる」「ガスコーニュ人」という意味であり（竹林，2002, pp.1007f.）、「ガストロ（gastro-）」という表現は胃や腹部、そこから派生して料理に関する接頭辞であるから（竹林，2002, p.1008）、自信過剰で体躯の良いガストンの性格を如実に表している。このガストンの手下「ルフー（LeFou）」という名前は、英語としても用いられるフランス語の「道化（fou）」に由来する（竹林，2002, p.963）。馬の「フィリップ（Phillipe）」は、「馬が好きな人」という意味であり（竹林，2002, pp.1853f., cf.SB, pp.2, 16; 本書第一章第三節）、「モーリス（Maurice）」という名前は暗い色の肌を持つ「ムーア人（Moor）」に由来し（竹林，2002, pp.1529, 1604）、モーリスが物語では「暗い（dark）」森で道に迷い（BB, p.7）、「暗い（dark）」牢に監禁されることを予表しているかのようである（BB, p.12）。しかし、ベルがモーリスに町の人々の悪口を告げた時のモーリスの「私の発明品はすべてを変えてくれるんだ（My invention's going to change everything for us）」という明るい返答は予言者的である（BB, p.6）。この発明品とは彼の「最新の発明品（latest creation）」であるが（BB, p.6）、恐らく彼が最初に作り出した発明品はベル自身であり、ベルこそ森の中の城に監禁された彼を助け出し（BB, p.13）、城に居座る野獣を王子に戻したのであり（BB, p.31）、二人は結ばれて恐らく城は開放され、交流の場として人々の「暮らし」を変えるだろう（全訳解説書，p.45, cf.BB, p.32）。

　ベルは町の本屋の店主から「遠隔地の話題や勇敢な剣闘、魔法や変装した王子（far-off places, daring sword fights, magic spells, a prince in disguise）」に関する本を「贈り物（gift）」としてもらうが（BB, p.4）、確かにベルは遠い「他地方（foreign）」にある「森（forest）」の中の城の出来事にこれから巻き込まれ（BB, p.7; 竹林，2002, pp.955f., cf. 本書第一章第一節）、野獣とガストンの格闘では恐らく剣も使用され（BB, pp.29f.）、若い王子は魔法をかけられて野獣となり、この野獣は変装した王子でもあることを考慮すると、ベルが興味津々で読んでいる内容はすべて実現し始めているか、これから実現してしまう事柄でもある。この贈り物と類比的なのが、魔女

が「贈り物（gift）」として野獣に残した一本のバラである（BB, p.2）。ベルが「贈り物」の本を一頁一頁と捲り進めて物語を現実で追体験していくように、野獣は贈り物のバラの花びらが一枚一枚と捲れ落ちる度に得恋の実現を意識して魔法から現実に回帰しなければならないのである。ベルが本を一頁一頁読み進めるように、野獣も花びらを一枚一枚数え続けている状況は、二人の接近を期待させるものである。そして、この『美女と野獣』の恐らく最も重要な点は、野獣とベルの心と体が一つになる時にのみ二人の夢が同時に実現するという終局にある（BB, p.30）。しかし、当初の野獣は心の準備もままならず、かつて老女を追い返したようにベルの父モーリスをまたぞろ引き摺り出して牢獄へ入れてしまった（BB, pp.2, 7, 12）。

＊野獣への贈り物とベルへの贈り物の類比

	贈り物	体験内容
野獣	花びらが捲れ落ちるバラを魔女となった老女が野獣に贈る。	得恋の実現
ベル	頁を捲り進む本を本屋がベルに贈る。	物語の実現

　家ではベルがガストンのプロポーズを断り（BB, p.10）、しばらくして馬のフィリップが外に一人でいるのに気付いて飛び乗ると、城に案内された（BB, p.11）。ベルは城に忍び込み廊下を進むと、塔の中に父モーリスを見つけたが（BB, p.12）、ベルはその場で大きな野獣に見つかったので、父の身代わりに自分がずっと城に残ると約束して父の解放に成功した（BB, p.13）。村では解放された父モーリスが酒場でガストンやその友人に娘ベルの救済を頼むが、自分の弱味を知られるに終わり（BB, p.14）、城ではベルは野獣から寝室に案内されたが、魔法をかけられた家財道具たちによる激励もむなしく気落ちしたままであった（BB, p.15）。そこで、夜になると、ベルは燭台のルミエールに導かれて食堂で励まされ（BB,

p.17)、食後にそのまま立ち入り禁止の西の回廊で魔法のバラを見つける
が（BB, p.18）、見張っていた野獣に追い出された（BB, p.19）。馬のフィ
リップを見つけたベルは村に急行しようとした途端、飢えた狼らに取り囲
まれるが（BB, p.20）、あの野獣が現れて狼らを撃退した（BB, p.21）。ベ
ルにはこの時に怪我を負った野獣のもとから逃げる機会があったが、フィ
リップと共に野獣を城に連れて帰り、傷の手当をしてあげて命の恩人に
感謝すると、野獣は感謝のお返しに城の美しい図書館に案内してくれた
（BB, p.22）。

　父モーリスは馬のフィリップに「ひょいと跳び（hop）」乗っていたが
（BB, p.8）、娘のベルはフィリップに大きく「跳び（leap）」乗って城に急
行した（BB, p.11, cf. 竹林, 2002, pp.1333）。この城は「歩き回る（wander）」
必要があるほど「巨大（giant）」であり（BB, pp.2, 12）、それに合わせて
野獣も「巨大（giant）」であった（BB, p.13）。これらの描写はベルの勇気
を如実に表している。その勇気は父の身代わりを申し出るほどのもので
あり（BB, p.13）、その異常さはモーリスが酒場でガストンらに助けを求
めて話すと「狂っている（crazy）」と決め付けられるほどであった（BB,
p.14）。「狂っている（crazy）」とは語源的には「壊れて」ひびが入ること
であり（竹林，2002, p.579）、モーリスは以前から例えばルフーに「狂っ
ている（crazy）」と侮辱されていたから（BB, p.5）、後にガストンらによ
って拘束されてしまうことは自然の成り行きであった（BB, p.29）。ここで、
かつてガストンがベラの本を「引っ手繰（grab）」ったように（BB, p.13）、
後にガストンの手下らがベルの父モーリスを「引っ捕らえ（grab）」たの
である（BB, p.29）。

　モーリスは本好きの娘を育て、森の中の城とその野獣を見つけた点で、
発明家というよりも教育者であり発見者であるかもしれない。これに対し
て読書やダンスもこなす娘のベルは教養を身に付けており（BB, pp.4, 26）、
ガストンのプロポーズを峻拒し（BB, p.10）、行方不明の父の探索に出向
き（BB, p.11）、野獣と交渉し（BB, p.13）、禁じられていた西の回廊に入
り（BB, p.18）、野獣の怪我の応急処置までできる点で（BB, p.22）、冒険

家であると言えるだろう。特に、ベルが野獣によって城から追い出され
て村に急行しようとする際に、馬を「ギャロップ（gallop）」で御する腕
は（BB, p.20）、彼女の運動能力の高さも物語っている。馬の動きは「ウ
ォーク（walk）」、「アンブル（amble）」、「トロット（trot）」、「キャンター
（canter）」、「ギャロップ（gallop）」の順に速くなり（高橋，2012, p.954,
cf. 竹林，2002, pp.78, 374, 1000, 2635, 2767f.）、「ギャロップ（gallop）」は
「最も速い3拍子の駆け方」である（竹林，2002, p.1000, cf. 本書第一章第
二節）。また、ベルは怪我を負った野獣からの逃亡よりも野獣の怪我の手
当てを優先する点で、また肉親の父だけでなく人間でさえない野獣をも愛
する点で博愛的でさえある。

　その頃、ガストンはベルが自分との結婚に同意しない限り、ベルの父が
精神病院に入院してしまうような陰謀を進めていた（BB, p.23）。ベル自
身は野獣の優しさに気付き始め（BB, p.24）、ディナーを共にしたり（BB,
p.25）、ダンスを教えたりした（BB, p.26）。「舞踏会の女王（Belle of the
Ball）」という表現があることを考慮すると（竹林，2002, p.227, cf. 斎藤，
2008, p.8）、この場面で「ベル（Belle）」が華々しく野獣のダンスの相手を
することは真に適切である。その後、父モーリスとの再会を望むベルに野
獣は父の居場所を映す魔法の鏡を与え、自分が人間に戻れないことを覚悟
しつつベルを去らせた（BB, p.28）。ベルはすぐに父を見つけるが、父は
ガストンの仲間たちに連れ去られ、ベルはガストンにつかまり結婚を迫ら
れた（BB, p.29）。しかし、ベルはそれを峻拒し、魔法の鏡を見せて野獣
の存在を示して父が正気であることを訴えた（BB, p.29）。すると、ガス
トンと村の人々は城に向かい、野獣を屋根の上に追い詰めて戦ううち、つ
いにガストンがバランスを崩して転落し、野獣も地面に転倒した（BB,
p.30）。ベルが野獣に駆け寄り、「だめ。死なないで。愛しているのよ（No!
Please! I love you!）」と叫ぶと（BB, p.30, cf. 全訳解説書，p.48）、数秒後に
はその言葉によって呪いが解け、魔法がかけられていた城の調度品は召使
に戻り、野獣もハンサムな王子となり、こうしてベルと王子は幸せに暮ら
した（BB, pp.31f.）。真の愛こそ、呪いを解くのである（BB, p.32）。

　ガストンはベルを妻にすることによって支配しようとし、彼の机の上の巾着が示唆しているように金銭的謀略によってベルの父モーリスを「精神病院（insane asylum）」に監禁しようとしているが（BB, p.23）、これはこの凡庸な巨漢がベルの外見のみしか目に入らず、モーリスの「天才（genius）」的な才能が恐怖の対象でしかないことを示唆している。特に、「病院、施設（asylum）」はその語源が明示しているように「逮捕権（G.sulê）」が行使され「ない（G.a-）」安全な所ではあるものの（Liddell & Scott, 1996, pp.264, 1671, cf. 竹林, 2002, p.152）、そこに人畜無害な人の意思や行状とは無関係にその人を逮捕して入所させるという倒錯した行為は恐らく当時の社会の縮図であり、ゲーテの「考えうるかぎりの官僚主義の阿呆」という表現を応用して表現するなら（ゲーテ, 1774, p.87）、ガストンは「考えうるかぎりの管理主義の阿呆」であり、実はモーリスの天才的な人柄、人間性、メンタリティーといった曖昧模糊に映るものが自分を完全否定する恐怖に脅えているのである。ガストンの「阿呆」さ加減は、ベルから引っ手繰った本を開いたまま九十度横にして読み始めようとしている点にも見られる（BB, p.5, cf.BB, p.4）。

　ガストンと対照的なのがベルであり、ベルは卯建つが上がらなくても父モーリスの才能を認め（BB, pp.5f.）、父を監禁されていた城の牢獄から解放し（BB, pp.12f.）、外見は「荒々しく（gruff）」「恐ろしい（hideous）」野獣であっても（BB, pp.2, 24）、狼らに襲われかけていたベルを救う正義感や（BB, p.21）、本好きなベルを美しい図書館に案内する配慮や（BB, p.22）、鳥に餌を与える優しさを持っていることを見抜き（BB, p.24）、最終的に自らの真の愛の力によって野獣を野獣の姿から解放した（BB, pp.31f.）。ベルの見方は恰も人の心の中を見通す神の見方であり（サム上16:7, 列王上8:39, 歴代上28:9, 箴言21:2, 24:12, 使徒1:24, ロマ8:27, コリ一4:5）、ベルの解放行為は恰も権力や悪魔や病気の支配下にいる人々を救い出す神の解放行為である（出エ14:1-31, イザ40:1, 49:13, 52:9, 61:1, ルカ1:47-55, 4:18, 7:22, 11:4, 13:16, 24:21, ヨハ8:34, ロマ7:14, 8:21）。このようなベルと野獣だからこそ、かつてディナーの時にはテーブルの両端に着座

していたが（BB, p.25）、ダンスも興じるようなると、二人はフロアの上で足を優雅に「滑るように進ませる（glide）」に至った（BB, p.26）。二人が最終的に足を「進ませる」方向は目の前の相手である（BB, p.30）。

　野獣がベルに渡した鏡はベルの父とその居場所を見せてくれる鏡であるが、同時に野獣との懐かしい日々をも見せてくれる鏡である（BB, p.28）。ベルは野獣とダンスをしている時に、父モーリスと会いたいという「願い（wish）」を野獣に伝えると、野獣は会う「方法があるよ（There is a way）」と応答するが（BB, p.26）、これは「意志のある所には道がある Where is a will, there is a way」という諺に基づいており（小学館辞典編集部編，1982, p.76, cf. 竹林，2002, p.2822）、城に図書館を持つ野獣の知性を垣間見せている。また、鏡とは本来的には自分自身を見るための道具であるから、ベルにとって鏡の中に父を見ることは、父の娘として父と一体である自分自身を見ることでもあり、鏡の中に野獣を見ることは、ベルの見抜いた真の野獣の姿と一体である自分自身を見ることでもある。後に、ガストンもベルの差し出したこの鏡を通して野獣を見るが、その時ガストンが見たのは外面的な野獣であり、その外面的な野獣性と一体である自分自身を見たのである（BB, p.29, cf. 有馬，2010, pp.99ff.; 荻上，2014, p.142）。したがって、ある意味で皮肉なことに、ガストンが野獣の殺害に村人らと赴いた時に殺したのはガストンの知っている外面的な野獣であり（BB, pp.29f.）、それだからこそ野獣には王子という内面性だけが生き残ったとも言えるだろう。このようなガストンの執拗な努力によって王子とベルが結ばれる契機にもなったことを考慮すると、ベルを失ったガストンはやはり考えうるかぎりの「阿呆」である。

　かつて密閉されたガラスケースの中でバラが「煌いて（shimmering）」いたように（BB, p.18）、野獣が王子となる時にも「煌く（shimmering）」光に包まれたのは（BB, p.31）、ベルの「愛しているのよ（I love you!）」という「真の愛（True love）」の力が「悪い魔法（evil spell）」を解いたからである（BB, pp.30ff.）。この真の愛こそ真の魔法であり、あらゆる魔法に勝る魔法なのである。さらに、「魔法（spell）」は語られる「まじない文句」

をも意味することを考慮すると（竹林，2002, p.2367）、相手に自分の思い
を伝える真の愛は言わば「良い魔法（good spell）」であり、文字どおりこ
の「良い魔法（good spell）」という表現から作られた表現が「良い知らせ、
福音（gospel）」である（竹林，2002, p.1058）。つまり、「悪い魔法」は懲
悪を目的として王子を野獣にすることで人としての人格を死に至らせる訃
音によって開始され（BB, p.2）、「良い魔法」は情愛を目的として野獣を
王子に復元することで人としての人格を復活させる福音によって開始され
る（BB, p.30）。この福音を聞いた王子なら、庇護を求める人に対して城
の門を閉ざすことはもはやないだろう。

＊悪い魔法と良い魔法

	作用	作用の開始
悪い魔法	悪に対する否定的作用	悪い知らせ＝訃音
良い魔法	悪に対する復元的作用	良い知らせ＝福音

　ボーモン夫人による原作『美女と野獣』において、ベルは裕福で教育熱
心な商人の息子三人、娘三人のうちの末娘として登場し、贅沢な姉二人と
比べて美しく優しいだけでなく、質素であり読書を心の糧としていた（ボー
モン夫人，1757, pp.4f.）。ある時、父が商売に失敗して田舎暮らしにな
ると、父と三人の兄は土地を懸命に耕し、ベルは家事に勤しみ読書も続け
ていた（ボーモン夫人，1757, pp.5ff.）。一年後、父は商談があって港に向
かうが成立せず、帰途森の中で道に迷った挙げ句に人のいない館に入って
一晩過ごし、ベルに頼まれたお土産を思い出して庭のバラを一枝取ると、
突然現れた野獣の激怒を買い、野獣は娘を「身代わり」としてこの館に連
れて来るようにと命じた（ボーモン夫人，1757, pp.7ff., 14）。父が帰宅し
て子どもたちに事情を話すと、ベルは毅然として自分が父の身代わりにな
ることを申し出て、父と兄たちの反対を押し切って父と共に館に向かっ
た（ボーモン夫人，1757, pp.15ff.）。野獣に迎えられた二人は取りあえず

寝室で寝かされたが、神の助けを信じるベルの夢に貴婦人が現れて、「自分の命を犠牲にしてまで父親の命を救おうというりっぱな行為には、きっとそれなりのごほうびがありますからね」と告げられた（ボーモン夫人，1757, pp.18ff., 21）。

　一人になったベルは、あてがわれた部屋にあった本から、ここでは希望がかなうと教えられて鏡に目をやると自分の家の様子が映し出され、食事も準備されるなど、知恵が乏しいと思われる野獣の素朴な優しさを知り始めた（ボーモン夫人，1757, pp.21ff.）。ベルは野獣からのプロポーズを断る度に野獣を悲しませることが辛かったが、戦争で兄たちが家を出て、美男子や知恵者との結婚で姉が家を出たので、一人残された父を訪ねることができれば一週間で館に戻る約束をして野獣を安心させた（ボーモン夫人，1757, pp.24ff.）。ベルは気が付くと帰宅しており、父に歓待されるだけでなく野獣が贈っていた宝石付きの洋服が届けられていて、このことを聞き付けてさらなる嫉妬と悪意を抱いた姉たちはベルを十日間も家に引き止めたが、「尊敬と友情と感謝」の気持ちを寄せている野獣が苦悶する姿を夢に見るとベルは再び館に戻っていた（ボーモン夫人，1757, pp.27ff., 30）。夢を頼りにベルが野獣を探すと、小川沿いの公園で気絶している野獣を見つけてその意識を取り戻させ、野獣なしでは生きていけない自分に気付いて自らプロポーズした（ボーモン夫人，1757, pp.31f.）。すると突然、野獣の姿が消えて美しい王子が現れ、悪い妖精の魔法を解いてくれたことを感謝し、あの貴婦人はベルに、「あなたは美と知恵をさしおいて、まず徳のある心を選びました。だからこそ美と知恵と心の徳をかねそなえたひとを見つけられたのですよ。ゆくゆくはりっぱな王妃さまになれるでしょう」と語りかけ、意地悪な姉二人を石像に変えたが、回心するなら元に戻ることも約束した（ボーモン夫人，1757, pp.33ff., 34）。こうして、ベルと王子は結婚式を挙げ、心の徳を重んじた二人は幸せに暮らした（ボーモン夫人，1757, p.36）。

　この原作『美女と野獣』では、王子が野獣に変えられたのは悪い妖精が原因であること、ベルが自分の命を犠牲にして父の身代わりとなること、

美と知と徳の中でも徳が重視されていること、悪徳な人も回心によって立ち直る可能性があることに顕著な特徴が見られ、美や知より見いだしにくい徳を見極めることの重要性を教訓的に説いている。また、『美女と野獣』の簡略版はグリム童話の「夏の庭と冬の庭の話」にも見られる（グリム，三，1857, pp.87ff.）。

第三節　子の身代わり－『ライオン・キング』

『リトル・マーメイド』が娘の身代わりとなった父を、『美女と野獣』は逆に父の身代わりとなった娘を描いているとすれば、一九九四年公開の『ライオン・キング（The Lion King）』は子の身代わりとなった父を描いていると言えるだろう。ライオンのムファサ王は、弟スカーの狡知によって危殆に瀕する我が子シンバを助け出そうとして代わりに命を落とした（LK, pp.18f.）。しかし、それ以後ムファサはこの物語から捨象されたのではなく、シンバの中で生き続けており（LK, p.26）、さらにその命はシンバの子にも脈々と受け継がれることが最後まで描かれている（LK, p.31）。この流れ続ける命に合流してみよう。

「プライドランド（Pride Land）」のライオンである「ムファサ（Mufasa）」王と「サラビ（Sarabi）」王妃の間に子「シンバ（Simba）」が生まれ（LK, p.2）、ヒヒの「ラフィキ（Rafiki）」がシンバを「プライドロック（Pride Rock）」で高く掲げると、他の動物たちも喜んだが（LK, p.3）、ムファサ王の弟「スカー（Scar）」は次の王になるシンバに嫉妬して姿を見せなかった（LK, p.5）。シンバに物心が付いてからのこと、ムファサ王はプライドロックにおいてシンバがいずれ王になることを教え、見渡す限り王国であるけれども遠方の影の土地には行ってはいけないと警告した（LK, p.7）。後に無邪気なシンバはスカーに遭遇して自分が王になることを自慢すると、悲哀に満ちたスカーはシンバを追放するために、北の境界の先にある影の土地には最も勇敢なライオンしか行くことができないと挑発した（LK, p.9）。

　ライオンたちの舞台である「プライドランド」もその中心地「プライド
ロック」も、次の三つの意味で極めて適切な名称である。

＊「プライド（pride）」の三つの意味

(1)　「プライド（pride）」とは「自尊心」を意味し（竹林，2002,
p.1953)、プライドランドは誇り高き「光（light）」の「王国（kingdom）」
であり（LK, p.7)、王ムファサと王妃サラビと王子シンバとこの家族
の助手ラフィキのみが上がれるプライドロックは誕生した跡継のお
披露目やその教育など、特別な機会のみに利用される（LK, pp.2f., 6f.,
29ff.)。

(2)　「プライド（pride）」とは「ライオンなどの群れ」を指すから（竹
林，2002, p.1953)、「土地（land）」や「岩（rock）」という表現と共に
用いられるのはごく自然である。

(3)　「プライド（pride）」とは男性または女性の「性器（pride）」をも
意味するため（松田，1994, p.2046)、大地から中空に突き出たボート
の舳先のような大きな岩と、それを下から突き上げるように支えて
いる亀頭形の岩は（LK, p.2)、両性の愛の結晶としての跡継が王国中
に承認される場としても適切である。ここで、「ボート（boat）」には
「女性性器」という意味もある（松田，1994, p.317)。

　このプライドランドに住むライオンたちの名前のうち、「シンバ
（Simba）」はスワヒリ語から英語にも採り入れられており、「ライオン」
そのものを意味する（竹林，2002, p.2294)。この『ライオンキング』のキ
ャラクターの名前と名句のうち、東アフリカ保護領のための領土共通言語
委員会（フレデリック・ジョンソン監修）による一九三九年オックスフォ
ード大学出版局の『スワヒリ語 - 英語辞典（マダンのスワヒリ語 - 英語辞
典に基づく）』（The Inter-Territorial Language Committee for the East African
Dependencies under the direction of Frederick Johnson, A Standard Swahili-
English Dictionary [founded on Madan's Swahili-English Dictionary], [Oxford:

Oxford University Press, 1939]）によってその意味を明確に特定できるのは次のものである。但し、「ナラ（Nala）」はズールー語であるなら、「豊かさ、食料の豊富さ」を意味する（Colenso, 1861, p.303）。

＊キャラクターの名前や名句とその意味

名前・名句	意味
サラビ Sarabi	蜃気楼（p.411）
シンバ Simba	ライオン（p.431）
ラフィキ Rafiki	友人（p.394）
シェンジ Shenzi	野蛮な（p.418）
プンバ Pumbaa	愚かな（p.389）
ハクナ・マタタ Hakuna Matata	心配無用（pp.124, 263, 456）

　ムファサにシンバが生まれたことで王位継承順位一位の座を奪われた「スカー（Scar）」は、「洞穴（cave）」の中で「不平を零して（grumble to oneself）」いた（LK, p.5）。これはスカーが洞穴の中だけでなく自らの口の中でも不平を溜め込んでいたという二重の意味で閉塞感に苛まれて悶々と遣り過ごしていたことを示している。「スカー（Scar）」という名前は英語では「傷跡、心の傷（scar）」という意味があるように（竹林，2002, p.2194）、スカーは最初から屈折した歩みを見せている。プライドランドにこのような日陰者のスカーがいるように、より広大な大地にも日の当たるプライドランドと遠方の「影の土地（shadowy place）」があり（LK, p.7）、シンバらはそこに行くことを禁じられていた（LK, pp.7, 9）。実際に他のライオンらとは異なり、スカーには黒い立て髪があり（LK, pp.5, 8f., 16, 18ff., 29ff.）、シンバを影の土地に誘引しようとする腹黒い魂胆も見え見えであった（LK, p.9）。

　シンバは家に戻ると女友達のナラを探検に誘い、シンバの母サラビはシンバらが助言者の鳥「サズー（Zazu）」と共に行くことで了解するが

（LK, p.10）、シンバとナラは興奮の余り動物の群れに紛れてザズーから離れ、ついに象の骸骨などがある暗い「谷間（ravine）」に転がり落ちた（LK, p.11）。シンバとナラに追い付いたザズーはそこがプライドランドの境界を越えた危険な所だと説明したその時、三匹のハイエナが現れて威嚇するが（LK, p.12）、突然現れたムファサがハイエナたちを撃退した（LK, p.13）。帰途、ムファサは父の言葉に背いたシンバに失望したことを告げるが、自分を含む歴代の王たちが星空から見下ろしてシンバを導くことになると教えた（LK, p.15）。

　このように、スカーの挑発に乗せられたシンバは父ムファサに自分の勇姿を見せようとしてプライドランドの掟を破ってしまい、影の土地に迷い込んだ（LK, p.11）。シンバらはムファサの登場により難は逃れたが（LK, pp.12f.）、シンバに対するこの時のムファサの「お前はわざと私に背いた。私はおまえにとても失望した（You deliberately disobeyed me. I'm very disappointed in you.）」という叱り方は直截なものである。ここで否定的意味を付加する接頭辞 dis で始まる「背く（disobey）」、「失望させる（disappoint）」という言葉を重ねてシンバに語りかけるムファサの意図は内容的にも音声的にも明快であり（竹林，2002, p.693, cf. 竹林，2002, pp.694, 702）、「わざと（deliberately）」という d で始まる単語がさらに音声的な強調を倍増させているだけでなく、本人の責任を強く自覚させようとしている。これはいずれ父と死別して一人で王としての役割を果たすシンバに対する言葉であるが、そのままムファサの背中に這い登り、「パパ、僕たちは友達だよね。そしてずっと一緒にいるんだよね（Dad, we're pals, right? And we'll always be together, right?）」と甘えるシンバは（LK, p.15）、まだ幼く自覚に欠けている。

　そこでムファサは夜空に煌く星にシンバの目を向けさせ、幼いシンバの興味を掻き立てつつ歴代の王と星を結び付けて、星になった歴代の王たちがシンバを導くと説いたが（LK, p.15）、この場面は夕方にプライドロックでムファサがシンバにプライドランドの領域を説明した時の場面と同様、言わばムファサによる帝王学伝授の続編である（LK, p.7）。こうして、ム

ファサはいずれ自分も星という形でシンバと共にいて導き手となるが、星は実際にはシンバに語りかけないとすれば、これもいずれ一人の究極的な責任者となる王としての自覚を促す方法の一つである。後に王となるシンバが星を見てプライドランドの確実な統治方法を「熟考し」、その永遠の繁栄を「願い」、あらゆる敵や自然からの「災難」の回避に尽力するように、「星」との関連で造られた代表的な英単語には次のようなものがある（宮平，2019, b, pp.46f., cf. 竹林，2002, pp.497, 517, 532, 694, 664）。

＊星に由来する英単語

英単語	由来
consider（熟考する）	「星（L.sidus）」と「星（L.sidus）」を「共に（con）」合わせてよく考え、そこにできる形や動きから将来などを予測する。
desire（願う）	「星（L.sidus）」「から（de）」離れた所で星に願い事をする。
disaster（災難）	「星（G.astron, L.astrum）」の巡り合わせが「悪い（dis）」場合を指す。

　その頃、ハイエナらの「ねぐら（lair）」に現れたスカーは、ハイエナらが子どもライオンたちを始末できなかったことを怒り、王を殺すという次の計画を告知した（LK, p.17）。次の日、スカーはシンバを「峡谷（gorge）」に連れ出し、ハイエナを使ってヌーの大群をけしかけ、シンバを窮地に陥れた（LK, p.18）。スカーから知らせを受けたムファサはシンバを助けたが、自分自身はスカーによって崖から突き落とされて死んだ（LK, p.19）。後に、ムファサの遺体の横にいるシンバに対してスカーは逃げるようにと命じたが、シンバは歩き疲れて倒れ、こうしてスカーがプライドロックに君臨した（LK, pp.20f.）。シンバが目を覚ますと、イボイノシシのプンバとミーアキャットのティモンが現れ、シンバを家へと案内し、ティモンは「ハクナ・マタタ（心配無用）」と諭した（LK, p.22）。

　ここで「ねぐら（lair）」と訳した表現は語源的に動物などが「いる（lie）」場所であり（竹林，2002, p.1379）、この場面の暗い状況から「谷間」のどこかの場所だと考えられる（全訳解説書，p.17, cf.LK, pp.7, 11）。「峡谷（gorge）」と訳した表現は両側が絶壁になっている場所であり（竹林，2002, p.1057）、シンバらが象の骸骨などを見つけた暗い場所は、語源的には急流の浸食でできた「谷間（ravine）」である（LK, p.11, cf. 竹林，2002, p.2043）。これら三つの「谷」に通底するのは、そこではプライドランドを崩壊へと導くシナリオが準備されているという点である。確かに、暗い「谷間（ravine）」で次の王であるシンバはハイエナの餌食になる危殆に瀕し（LK, p.11）、ハイエナらの「ねぐら（lair）」では現在の王ムファサの殺害計画が謀られ（LK, p.17）、「峡谷（gorge）」ではヌーの大群によってシンバは窮地に陥れられ、しかもシンバを助けた代わりにムファサが実際に死に赴くことを余儀なくされた（LK, p.18）。王国において王や王子を殺害することは最も重い罪であり、しかも親近者の陰謀による殺害は最もおぞましい出来事であると言える。また、シンバの誕生祝祭で象が大きな鳴き声を上げ、猿が何度も跳び上がり、縞馬が蹄で地面を打ち鳴らしたことを考慮すると（LK, p.3）、象の骸骨がある「谷間（ravine）」は、次の王シンバの誕生祝祭に参加したこれらの動物を代表する最大の動物の死を保存している点で（LK, p.11）、プライドランドの象徴的否定の場であると言える。さらに、シンバの誕生祝祭で猿が何度も跳び上ったように、後の「谷間（ravine）」ではムファサの段打を受けたハイエナらが殴り飛ばされ、この場面では実際に三匹のハイエナはムファサに殴られて宙に浮いており（LK, p.13）、シンバの誕生祝祭で縞馬が蹄で地面を打ち鳴らしたように、後の「峡谷（gorge）」ではヌーの大群がその蹄の音を轟かせている（LK, p.18）。このように、これらの後者の場面はシンバの誕生祝祭の否定的な反復であり、これも、ある物や出来事と類似のものが後に登場して物語の展開を促進させて内容を深化させる反復強調法とも言うべきレトリックである（本書第二章第一節）。

＊『ライオン・キング』の反復強調法

	初出	反復
象	シンバの誕生祝祭で大きな鳴き声を上げる。	「谷間（ravine）」には象の骸骨がある。
跳び上がる動物	シンバの誕生祝祭で猿が何度も跳び上がる。	「谷間（ravine）」でハイエナらが殴り飛ばされる。
蹄を鳴らす動物	シンバの誕生祝祭で縞馬が蹄で地面を打ち鳴らす。	「峡谷（gorge）」ではヌーの大群が蹄で地面を轟かせている。

　プンバとティモンに助けられたシンバはティモンから「ハクナ・マタタ（心配無用）」と諭され、「自分の過去を振り返るな（You gotta put your past behind you.）」と諭された（LK, p.22）。これはよく知られている英語の諺、「もしあなたが後悔しているなら、あなたは過去を生きている。もしあなたが心配しているなら、あなたは未来を生きている。もしあなたが幸福なら、あなたは現在を生きている（If you are sorry, you are living in the past. If you are worried, you are living in the future. If you are happy, you are living in the present.）」を連想させる。極めて深刻な状況にある人を助けるには、将来に対する「心配」や過去に対する「後悔」をまず払拭してあげて、現在の何らかの形の幸福を感得させることが必須である。

　幾年もの後のある時、シンバがメスライオンに襲われているプンバを助けに行くと、逆にシンバがそのメスライオンに制圧されたが、シンバが見上げると、それはあの懐かしいナラだった（LK, p.23）。ナラはスカーによって訃音が流されているシンバに、今やスカーのけしかけたハイエナたちが支配するプライドランドに戻って王国を再建するようにと迫り（LK, p.24）、訪れたラフィキは父ムファサが生きていることを教えた（LK, p.25）。ラフィキはシンバに池に映るシンバ自身の顔を覗かせ、父がその中に生きていると説くと（LK, p.26）、雲の中に突如ムファサの姿が現れ、シンバに「命の輪（the circle of life）」の中で自分の役割を果たすようにと

命じた（LK, p.27）。そして翌朝、ナラとティモンとプンバは、シンバが王としての地位を継承するためにプライドランドに戻ったことをラフィキから聞いた（LK, p.28）。プライドロックではスカーがシンバの母と戦っていたが、スカーは戻って来たシンバにも襲いかかり、追い詰めた崖からぶら下がるシンバに、かつて自分がムファサを崖から突き落としたと漏らした（LK, p.29）。怒りに打ち震えたシンバは体勢を立て直し、逆にスカーを一撃で谷底に突き落とした（LK, p.31）。こうして、プライドランドではシンバが王となり、王国は「栄え（flourish）」、シンバとナラから新たな子どもが生まれて命の輪が巡り続けた（LK, p.32）。

　ナラに襲われているプンバをシンバが助けに行くことは（LK, p.23）、スカーに襲われているサラビとプライドロックを後にシンバが助けに行くことの予行演習の役割を果たしている（LK, pp.29ff.）。シンバはナラが諭しているようにプライドランドを救う「唯一の希望（only hope）」であり（LK, p.24）、語源的に喜びの余り「ひょいと跳ぶ（hop）」ことに由来する「希望（hope）」は（竹林，2002, p.1183）、すでにシンバの誕生祝祭の際で猿が何度も跳び上ったことによって予兆されている（LK, p.3）。そしてそのプンバの救出の後、雲の中にムファサの顔が現れて命の輪の継承を命じたことは（LK, p.27）、かつてムファサが自分を含む歴代の王たちが星空から見下ろしてシンバを導くことになると教えたことの成就である（LK, p.15）。同様にして、スカーがムファサの死亡の後にシンバに「走れ、走り去って二度と戻って来るな（Run! Run away and never return）」と命じたように（LK, p.20）、シンバは岩棚で断末魔のスカーに対して、「走れ、走り去れ、スカーよ。二度と戻って来るな（Run. Run away, Scar, and never return）」と命じ（LK, p.31）、この時シンバがスカーを崖っ縁に追い詰めて言わば「釘付け（pin）」にしたことは（LK, p.31）、かつて「スカーがムファサの前足に自分の鋭い爪を食い込ませて（Scar dug his sharp claws into Mufasa's paw）」崖から突き落としたことを想起させる（LK, p.19）。また、シンバがスカーを「釘付け」にして追い返した直後にスカーが不意打ちを狙ったものの、シンバの「大きな前足（big paw）」の一撃を食らい

「谷底に飲み込まれていった（plunged into the gorge below）」ことは（LK, p.31, cf. 全訳解説書, p.62）、かつてムファサの「大きな前足（big paw）」の一撃でハイエナらが殴り飛ばされたことを想起させる（LK, p.13）。シンバのこのような言葉や動作も反復強調法である。そして、この『ライオン・キング』の最も重要な反復強調法は実に「命の輪（the circle of life）」そのものであり（LK, p.27, 32）、ムファサとサラビの命がシンバの「命」に受け継がれ（LK, p.3）、シンバとナラの「命」がその子に引き継がれ（LK, p.32）、プライドランドはスカーの一時的君臨時代のように「死に至る（D.sterben）」「飢餓状態に陥る（starve）」ことなく（LK, p.24, cf. 竹林, 2002, p.2401）、「花が咲く（flower）」ように「繁栄して（flourish）」いったのである（LK, p.32, cf. 竹林, 2002, pp.938f.）。

＊『ライオン・キング』の反復強調法

	初出	反復
シンバによる救援	シンバはメスライオンに襲われているプンバを助けに行く。	シンバはスカーに襲われているサラビとプライドロックを助けに行く。
星空	歴代の王たちが星空から見下ろしてシンバを導く。	ムファサの顔が星空の雲の中からシンバに命の輪の継承を命じる。
追放の台詞	スカーがシンバに「走れ、走り去って二度と戻って来るな」と命じる。	シンバがスカーに「走れ、走り去れ、スカーよ。二度と戻って来るな」と命じる。
釘付け	スカーはムファサの前足に自分の爪を食い込ませる。	シンバがスカーを「釘付け」にする。
大きな前足	ムファサの大きな前足でハイエナらが殴り飛ばされる。	シンバの大きな前足でスカーが殴り飛ばされる。
命の輪	ムファサとサラビの命がシンバの命に受け継がれる。	シンバとナラの命がその子の命に引き継がれる。

ラフィキによってシンバがプライドロックで全王国に向けて掲げられ

ることと（LK, p.3）、後にラフィキによってシンバとナラの子がプライド
ロックで全王国に向けて掲げられることは命の輪を端的に明示しており
（LK, p.32）、後者においては全動物が集合している様子は描かれていない
が、前者の場面で全動物がプライドロックを前にして跪いているように
（LK, p.2）、後者の場合も全動物は跪いているだろう。この時、肉食動物
の獅子も草食動物の象や縞馬や麒麟などが共に平和に共存している光景は
（LK, p.2）、聖書の説く次のような終末論的光景を十分に想起させる（cf.
Ward, 2002, p.14）。

「狼は小羊と共に宿り、豹は子山羊と共に伏す。
子牛と若獅子は共に育ち、小さい子供がそれらを導く。
牛も熊も共に草をはみ、その子らは共に伏し、
獅子も牛もひとしく干し草を食らう。」

（イザ 11:6-7, cf. イザ 65:25; 宮平，2015, p.88）

第四節　姉の身代わり – 『アナと雪の女王』

　『リトル・マーメイド』が娘の身代わりとなった父を、『美女と野獣』は
逆に父の身代わりとなった娘を、また『ライオン・キング』は子の身代わ
りとなった父を描いているとすれば、二〇一三年公開の『アナと雪の女王
（Frozen）』は姉の身代わりとなった妹を描いていると言えるだろう。アナ
はエルサを守ろうとして殺意に満ちたハンスの剣の前に死を覚悟で割って
入った（FZ, p.31）。この時アナは凍り付いたので切り殺されることはなか
ったが、少なくともエルサの身代わりになることを躊躇しなかったのであ
る。この姉妹の結び付きは単に王室の紐帯だけでなく、お互いに「最高の
友達（best friends）」とも言える親密な友情関係に基づいている（FZ, p.2）。
この第四節はそのような友情の秘訣を氷解させようとする試行である。
　「アレンデール（Arendelle）」王国の王女「アナ（Anna）」は、姉の王女

「エルサ（Elsa）」が雪や氷を作り出す魔法の力を持っていることを知って
いた（FZ, p.2）。ある夜、二人はエルサの作った雪で遊んでいたが、エル
サの魔法の氷の一撃がアナに当たってひどく傷つけてしまい、両親はその
魔法を秘密にしておくためにも城を壁で囲み、エルサはアナと遊ばないよ
うにしたのでアナを悲しませた（FZ, pp.3f.）。両親が海で亡くなってから
も、二人が一緒に遊ぶことはなかった（FZ, p.4）。何年も後のある日、エ
ルサが女王となる戴冠式が執り行われる時は城の門が開放され、何百人も
の人々が式に参列した。戴冠式後のパーティーでアナは、南の島から来た
ハンサムな王子ハンスと踊り、その日しか会えない二人は結婚の約束をし
た（FZ, pp.6f.）。出会ったばかりの人との結婚に反対したエルサに対して
アナが反論すると、感情を抑えきれなくなったエルサの手から氷が打ち放
たれてしまい、王国中に自分の秘密を知られたエルサは山に逃げた（FZ,
pp.8f.）。

　「凍った（frozen）」世界は二律背反的なイメージを内包している。それ
は一方で雪国や氷河といった煌めく銀世界であり、他方で氷によって遮断
された冷酷堅固な世界である。しかし、これらは実際には氷点下という同
一の世界であり、一つの現実における二つの現象である。このことは恐ら
く最初の子である姉として厳格に育てられたために内向的な姉エルサと二
番目の子として緩慢に育てられたために外向的な妹アナという姉妹（FZ,
p.5）、そして特に感極まると魔法の氷を放ってしまうと同時に凍り付いた
妹を温かく解凍するエルサ自身の性質にも見られる（FZ, pp.3, 9, 18f., 24f.,
31）。また、魔法の氷を放ってしまう時にエルサの頬は常に紅潮している
が（FZ, pp.3, 9, 18, 24）、最も赤く輝いているのは真夏に雪嵐を作り出して
しまった時である（FZ, pp.9f.）。

　彼女らの王国「アレンデール（Arendelle）」は架空の雪国のようである
が、少なくとも英語の音声上は「舞台（arena）」を特に北方の「谷（dale）」
とする王国のようであり（竹林, 2002, pp.128, 617）、「南の諸島（Southern
Isles）」から王子が来訪することを考慮すると（FZ, p.6）、北欧のいずれ
かの国がモデルになっていると考えられる。「アナ（Anna）」はヘブライ

語で「ハンナ、恵み（Hannah）」という意味であり（竹林，2002, pp.99, 1114）、イスラエル最初の王サウルを王位に就けた預言者サムエルの母の名前でもある（サム上 1:1-2:21, 10:1）。「エルサ（Elsa）」は「エリザベス、エリザベト（Elisabeth, Elizabeth）」の愛称であり（竹林，2002, p.792）、ヘブライ語で「私の神は豊かである」という意味に由来し（旧約新約聖書大事典編集委員会編，2001, p.215）、後に神の王国を開始するイエスに洗礼を授けた洗礼者ヨハネの母の名前でもある（ルカ 1:5-25, 36, 57-66, 3:15-22, cf. ルカ 4:43）。

　アナとエルサという姉妹の名前の各々の起源であるハンナとエリサベトには、結婚後長期間子どもに恵まれなかったという共通点がある。神が母胎を閉ざしていたために不妊であったハンナは、夫エルカナのもう一人の妻ペニナに子どもが幾人もいたことで深く悩まされ（サム上 1:4-6）、エリサベトは神の戒めと義の定めのすべてにおいて非難されることなく正しく歩んでいたにもかかわらず、子どもに恵まれなかった（ルカ 1:6-7）。しかし二人共、時が来て漸く子どもが与えられ、ハンナの子サムエルはイスラエルの王国の開始に携わり（サム上 10:1）、エリサベトの子ヨハネはイエスによる神の王国の開始に携わった。また、彼女らの子どもであるサムエルとヨハネは共に預言者であるという共通点もある（ルカ 7:24-28, 使徒 3:24, 13:20）。

＊アナとエルサの名前の起源であるハンナとエリサベトの共通点

	不妊	与えられた子ども	子どもの職
ハンナ	神が母胎を閉ざしていた。	サムエルはイスラエル王国の開始に関与する。	預言者
エリサベト	敬虔だが不妊であった。	ヨハネはイエスによる神の王国の開始に関与する。	預言者洗礼者

　仮にアレンデールが北欧の王国だとすると、それは宗教改革期以後ルタ

ーの影響の強いルター派を主流とする国であり、キリスト教王国として子どもの命名には聖書の登場人物が大きな役割を果たしているとするなら、アナとエルサという命名において親による渾身の思いの丈が子どもに降り注がれていると言えるだろう。ハンナとエリサベトの共通点は、他の夫人らが子宝に恵まれている時に敬虔に耐え抜いたことにあり、また子どもが漸く与えられた時には比較的高齢であったということにある。しかし、彼女らに漸く与えられた子どもたちは王国を開始する人物に深く関与していたということを考慮すると、アナとエルサにも王国の繁栄という使命がその名前を通して与えられていたと言えるだろう。

　このような重大な使命を共有する仲良しの二人だが、エルサがアナと遊んでいる時に感極まって魔法の氷をアナの頭に向けて誤って放ち大怪我をさせてしまうことがあった（FZ, p.3）。ところが、両親が山に古くからいる「小人（troll）」たちに相談すると、魔法の氷が当たったのは「心、心臓（heart）」ではなく「頭（head）」なので大丈夫だという返答があった（FZ, p3）。つまり、小人らは「頭」よりも「心」の方を重視しているのである。「小人（troll）」と意訳した表現は北欧伝説に由来し、そのまま「トロール」とも訳されるが、ここでは便宜上その身の丈などから「小人」と訳すことにする（FZ, p.22, cf. 竹林，2002, p.2633）。

　この「小人」の助言は現代の免疫学の視点から検討しても極めて興味深い。概して西洋思想の知的伝統では、理性や知性を司る頭が感情や気持ちの場とされる心よりも重視される。しかし、極めて科学的な免疫学は逆の視点を提示している。日本免疫学会会長（1985 年 -1988 年）や国際免疫学会連合（International Union of Immunological Societies）の会長（1995 年 -1998 年）などの要職を歴任した多田富雄が大仏次郎賞を受賞した作品『免疫の意味論』（1993 年）において、頭にある脳ではなく胸にある「免疫の中枢臓器である『胸腺』」が自己のアイデンティティーを決定していることを論証している（多田，1993, p.15, cf. 多田，1993, p.34; 多田, 1998, pp.41f., 56）。

　免疫とは「非自己」を「自己」でないものとして排除するシステムで

あり、「個体のアイデンティティーを決定する」ものである（多田，1993，p.8）。例えば、受精後数日の鶏と鶉の卵の中において、鶉の脳の原基である脳胞の一部を鶏の脳に移植すると（多田，1993，p.15）、この「異なった種の動物細胞がひとつの個体内に共存する状態」である「キメラ」は生後十数日で死に至る（多田，1993，pp.13，17）。死因は、移植された鶉の脳が鶏の免疫系によって「非自己」として拒絶されて脳機能障害を惹起するからである（多田，1993，pp.17f.，cf. 多田，1998，p.13）。

　　「ここではっきりしたことは、個体の行動様式、いわば精神的『自己』
　　を支配している脳が、もうひとつの『自己』を規定する免疫系によって、
　　いともやすやすと『非自己』として排除されてしまうことである。つま
　　り、身体的に『自己』を規定しているのは免疫系であって、脳ではない
　　のである。脳は免疫系を拒絶できないが、免疫系は脳を異物として排除
　　したのである」（多田，1993，p.18）。

　この脳を排除する免疫系の中枢臓器である胸腺は、「人間では十代前半で最大となり、約三十五グラムに達する」（多田，1993，p.35）。そして、胸腺は「四十代ではすでに半分、六十代では四分の一に縮小する。八十代になるとほとんどが脂肪に置き換えられて、『胸腺』そのものは痕跡程度になってしまう」（多田，1993，p.47，cf. 多田，1993，p.127; 多田，1998，p.64）。つまり、人間は老化と共に自己が崩壊して非自己との識別が曖昧模糊としたものになるのである。さらに多田は、自己というものそれ自体が固定的なものではなく変容性に富むものであることも精妙に論証している（多田，1993，pp.104，214，220，231; 多田，1998，pp.34f.，106）。
　エルサの戴冠式後のパーティーでアナが踊る相手の名前「ハンス（Hans）」は（FZ, p.6）、英語では「ヨハネ（John）」のことであり（竹林，2002，p.1114）、エルサはアナが出会ったばかりのこのハンスと結婚することに反対した（FZ, p.8）。それは恐らく、踊っている時にアナの胸が「ドキドキして（flutter）」いたことと関係があるだろう（FZ, p.6）。「ドキド

キする（flutter）」とは語源的に「浮く（float）」ことであり（竹林，2002, p.942）、浮かれること、浮つくことである。二十世紀スコットランドのキリスト教哲学者マクマレーによると、このような恋はいわゆる恋に恋することである。

> 「ある人に現実的に恋をするとは、〈その人に〉恋をするということであり、その場合、恋はその人の現実的な真価の正しい評価である。現実的な恋はその対象の真価や価値を把握し、相手を相手のために愛する。非現実的または感傷的な恋はそうではない。それは相手が引き起こしたり、刺激する感情を楽しみ、恋の対象の現実的な真価、現実的な良さに関心がない。しばしば恋に恋する（being in love with love）人について語られるが、これはまさしく、私が非現実的または感傷的な恋で意味しているものである」（Macmurray,1932,p.102, cf. 宮平，2017,b,pp.77f.）。

つまり、恋に恋するという行為は、相手によって引き起こされた自分の感情に関心を向ける点で自己中心的であり非現実的である。逆に真の愛はこう説明できるだろう。

> 「真の愛は、相手に深入りすることなく相手を深め、相手に浮かれることなく相手を高める。また真の愛は、相手を低めることなく深め、相手を高ぶらせることなく高める」（宮平，2017,b,p.134）。

相手に深入りしたり浮かれることは自己の真価を見失うことであり、相手を低めたり高ぶらせることは相手の真価に対する不当な評価である。これに対して、相手を深め高めることこそ相手の真価を正当に評価して成長させることであり、これが相互に実践される時、真の愛が実現すると言えるだろう。但し、アナにとって戴冠式後のパーティーが男の人と出会える唯一の日であったことは、アナが真の愛を丁寧に築き上げることを困難にしていただろう（FZ, pp.6f.）。

　アナの恋愛感情が恐らく真の愛とは思えないエルサはアナとの言い争いで感情を抑えきれなくなり、魔法の氷の秘密が知られてしまって山に逃げた（FZ, pp.8f.）。通常の人間以上の力を持つエルサが山に逃げたことは、地上より天に近いシナイ山で十戒を授けることなどからイスラエルの神が「山の神」と呼ばれ（列王上 20:23, 28, cf. 創世 22:2, 出エ 19:20, イザ 2:2-3, ミカ 4:1-2, ルカ 9:28-36, 使徒 1:9-12）、緊急時にはその神のいる「山に逃げ」ることを命じる聖書的伝統においても（ルカ 21:21, cf. 宮平, 2009, pp.609f.）、また「俗」や「仙」という漢字を分解すれば明示されるように、「谷」に住む「人」が「俗人」であるのに対して「山」に住む「人」が弥増して聖なる「仙人」であるという漢字文化圏的な着想からしても適切である（宮平, 2019, a, pp.161f.）。

　ハンスに王国を任せてエルサを探しに馬で出かけたアナは、夏なのにエルサの作り出した吹雪のために途中で馬に落とされたが（FZ, p.10）、「氷切り出し人（ice harvester）」の「クリストフ（Kristoff）」と彼のトナカイ「スヴェン（Sven）」に助けられた。アナとクリストフは魔法にかけられた雪だるま「オラフ（Olaf）」に山で会うと、アナがオラフはエルサの魔法によるものだと気付き、エルサの居場所を知っているオラフの協力によるエルサ探しが始まった（FZ, pp.12f.）。その頃、雪の中を人々と共に懸命に働いていたハンスは、王国に一人で戻って来た馬がアナを乗せていないことに気付き、兵士たちと共にアナとエルサを探しに出かけた（FZ, p.14）。山ではアナたちがエルサの建てた巨大な氷の宮殿に到着すると（FZ, p.15）、アナがエルサにアレンデールに戻って吹雪を止めるように頼むが、エルサにはその方法が分からず（FZ, p.17）、これ以上、自分の魔法で人を傷つけたくないと言うエルサがアナと言い争っていると、エルサから魔法の氷の波が噴出してアナの「胸（chest）」に直撃してしまった（FZ, p.19）。それでも挫けないアナに対して、エルサは巨大な雪だるまでクリストフとアナを追い払った（FZ, p.21）。

　「クリストフ（Kristoff）」は英語の「クリストファー（Christopher）」だとすると、「キリストを担う者」という意味であり（竹林, 2002, p.448, cf. 宮平，2019, b, pp.96ff.)、「スヴェン（Sven）」は「スウェイン（Sweyn）」の異形だとすると（竹林，2002, p.2477）、少なくとも英語の音声上は「田舎の若者（swain）」や「豚、下等な男（swine）」と近く（竹林，2002, p.2484）、スヴェンは善玉で登場しているので前者のイメージだと考えられる。「オラフ（Olaf）」とは「先祖の遺物、遺骸（relics of ancestor）」という意味であり（竹林，2002, p.1722）、エルサやその先祖から継承されている魔法の氷の破片みたいなものだろう。

　エルサによって作り出された夏の雪嵐や吹き荒れる「激しい（fierce）」風は（FZ, p.10）、エルサの「激しい（fierce）」気性をも表している。そのような中で登場したクリストフは「氷切り出し人（ice harvester）」であり、雪嵐の中から馬に捨てられたアナを助け、最終的にはアナとエルサを氷の世界から切り出すように救い出す命の恩人である（FZ, pp.30ff.）。しかし、この時点でエルサはかつてアナと遊ぶ時に作っていた小柄の雪だるまとは異なる巨大な雪だるまを作り（FZ, p.2）、アナとクリストフを追い返した（FZ, pp.20f.）。巨大な雪だるまから逃げる途中、クリストフがアナと共に崖から飛び降りるなら、崖の下の六メートル程の新雪の上にまるで「一つの枕の上に着地するように（like landing on a pillow）」落ちるだろうと予測したことは（FZ, p.21）、最終的にクリストフとアナがベッドの上の一つの枕に共に頭を落ち着かせることを予兆している（FZ, p.32）。

　自分の髪の毛から徐々に雪のように白くなり始めたアナは、クリストフに紹介してもらった小人から、それは胸に受けたエルサの魔法の氷のためであり、「真の愛（true love）」のみが凍った心を解かすことができると諭された（FZ, p.22）。アナはハンスを愛しており、クリストフはアナを好きになり始めていた。その頃、ハンスと兵隊たちは氷の宮殿に到着し、雪嵐の元凶であるエルサを捕らえ、アレンデールの牢獄に放り込んだ（FZ, pp.24f.）。アナがアレンデールに到着するとクリストフとオラフに別れを告げ、「自分を救う（save her）」ためにハンスに会って愛の口付けを求めたが、エルサとアナを排除してアレンデール王国の支配を望んでいたハンスはその口付けを峻拒して立ち去った（FZ, pp.26f.）。こうして、凍り始め

ていたアナを見つけたオラフはアナに、真の愛を実現してくれるのはクリストフだと教えたため（FZ, p.27）、アナがクリストフを探していると、牢獄から逃亡したエルサに向かってハンスが剣を翳している場に直面した（FZ, pp.28f.）。アナがクリストフのもとに走り寄って「自分を救う代わりに（instead of saving herself）」、ハンスの前で「だめよ！（No!）」と叫んで立ちはだかると、氷の塊となったアナに対して振り下ろされたハンスの剣は粉々に砕け散った（FZ, p.30）。そして、エルサが「だめ。お願い、だめよ！（No. Please, no!）」と叫んで凍り付いたアナに抱き付くとアナは解け始め、二人を見ていたオラフは、「真の愛による行為は凍った心を解かすだろう（An act of true love will thaw a frozen heart）」という小人の言葉を思い出した（FZ, p.31）。こうしてアナとエルサは元通り「最高の友達（best friends）」になり（FZ, p.2）、王国には夏が戻り、エルサによって王国の門はすべて開け放たれ、二度と閉ざされることのないようにされた（FZ, p.32）。

　アナが徐々に凍り始めた時、体の「震え（shiver）」を覚えたことが二度に渡り強調されている。最初はアナが小人に自分の体の異変について相談した時であり（FZ, p.22）、二度目はハンスによって一人取り残された時である（FZ, p.27）。「震え（shiver）」とは語源的には単に歯が「がたがた音を立てる」ことであるが（竹林, 2002, pp.427, 2272）、聖書的伝統においては復活さえ示唆するものである。イスラエルの民と共に紀元前六世紀のバビロン捕囚を経験した預言者エゼキエルは、神に背いたイスラエルの民が捕囚という苦難を通して清められた後に再び集められることを、枯れた骨の復活という形で預言した（エゼ 37:1-14）。

　　「わたしは命じられたように預言した。わたしが預言していると、音がした。見よ、カタカタと音を立てて、骨と骨とが近づいた。わたしが見ていると、見よ、それらの骨の上に筋と肉が生じ、皮膚がその上をすっかり覆った。しかし、その中に霊はなかった。主はわたしに言われた。『霊に預言せよ。人の子よ、預言して霊に言いなさい。主なる神はこう

言われる。霊よ、四方から吹き来れ。霊よ、これらの殺されたものの上に吹きつけよ。そうすれば彼らは生き返る』」（エゼ 37:7-9）。

　歯がそのエナメル質において人間の骨の中で最も固い骨であることを考慮すると（クランシー，2011, p.194; 坂井，2006, p.22）、アナの歯が「がたがた音を立てる」「震え」はアナの言わば凍死後の復活も示唆していると言えるだろう（FZ, p.31）。このエゼキエルの預言においても骨は「カタカタと音を立てて」いる（エゼ 37:7）。しかし、まずアナは「自分を救う（save her）」ために（FZ, p.26）、ハンスの口付けを自己中心的に求めてしまった。これは相手のための愛ではなく単に自分のための愛である。ハンスもアナに求めていたものは、アナ自身ではなくアナの属する王国であった（FZ, p.26）。

　こうした言わば偽の愛とは対照的に、オラフによると、アナの真の愛を後に実現してくれるのは、通りすがりに通り過ぎることなくアナをただアナのためだけに助けたクリストフであるが（FZ, pp.11, 27）、その前にアナとエルサも真の愛を実現している。それはアナが「自分を救う代わりに（instead of saving herself）」、エルサを救おうとして「だめよ！（No!）」と叫んで身を差し出した時であり（FZ, p.30）、その後にエルサが「だめ。お願い、だめよ！（No. Please, no!）」と叫んで凍り付いていたアナに抱き付いた時である（FZ, p.31）。二人に共通するこの「だめよ！（No!）」という叫びは、ただ相手のために行動する真の愛であり、相手を救う時に意図せずして自分をも救う究極の愛である（cf. ルカ 9:24）。

＊真の愛と偽の愛

愛	目的	獲得するもの
真の愛	相手の救い	相手と自分の救い
偽の愛	自己の満足	相手の付属物

　真の愛は城の門が広く開かれたように（FZ, p.32）、開放的であり拡大的である。この状景は聖書の描写する天の都と描写と近似している。

> 「この都ではそれを照らす太陽も月も必要ないのは、実に神の栄光がそれを明るくしたからであり、子羊がそのランプだからです。そして、諸民族はその光の中を歩くだろう。また、地上の王たちは、その中に自分たちの栄光を携えて来ます。こうして、その門が一日中、決して閉ざされないのは、実にそこでは夜がなくなるからです。そして、人々はその中に諸民族の栄光と名誉を携えて来るだろう」（黙示 21:23-26）。

　ディズニー版『アナと雪の女王』製作の契機となったアンデルセンの『雪の女王』は、『アナと雪の女王』とはかなり異なる内容を含んでいる。美しいものを醜く映し、醜いものを一層ひどく映す鏡を作った悪魔が神や天使をからかおうとして、他の悪魔たちとそれを天に持っていく時に落としてしまい、粉々になった鏡の一片が少年カイの目と心臓に入ると、カイは仲良しだった少女ゲルダに対して急に意地悪になり、すべてが醜く見えるようになってしまった（アンデルセン，二，1837-1874, pp.161ff.）。ある時、カイが自分の小さい橇を遊びで通りすがりの一台の大きな橇に結び付けて一緒に滑り出すと、雪の中を遠方まで連れていかれ、大きな橇を走らせている人が雪の女王だと気付いた（アンデルセン，二，1837-1874, pp.170f.）。そして、カイは額に女王から口付けをもらうと寒気がなくなり、もう一度口付けをもらうと、ゲルダや家族のことも忘れてしまった（アンデルセン，二，1837-1874, pp.171f.）。

　ゲルダはカイを探すために町の門から川に出てボートに乗り、陸に上がると色々な花にカイの消息を尋ねるが埒が明かず、烏からは王女のお婿さんになったのがカイかもしれないと聞いて城へ案内され、本人確認をするもののカイではなかった（アンデルセン，二，1837-1874, pp.174ff.）。王子と王女から馬車で丁寧に送り出されたゲルダは森の中で山賊に襲われるが、山賊の我儘な小娘に助けられるとその城に案内され、トナカイで雪の女王

がいると思われる北端の地に送り出されて、フィン人の女からカイを元通りの人間に戻せるのは色々な花や動物の助けを引き出すことのできる優しいゲルダしかいないと諭された（アンデルセン，二，1837-1874, pp.196ff.）。ゲルダが雪の女王の城庭まで来ると、生きている雪の軍勢に襲われるが、「主の祈り」を唱えると共に天使の軍隊が現れて雪の軍勢を駆逐してくれた（アンデルセン，二，1837-1874, pp.208ff., cf. アンデルセン，二，1837-1874, p.171）。

　その頃、女王はカイに氷のかけらで「永遠」の形を作り出せたなら、カイを自由にして世界と新しいスケート靴をあげると約束していたので、カイは氷遊びをしていたが、女王が出かけた時にゲルダが現れてカイの首に飛び付いた（アンデルセン，二，1837-1874, pp.211ff.）。カイはゲルダのことを忘れていたが、ゲルダの流した熱い涙がカイの胸から心臓に染み込んで小さな鏡のかけらを溶かし、ゲルダが歌った懐かしい賛美歌を聞くとカイは泣き出して、その目からも小さな鏡のかけらが飛び出した（アンデルセン，二，1837-1874, pp.213f.）。こうしてカイはゲルダのことを思い出し、喜び踊るゲルダと共に氷のかけらまでもが嬉しさのあまり「ぐるぐるおどりまわり」、永遠という「あのことばのつづりどおりに、ならんでいる」のが観察された（アンデルセン，二，1837-1874, p.214）。こうして、ゲルダはカイの頬、目、手、足に口付けをして力を与え、二人は手を取り合って城を後にして故郷に戻り、「なんじら、もし、おさなごの如くならずば、神の国にはいることを得じ」と高らかに聖書を朗読する老女に再会し、二人は自分たちが子ども心を失ってはいないものの既に大人になっていることに気付いた（アンデルセン，二，1837-1874, pp.214ff., 217）。

　雪の女王がカイに提示した謎めいた「永遠」の形については『雪の女王』では明示されていないが、この物語の世界観に沿って解釈することができるだろう。一方でこの物語には悪魔や氷の世界があり（アンデルセン，二，1837-1874, pp.161ff., 166, 171, 202, 208ff.）、他方で賛美歌が歌われ、「主の祈り」が唱えられ、聖書が読まれる情景がある（アンデルセン，二，1837-1874, pp.167, 171, 209, 213f., 217）。この信仰的世界に対峙している悪

魔的世界が凍り付いているというのは中世カトリック的世界観であり、例えばダンテは『神曲』において反逆行為を犯した悪人らのいる地獄の世界の最深部を凍り付いた世界として描いており（ダンテ，1307-1321, pp.106, 110, 114）、これは地獄の最深部に投げ込まれるような人間の冷たい心を象徴している（宮平，2007, pp.80f.）。このような人々は聖書によれば、「その右手かその額に」悪魔の刻印を押されるから（黙示 13:16）、カイが「額に」雪の女王から口付けをもらったことは女王の属する雪の世界に繋ぎ止められてしまったことを示している（アンデルセン，二，1837-1874, pp.171f.）。

　神については、ダンテの次のような描写がここで参考になるだろう。

> 「かの崇高な光の深くて明るい本体の奥底に私は三つの円が現われたように思われたが、その色は三色であり、大きさは同じであった」（ダンテ，1307-1321, p.333）。

　この「三つの円」は御父、御子、聖霊の三位一体を表し、「三色」はこの三位一体論の三者の固有性を、「同じ」「大きさ」は神としての同一本質を示している。また「円」という形は破綻や断裂のない永遠の運動を描いているため、永遠の神の象徴として活用されている。したがって、雪の女王が言及した謎めいた「永遠」の形とは恐らくこのような円であり（アンデルセン，二，1837-1874, p.212）、カイやゲルダと共に氷のかけらまでもが嬉しさのあまり「ぐるぐるおどりまわり」、永遠という「あのことばのつづりどおりに、ならんでいる」のが観察された時（アンデルセン，二，1837-1874, p.214）、そこには大きな円が作られていたのだろう。人や物が「ぐるぐるおどりまわり」、円が作られるからである。このような動きは三位一体の神にも見られるものであり、御父、御子、聖霊の三者の間の動的な関係は、「ペリコーレーシス（perichoresis, G.perichôrêsis）」（松田，1994, p.1953;Liddell & Scott, 1996, p.1394）、つまり、相互浸透や相互内住という言葉で表現されてきたが、「ペリコーレーシス」の語源は、「回り

（peri）」を「進む、歩く（chôreô）」こと、つまり「歩き回る（perichôreô）」こととも、「回り（peri）」を「踊る（choreuô）」こと、つまり「踊り回る（perichoreuô）」こととも考えられており（LaCugna, 1991, pp.270-278, cf.Liddell & Scott, 1996, pp.1366f., 1393f., 1998, 2015）、前者の意味を取ると、御父、御子、聖霊がお互いの回りを言わば歩き回ることで固定化された関係を克服し、豊かな相互関係を作り出しているイメージが浮かび、後者の意味は、御父、御子、聖霊が相互に単に躍動的な関係を維持しているだけではなく、踊り回るという姿から明白なように生きる喜びを共有しつつ他者にも開放的であることを表現している（宮平，2004, pp.61ff.）。『雪の女王』における氷の世界では「喜びというものがありせん」と解説されていることとは対照的に（アンデルセン，二，1837-1874, p.211）、三位一体の神においてこの「喜び」は本質的な価値と意味を持つ要素である。したがって、三位一体の神が踊り回って作られるこの円は開放的な輪であり、他者を喜んで招き入れることのできる真の意味での温かい和であると言えるだろう。

第三章　ディズニー友情譚

　『アラジン』、『トイ・ストーリー3』、『モンスターズ・インク』という三つの作品に通有する主要な内容の一つは、異世界との交流を通して築かれる友情である。『アラジン』は異世界のランプの召使と人の友情を、『トイ・ストーリー3』は異世界のおもちゃたちと人の友情を、『モンスターズ・インク』は異世界のモンスターズと人の友情を鮮やかに描き出している。友情と言えば大抵は人と人との友情であり、場合によっては動物との友情もありうるだろうが、ランプの召使、おもちゃ、モンスターといったものとの友情は新しい世界への冒険である。こうした視点は、かつて選民ユダヤ人の男性イエスがユダヤ人と交流のない異邦人サマリヤ人のしかも女性に白昼堂々と井戸水を求めたことや（ヨハ 4:1-9）、パウロが同様にして果敢に異邦人伝道を展開したことも想起させる（使徒 13:46, 15:12, 18:6, 21:19, エフ 3:1）。ディズニーの重要なテーマの一つである異世界への越境に着目しつつ、友情の意義について検討してみよう。

第一節　ランプの召使と人の友情−『アラジン』

　一九九二年に公開された『アラジン（Aladdin）』の奇想天外な仕掛けは、擦れば召使の出て来る魔法のランプにある。殆どのランプは明かりを灯すためのものであり、擦るためのものではない。しかし、埃を被ったランプを言わば光輝くまで磨く丁寧さのある人のために（AD, p.14）、このランプはただ擦られたために、いや磨かれたために完璧な召使を派遣する道具に変貌する。なぜこのような仕掛けが組み込まれているのかについては解説が施されていないので想像の域を出ないが、恐らく光をもらうために使用しているランプに逆に光を与えるような発想や配慮の重要性を示唆して

いるのかもしれない。この想像を実際に物語を通してさらに想像してみよう。

　星の輝く月夜、腹黒い「大臣（vizier）」「ジャファー（Jafar）」はある泥棒を砂漠の洞窟に導き、ランプを取って来るようにと命じるが、洞窟の主「タイガー・ゴッド（Tiger God）」は大きな顔を出し、「ダイヤ原石（diamond in the rough）」のように襤褸を纏った純心な者だけが洞窟に入れると宣言した（AD, p.3）。遥かアグラバーの市場では、襤褸を纏った「筋肉質で細身の（wiry）」少年「アラジン（Aladdin）」が一塊の「古い（stale）」パンを盗んでペットの猿「アブー（Abu）」と宮殿暮らしを夢見ていた（AD, p.4）。宮殿の中では、「スルタン（Sultan）」が法律で次の誕生日までの結婚が定められている娘「ジャスミン（Jasmine）」に結婚を急かしているが、誕生日の三日前にジャスミンは宮殿から逃亡した（AD, p.5）。スルタンは娘の相談に来たものの、国の支配を企んでいるジャファーは実験室に閉じ篭り、呪文によって砂時計の内にアラジンを見いだして彼こそダイヤ原石だと知った（AD, p.6）。市場では飢えた少年のために荷車からリンゴを取ったジャスミンが売主につかまりかけると、アラジンに助けられたが（AD, p.7）、今度は逆にアラジンがジャファーの差し向けた護衛兵「ラズール（Rasoul）」につかまった。その時、アラジンはジャスミンが王女であることを知ったが（AD, p.8）、一人宮殿に連行され、牢獄で老囚人に変装したジャファーに洞窟の宝探し話を持ちかけられると、アブーを連れてジャファーと魔法の洞窟へと急いだ（AD, p.9）。タイガー・ゴッドがアラジンの入坑を許すと、ジャファーはアラジンにまずランプの入手を命じ（AD, p.10）、アラジンがついにランプを手にするものの（AD, p.11）、アブーは触れてはならない宝石に触れてしまった（AD, p.12）。その途端タイガー・ゴッドの怒りに触れると洞窟は揺さぶられ、アラジンからランプを奪い取ったジャファーはアラジンらを見捨てて逃げるが、ランプは行方不明になっていた（AD, p.13）。

　この物語に登場するキャラクターの名前とその意味は次の通りである。

＊キャラクターの名前とその意味

名前	意味
アブー Abu	父（松田，1994, p.10）
アラジン Aladdin	信仰の極致（Kolatch, 1980, p.9）
アリ Ali	至高なる（竹林，2002, p.62）
ジーニー Genie	精霊（竹林，2002, pp.1017, 1322）
イアーゴ Iago	ヤコブ（創世 25:26, 27:36, cf. 竹林，2002, p.1214）
ジャファー Jafar	小川（Hanks & Hodges, 1996, p.371）
ジャスミン Jasmine	ジャスミン（竹林，2002, p.1315）
ラジャー Rajah	インドの王（竹林，2002, p.2032）
ラズール Rasoul	使者（Wehr, 1979, p.391）
スルタン Sultan	イスラム教国君主（竹林，2002, p.2461）

　主人公アラジンと同定されている「ダイヤモンド（diamond）」は「征服できないもの（G.adamas）」（竹林，2002, p.675）、つまり他のどの石よりも堅固さでは負けない石という意味であり、聖書では「岩よりも硬いダイヤモンド」と記され（エゼ 3:9）、紀元前七世紀頃に偶像礼拝に陥っていた南ユダ王国の罪について、「ユダの罪は心の板に、祭壇の角に、鉄のペンで書きつけられ、ダイヤモンドのたがねで刻み込まれて、子孫に銘記させるものとなる」と警告されている（エレ 17:1-2, cf. アモ 2:4-5）。このようにその硬さゆえに加工困難かつ色彩貧弱なダイヤモンドは中世では概して着目されなかったが、一四七五年ベルギーのベルケム（Louis de Berquem）がダイヤモンドの粉末を固着させた回転砥石によるダイヤモンド三十三面カットに成功してから、その光輝の価値が人口に膾炙し、「ダイヤモンドにはダイヤモンドを（diamond to diamond）」という言葉が生まれた（近山，1985, pp.119f., cf. 宮平，2000, pp.28f.）。最も硬いダイヤモンドを磨けるものはダイヤモンドの他には存在しないという意味であるが、実はすで

に旧約聖書において、「鉄は鉄をもって研磨する。人はその友によって研磨される」という同趣旨の格言が記されており（箴言 27:17）、「切磋琢磨」という表現も古くから存在する（小学館辞典編集部編，1982, p.644）。また、二十世紀初頭にオランダの首相も務めた神学者カイパーの言葉によると、ダイヤモンドは暗闇ではただの石に過ぎず、ダイヤモンドは一条の光明があって初めてその価値ある光輝を解き放つ（Kuyper, 1954, p.551, cf. 宮平，2000, p.31）。

　一介のダイヤモンド原石アラジンを磨いてさらに彼に光を与えたのは、言わば王室のダイヤモンド宝石ジャスミンである。アラジンはジャスミンの存在によって様々な方法を駆使して自らを磨き、輝きを取り戻していった。この二人の邂逅は、それぞれの生き方を追求していく際に偶然お互いに接近して出会う「相互偶有収斂現象」と言えるだろう（宮平，2019, a, pp.156ff., 261）。すなわち、アラジンは自らが貧困の中で生き抜くために一塊の「古い、かび臭い（stale）」パンを盗み（AD, p.4）、ジャスミンは飢えた少年のために一つのリンゴを取った（AD, p.7）。ここでアラジンは「必死になって（for his life）」パンを盗んだとも訳せるが（竹林，2002, p.1426）、文字どおりには「自分の命のために（for his life）」という切実な状況が示されている。確かに二人共、生命を守ろうとする強固な意志とそれに基づく果敢な行動のゆえに社会規範を犯してしまった。しかし、アラジンは新しいパンではなく、固くなって家畜の餌になるかもしれない「古い（stale）」パンを盗んだのであり、ジャスミンは飢えが進んで餓死するかもしれない少年のために荷車に大量に積まれたリンゴの内の一つだけを盗んだのである。したがって、この二人は最初にジャファーが洞窟に送り込もうとした悪玉の「腕利きの盗人（shifty thief）」とは対蹠的な善玉の人物として描かれている（AD, p.3）。また、ジャスミンが宮廷で求婚者に興味を示さずにペットの「ラジャー（Rajah）」という「虎（tiger）」と仲良くしていたように（AD, p.5）、アラジンも後に洞窟の主「タイガー・ゴッド（Tiger-God）」によって仲間と見なされて入坑を許された（AD, p.10）。こうして、後にジャスミンはタイガー・ゴッドの認めたアラジンと結ばれ

ることになる（AD, p.32）。

＊アラジンとジャスミン

	アラジン	ジャスミン
立場	貧しい少年	王女
ダイヤモンド	ダイヤモンド原石	ダイヤモンド宝石
盗んだ物	古いパン一塊	多くの中のリンゴ一つ
盗んだ動機	自分の命を守るため	貧者の命を守るため
仲間	タイガー・ゴッド	虎

　貧困からの脱却を目指すアラジンの洞察的な言葉は、将来の自分を相棒の猿アブーと共に夢見た時の、「俺たちは貧相な服（rags）じゃなく、立派な服（robes）を着ているだろう。そして、外から宮殿の中を見る代わりに宮殿の中から外を見ることになるだろう（inside a palace looking out … instead of outside looking in）」というものである（AD, p.4）。この言葉は、パイロットの専門用語にもなった「インサイド・アウト（inside out）」と「アウトサイド・イン（outside in）」という二つの知覚基準によって解釈することができる（浜口，1982, p.39, cf. 浜口，1988, pp.305ff.; 宮平，2017, a, pp.142f.）。

　　「パイロットが機を操縦するとき、外界を眺める枠組みとしては、二つの種類があろう。その一つは、かなりの高度を飛んでいる場合のもので、窓枠そのものである。もう一つは、その窓枠を通して見える景観、たとえば地平線である。前者が知覚（視覚）のフレームだということは、操縦する機体自体が座標軸になっていること意味する。後者が枠組みになるのは低空の場合だが、そのさいには、外界がパイロットの座標軸を形成する。

　前者のように前面の窓のフレームが固定された基準枠だと、地平線上のものは、自機が旋回するにつれて、水平方向から斜めの方向に動くように見え、急旋回だと地面が直立するようにさえ感じられる。このような見え方のもとで操縦するのが『インサイド・アウト』と呼ばれる。これに対し、窓枠を通して見える地平線が知覚の準拠枠となる後者の場合には、旋回に伴って、今度は逆に、窓枠自体が傾いていくように見えるのである。そのことによってパイロットは、機体がどの程度傾斜しているかを知ることができる。こうした知覚のされ方が『アウトサイド・イン』である」（浜口，1982, pp.39f.）。

　確かに、パイロットは離着陸時の低空飛行では、地平線を絶対的な基準として機体をそれに水平に合わせて初めて離着陸の安全が確保されるだろうし、離着陸に無関係の高空飛行では気象状況や他機との位置関係、定められた航空経路を除けば、ある程度は自社の定めた飛行方法を採ることができる。パイロットとアラジンの相違点は、パイロットがアウトサイド・インの知覚基準であれインサイド・アウトの知覚基準であれ、双方を機内で維持しているのに対して、アラジンは現時点で宮殿の外からアウトサイド・インの知覚基準を採っており、将来的に宮殿の内からインサイド・アウトの知覚基準を採るという点にある。両者の共通点は、パイロットがインサイド・アウトの知覚基準を採っているのはかなりの高度を飛行中の場合であり、アラジンもインサイド・アウトの知覚基準を採るのは言わば雲の上に住むようなかなりの高度の宮廷生活を送る場合である。『アラジン』的に言い換えるなら、インサイド・アウトは宮廷内の思考・行動方法であり、アウトサイド・インは宮廷外の思考・行動方法である。そして、宮廷内と宮廷外を架橋する重要な役割を果たしているものの一つが、アラジンが洞窟で出会った空飛ぶ魔法の絨毯である（AD, pp.10, 20f., 27）。最初にアラジンがパンを盗んで逃亡する際に、絨毯の干されている洗濯ロープの上を綱渡りしている様子は（AD, p.4）、後に彼が魔法の絨毯に乗って同様にして実際に宙を飛び回ることを予兆している（AD, pp.20f., 27）。この時

アラジンもアウトサイド・インとインサイド・アウトの二つの知覚基準を
駆使していただろう。

　洞窟で魔法の絨毯に助けられたアラジンは、嬉しそうにしているアブー
からランプを受け取り、埃を取るために擦ると、巨大なランプの精「ジ
ーニー（Genie）」が現れ、魔法によって三つの願いをかなえる約束をした
（AD, p.14）。するとアラジンはまず、自分の主人になりたいというジーニ
ー自身の願いをかなえるために三つ目の願いとしてその魔法を使うと約束
し、アラジンは一つ目の魔法として自分が王子になることを願うと、その
とおり「アリ（Ali）」王子となった（AD, p.16）。宮殿ではジャファーがス
ルタンに催眠をかけ、娘のジャスミンの結婚相手にジャファーが選ばれる
ように仕組んだ（AD, p.17）。その頃、アリ王子が象に姿を変えたアブー
に跨ってアグラバーの市場を巡り、宮殿の門をくぐると、スルタンはこの
王子こそジャスミンの結婚相手にと考えたが、ジャスミンは父の意図を知
って出ていった（AD, p.19）。しかし、アリ王子はジーニーの知恵に従っ
てジャスミンに魔法の絨毯に乗るように誘い、こうしてジャスミンは一庶
民の姿をしていたアリ王子と市場で会ったことがあると気付き、二人は
恋に落ちた（AD, pp.20ff.）。自分の計画が頓挫することを危惧したジャフ
ァーは、ラズールに命じてアリ王子を海に突き落とさせたが、アリ王子
はジーニーの率先に基づく二つ目の魔法によって海から抜け出した（AD,
p.23）。

　アラジンの性格は物語の進展と共に一層明解になる。アラジンはランプ
から光を貰う前にまずランプを光輝く程に磨き（AD, p.14）、同様にして、
そのランプからランプの精ジーニーが登場して三つの願いが実現できるこ
とを教えると、まずアラジンは最初の願いとしてジーニーの願いを聞き、
それを自分の二つの願いの後の最終の願いとして確保した（AD, p.16）。
このようにアラジンは常に相手を優先する。確かにアラジンはジャスミン
に対してもそうであり、ジャスミンがアラジンの手を採って絨毯に乗り込
み（AD, p.20）、ジャスミンがアラジンの腰に手を回し（AD, p.21）、ジャ
スミンがアラジンを間近に見（AD, p.21）、ジャスミンがアラジンの手を

握ったのである（AD, p.22）。また、アラジンがまずランプの埃を取り去ってランプという道具本来の輝きを復元したことは、恐らくアラジン自身がダイヤモンド原石として磨かれるなら価値ある光輝を解き放つことと無関係ではないだろう（AD, pp.3, 6）。

　宮殿ではジャスミンが父であるスルタンに朗報を伝えるが、呪いをかけられたままのスルタンは自分の娘とジャファーとの結婚を決めたことを伝え、ジャスミンが怒っているところにアリ王子が現れ、ジャファーの前でジャファー自身が裏切り者であることを暴いた（AD, p.24）。王子が部屋に戻るとジーニーが三つ目の魔法を待っていたが、王子はそれを渋り、王子のいない間にジャファーの手下のオウム「イアーゴ（Iago）」がランプを盗んだ（AD, p.25）。そこで、ジャファーがそのランプの魔法を使って最初はスルタンになり、王子とジャスミンを支配しようとするが効果がなく、次に同様にして魔法使いになると、王子の服を元の襤褸に変えた（AD, p.26）。こうして、アラジンに戻った王子とアブーはジャファーによって地の果てに追い遣られるが、それはすべてジーニーとの約束を破棄した自分の間違いだと認めたアラジンは魔法の絨毯で宮殿に戻った（AD, p.27）。宮殿ではジャファーが王座に就いており、アラジンを打ち倒してジャスミンを巨大な砂時計の中に閉じ込め、さらに最強になれると思い込んで三つ目の魔法によってジーニーに変身した（AD, p.28）。しかし、アラジンが手にしたランプは変身したジャファーを吸い込み、そのランプはジーニーによって洞窟に投げ込まれ、ジャファーの仕掛けた魔法はすべて解かれた（AD, pp.29f.）。それから、アラジンはバルコニーで自分が元々は王子でなかったことをジャスミンに謝ると、ジーニーが現れて最後の願いとして王子になることをアラジンに勧めたが、アラジンは約束を完遂するべくジーニーの自由を願ったので、ジーニーの手首から腕輪が消えた（AD, p.31）。こうして、スルタンはアラジンの立派な人柄を確認し、ジャスミンには彼女自身が立派だと思う人と結婚するようにと宣言すると、ジャスミンはアラジンを選んだ（AD, p.32）。アラジンとジャスミンが口付けをすると、ジーニーは二人を見送るようにして天空へと消えていった。

依然としてジャファーの横暴は続き、かつてジャファーがアラジンを海の中に突き落としたように、ジャスミンを砂時計の中に閉じ込めた（AD, pp.23, 28）。しかし、かつてアラジンがジーニーによって海から助け出されたように、ジャスミンはアラジンによって砂時計の中から助け出され、同様にして最終的にジーニーはアラジンによってランプの中から解放された（AD, p.31）。ここでこの三者の各々の経験にも相互偶有収斂現象が見られると言えるだろう。

＊アラジンとジャスミンとジーニーの相互偶有収斂現象

	幽閉していた物	解放した者
アラジン	海	ジーニー
ジャスミン	砂時計	アラジン
ジーニー	ランプ	アラジン

このように、相手のために行動する姿勢は究極的には、一度はジーニーとの約束を破棄してしまうものの改悛してジーニーを解放するアラジンに見られるが（AD, p.31）、それまでにもアラジンの王子変身をアラジンの三つ目の願いとして実現してあげようとするジーニーに見られる（AD, p.31）。あらゆる主人に仕えてきたこの優しいジーニーがかつてアラジンに説いた言葉は、恐らくこの『アラジン』で最も光輝を放っている。

> 「自分自身の主人になること！ それこそ、全世界のすべての魔法やすべての宝物よりも重要なことだろう（To be my own master! Such a thing would be greater than all the magic and all the treasures in all the world.）」（AD,p.16）。

この言葉は魔法や財産の力を駆使して多くの他者の支配者になることよりも、自分の力で自分を支配し生き、他者のために生きることの素晴らし

さを説いている。多くの主人を見てきたジーニーは、そのすべての主人たちが魔法や宝物を手に入れたように見えて、実はそれらの奴隷になっていることを知っているのである。

　恐らく『アラジン』では夫婦関係も主従関係ではないことを示唆しているように思える。最後のアラジンとジャスミンの口付けの場面では、「アラジンはジャスミンに口付けをした」とも、「ジャスミンはアラジンに口付けをした」とも記されておらず、「アラジンとジャスミンは口付けをした（Aladdin and Jasmine kissed）」と記されている（AD, p.32）。このような対等で自由な友好関係に基づく生活を送れることこそ、人間に与えられた真の魔法であり、真の宝物なのである。

　『アラジン』では物語が展開する場所の国名は不明であるが、マルドリュス版『完訳　千一夜物語』に収録されている『アラジンと魔法のランプの物語』では中国と明記されており、「ジャスミンの顔色をした」貧しい十五歳の腕白美少年の話である（マルドリュス版，9，18C., pp.354f., cf. マルドリュス版，9，18C., pp.489f.）。ジャスミンの花には「白、黄、まれに紅色もある」が（塚本，1994, b, p.2571）、ここでは「黄」色系の肌の色を意味しているのだろう。但し、後に「顔色」としての「黄色」は健康な「血色と色艶」とは正反対の色として示されていることを考慮すると（マルドリュス版，9，18C., pp.516f.）、アラジンのジャスミンの顔色は比較的濃厚な黄色を指していると思われる（cf. 福田，2012, p.123）。既に父を亡くし、母に育てられたアラジンは悪友たちと暴れ回るような素行を見せていたが、アラジンの叔父だと騙るモロッコの修道僧姿の魔法使いが現れて晩御飯の際に、大市場の中に立派な絹織物屋の店を開いてあげると言った（マルドリュス版，9，18C., pp.355ff.）。翌日この魔法使いはアラジンを市場に連れていくと立派な服を買い与え、町の史跡名勝を案内し、さらに翌日には町の城門から出て山の麓の庭園で香を焚き、呪文を唱えて大地を裂き、アラジンしか入ることが許されていない宝物の部屋の入り口を見せた（マルドリュス版，9，18C., pp.370ff.）。魔法使いの指示どおりに、アラジンはその部屋に入って途中の宝物を無視し、青銅の台座上の小さな銅のラ

ンプを入手したが、それをすぐに魔法使いに渡さなかったので、魔法使い
の魔法でその部屋に閉じ込められてしまった（マルドリュス版，9，18C.，
pp.379f.）。しかし、アラジンが護身のために魔法使いが貸してくれていた
魔法の指輪を擦ると大きな鬼神が現れて外へと出してくれたので、家路に
着いて母に事の顛末を語った（マルドリュス版，9，18C.，pp.391ff.）。翌日、
食糧を買うお金もない母がアラジンの持ち帰ったランプを売るためにぴか
ぴかに磨き始めると、巨大な鬼神が現れたので、おいしい食事を所望する
と直ちに十二の金の皿に準備された豪華な料理が運ばれて来た（マルドリ
ュス版，9，18C.，pp.397ff.）。アラジンはこの皿をすべてユダヤ人に騙さ
れて真価の千分の一の破格値で売ってしまい、さらに鬼神に準備してもら
った食事の皿を回教徒には真価の五分の一で売ったものの、市場で一流の
商人や上品な人々と交流するにつれて礼儀や知識を身に付けていった（マ
ルドリュス版，9，18C.，pp.403ff.）。

　ある日のこと、帝王のバドルール・ブドゥール姫君が浴場で沐浴するた
めに現れると、アラジンは自宅待機命令に反してその美女を浴場の大扉の
裏から覗き、余りの美貌に打ちのめされて体調を崩すが、姫君と結婚させ
てもらうために、かつて宝物の部屋から取って来た宝石を帝王への御進
物として献上するようにと自分の母に頼んだ（マルドリュス版，9，18C.，
pp.410ff.）。こうして、母が御殿の大法廷に進み出てやっとのことで帝王
にアラジンの思いを説明し、彼の取って来た宝石を示すと、帝王は感心し
て姫君とアラジンとの三か月後の結婚を認めたが、この三か月間は、老大
臣が自分の息子と姫君との結婚を帝王に約束されていたとおりに実現する
ため、より一層素晴らしい御進物を探す期間でもあった（マルドリュス
版，9，18C.，pp.424ff.）。果たして二か月が過ぎると、町中が大臣の息子
と姫君の結婚式を前にして湧き返っているので、アラジンはランプを擦っ
て鬼神に、その二人の同衾直前に寝床ごと誘拐してその息子を厠に監禁さ
せ、事の次第を知らない姫君には自分こそ結婚を約束された者である旨を
伝えて指一本触れずに寝付いたが、翌日には大臣の息子と姫君を御殿に送
り返すようにと鬼神に命じた（マルドリュス版，9，18C.，pp.432ff.）。

　このような誘拐事件が再び起こると姫君は帝王に事の成り行きを打ち明け、帝王は大臣の息子を姫君と離婚させてから左遷させたが、もう一月過ぎるとアラジンによって御殿の大法廷に送り出された彼の母は帝王にアラジンと姫君の結婚を思い起こさせ、後にアラジンが魔法のランプによって準備した支度金としての大量の宝石や大皿を八十人の奴隷の先導によって御殿に届けた（マルドリュス版，9，18C., pp.445ff.）。さらに、アラジン自身が鬼神によって盛装して威儀を正し、大行列を組んで御殿に入ると、謁見した帝王から姫君との結婚を快諾され、鬼神に姫君のための立派な宮殿を御殿の真正面に一夜で建造させた（マルドリュス版，9，18C., pp.467ff.）。こうして、アラジンは姫君を宮殿に迎え入れて大宴会を催し、その夜には契りを交わして翌日には帝王を宮殿で接待し、他方、「毎日、昼食と夕食の後には、彼は貧者に食膳の残りを配らせましたが、それは五千人以上を養うに足りました」と言われるほどのことを続け、武勲も上げた（マルドリュス版，9，18C., pp.477ff., cf. マルドリュス版，9，18C., p.487）。

　その頃、あの魔法使いは占いによってアラジンの富貴を知って激しい復讐心を抱き、古いランプを新しいランプと取り替える商人の振りをして狂ったように大声で触れ回ると、宮殿にいた一人が床几に置き忘れられていたアラジンのランプを新しいランプと取り替えてしまった（マルドリュス版，9，18C., pp.488ff.）。魔法使いが早速ランプを擦って宮殿をアフリカの地方に自分も含めて移動させたため、翌朝になって帝王が宮殿の消滅に気付くと、大臣を通して警吏長に猟から帰ったアラジンを逮捕させて処刑台に跪かせたが、集まった大群衆の争乱を案じて四十日の執行猶予処分とし、その間にアラジンは消失した宮殿と姫君を探すことにした（マルドリュス版，9，18C., pp.496ff.）。アラジンは途方に暮れたものの回教徒の信仰者であることを再認識し、川辺で禊をするべく水で手を洗い始めると、かつてあの魔法使いに与えられた指輪を擦ったので鬼神が現れ、アラジンを要望通りアフリカの姫君のもとに連れていった（マルドリュス版，9，18C., pp.505ff.）。そこでアラジンは姫君に会って事情を聞くと、指輪

の鬼神に準備させた麻酔薬を姫君に渡し、姫君がそれを入れた飲み物を魔法使いが言い寄って来た時に彼に飲ませた（マルドリュス版，9，18C.，pp.508ff.）。すぐに箪笥から飛び出て来たアラジンは倒れた彼の懐中からランプを取り出し、鬼神に宮殿を自分たちと共に元の場所に戻させて、翌日には帝王と再会して誤解を解き、魔法使いの遺体を処分した（マルドリュス版，9，18C.，pp.514ff.）。

　子どもを欲しがった姫君は子どもを授ける力のある聖女から、コーカサス山脈の山頂に住む巨大なロク鳥の卵を広間に釣り下げて毎日見ることを勧められたので、アラジンがランプの鬼神にその卵を所望すると、激怒した鬼神はランプの鬼神も魔神もすべてロク様の奴隷としてその卵を取り去ることはできないと告げ、その聖女が実はあの魔法使いの代わりに報復に来ていると警告した（マルドリュス版，9，18C.，pp.520ff.）。そこで、アラジンは再び現れた聖女の首を刎ねると敵から救い出してくれたアッラーに感謝し、「月のように美しい」子どもも与えられて姫君と幸福に暮らし、帝王の後の代には中国に王として君臨した（マルドリュス版，9，18C.，pp.528ff., cf. マルドリュス版，9，18C.，p.529）。「子孫を残す者は死なず」という諺にあるとおりである（マルドリュス版，9，18C.，p.358, cf. マルドリュス版，9，18C.，pp.365, 470）。

　中国、アフリカ、コーカサスという広領域を舞台にしたこの物語において、このようにアラジンを救ったのはアッラーであり、アラジンの「信仰の極致」という意味の名前が示すとおり（Kolatch, 1980, p.9）、アッラーに対する究極的な信仰でもあることは、回教徒であるアラジンが万策尽きた時に禊をしようとして指輪を擦ったことにより危機から脱出できた点に明白に示されている（マルドリュス版，9，18C.，p.505）。ここでは、ランプだけでなく指輪も重要な役割を果たしており、信仰者に備えられた救いの豊かさも窺い知れるが、姫君との結婚後に多くの貧者に食膳の残りを与えていたアラジンの習慣的行為も彼の味方を増やし、最終的な救いに導いていると言えるだろう。こうした視点は聖書の記述との類似性も想起させてくれる。

＊『アラジンと魔法のランプの物語』と聖書

	信仰と行為	人々への給食
アラジンと魔法のランプの物語	アラジンは究極的な信仰を持ち、習慣的な慈善行為も続けていた。	アラジンは毎日、五千人以上もの貧者に食膳の残りを与えていた（マルドリュス版，9，18C., p.487）。
聖書	聖書は信仰に基づく救いを説き（ロマ 1:16-17, 10:9-13）、信仰に基づく行為も重視している（ヤコ 2:14-26）。	イエスは荒野で男だけでも五千人の空腹の人々に食事を与え、残りのパンくずは十二の籠を満たした（マル 6:43-44）。

第二節　おもちゃたちと人の友情－『トイ・ストーリー3』

　『アラジン』ではアラジンとランプの中から出て来る召使との友情が物語の重要な基軸をなしているのに対して、二〇一〇年に公開された『トイ・ストーリー3（Toy Story3）』においては、アンディとおもちゃたちとの関係は限定的なものであり、両者の間には言葉によるコミュニケーションはく、最後におもちゃたちは皆、少女ボニーのもとに預けられる（TS, p.31）。しかし、おもちゃたちの間では言葉と行動におけるコミュニケーションが成立しており、そこから様々な人間に対する評価も聞くことができる。例えば、ウッディは自分をこよなく愛してくれたアンディのお陰で世界中で最も幸せだと感じていた（TS, p.2）。おもちゃの世界から人間の世界を観察する視点は斬新であり、人間の想像力を掻き立ててやまない。おもちゃたちの声に耳を澄ましてみよう。

　「アンディ（Andy）」は子どもの頃、おもちゃのカウボーイの「ウッディ（Woody)」や、「バズ（Buzz）」、「ジェシー（Jessie）」らと遊んでいたが、やがて大学生になった（TS, p.2）。ウッディがアンディの状況を皆に伝え

ると、スペース・レンジャーの「バズ・ライトイヤー（Buzz Lightyear）」
が自分たちはずっと一緒だと皆を励ました（TS, p.3）。アンディはウッ
ディを大学に持って行く荷物の中に入れ、他のおもちゃは屋根裏部屋に仕舞
い込む予定の袋に入れたが、この袋を彼の母が間違ってごみとして出して
しまい、それに気付いたウッディはごみ置き場に行くが、仲間たちはいな
かった（TS, pp.4f.）。ウッディは仲間たちをガレージで見つけたが、アン
ディにお払い箱とされたと感じた仲間たちは「サニーサイド（Sunnyside）」
保育園に送られる箱に入り、ウッディとその仲間たちは保育園に運ばれて
（TS, pp.6f.）。そこでは熊の「ロッツォ（Lotso）」が迎えてくれたが、ウッ
ディは屋根から凧に乗ってアンディの家に帰ろうとして木に激突し、ウ
ッディを落とし物だと思った少女「ボニー（Bonnie）」が自分の家に持ち
帰った（TS, pp.8ff.）。保育園では子どもたちがおもちゃを手荒く遊ぶので、
バズがロッツォにクラスを代えて欲しいと頼むが、ロッツォの手下にリセ
ットボタンを押されたため仲間のことを忘れてしまった（TS, pp.11f.）。

　「アンディ（Andy）」は「アンドリュー（Andrew）」の省略形で、「男ら
しい（G.andreios）」という意味であり（竹林，2002, pp.92f.）、「ウッディ
（Woody）」は「ウッドロー（Woodrow）」の省略形で、「森林の近くの生け
垣の住人」という意味である（竹林，2002, pp.2840f.）。また、「バズ・ラ
イトイヤー（Buzz Lightyear）」は何「光年（lightyear）」もの距離を「び
ゅーっと飛ぶ（buzz）」ことを意味し（cf. 竹林，2002, p.351）、「ジェシ
ー（Jessie）」は「神は見ている」という意味である（高橋，2012, p.1265）。
「サニーサイド（Sunnyside）」保育園とは「太陽の当たる（sunnyside）」保
育園であり（竹林，2002, p.2464）、「ロッツォ（Lotso）」は英語の音声上
は「沢山の（lots of）」という意味に聞こえ（竹林，2002, pp.1464f.）、最後
におもちゃたちを全員受け入れた「ボニー（Bonnie）」は「良い子」とい
う意味である（竹林，2002, p.287, cf.TS, p.31）。

　アンディのおもちゃの名前や種類からアンディの気質を垣間見ることが
できる。おもちゃの命名はアンディ自身によるものだとすると、アンディ
は一番のお気に入りのカウボーイには自分の名前と音声上似たウッディに

し、「宇宙警備隊（space ranger）」にはその活動形態からバズにしたのだ
ろう。十九世紀以降のアメリカ西部の「カウボーイには、牛を育て、焼印
を押し、盗人や野獣から守り、市場まで届けるなど、さまざまな仕事があ
った。彼らは乗馬にすぐれ、投縄やピストルの技をみがき、恐れを知らぬ
働き手だった」ものの後に伝説化されて「野性にみちた自由な生き方、純
朴な正義心、……孤独をかかえた人間性」がその特徴として解説される
ようになった（亀井，1985, p.4）。これは部分的に往時の保安官の役割で
あり、実際にウッディは後にロッツォに皮肉交じりに「保安官（sheriff）」
と呼ばれている（TS, p.27）。そして、このような保安的役割を宇宙という
舞台で遂行しているのが宇宙警備隊である。双方共に地上で宇宙で目を光
らせて監視体制を敷き、武装に余念がない「男らしい」役割を果たしてい
ると見なされているのだろう。カウボーイの女性版カウガールのジェシー
は「神は見ている」という意味であり、究極的権力を持つ監視役の神の目
も意識されていると言えるだろう。

　これらのおもちゃたちは「いつも一緒にいよう（we'll all be together）」
というバズの激励にもかかわらず（TS, p.3）、アンディの一番のお気に入
りだったウッディはアンディの大学行き荷物の中に入れられ、その他のお
もちゃたちはアンディの母の小さな誤解を契機としてゴミに出されるとい
う悲劇に逢着した（TS, p.4）。ゲーテならこの時の状況をこう説明するだ
ろう。

　　「世の中のいざこざの因（＝もと）になるのは、奸策や悪意よりも、む
　　しろ誤解や怠慢だね。すくなくとも、前の二つの方がまれなことはたし
　　かだ」（ゲーテ，1774,p.10）。

おもちゃたちが到着した所は「保育園（daycare）」の「トドラー、よ
ちよち歩きの子（toddler）」のクラスである（竹林，2002, p.2585）。この
クラスは「赤ん坊（baby）」や、まだ言葉を「語る（L.for）」ことができ
「ない（in）」「乳児（infant）」のクラスではなく（Glare, 1982, pp.720, 894,

cf. 本書第一章第三節)、「よちよち歩き始め」てから数年以内の子どもの
クラスである（cf. 全訳解説書, p.79）。したがって、子どもによってはお
もちゃの扱い方が粗雑であるため、おもちゃたちは心の中で悲鳴を上げ
ている（TS, p.11）。ここまでの場面に登場したおもちゃたちを人間と動物、
過去に属するものと現在から未来に及ぶもので分類すると次のようになる
（TS, pp.2-11）。

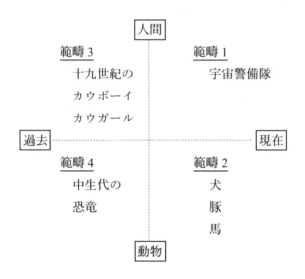

この座標は便宜上の相対的なものであり、これ以外に三つの目を持つエ
イリアンのおもちゃも登場している（TS, pp.2, 4, 7f., 12）。範疇1の宇宙警
備隊は多分に未来的な職であり、範疇2の犬や豚はかつての狼や猪を家畜
化したものであり、ここでの馬は家畜化されたものを指す。範疇3のカウ
ボーイ、カウガールは十九世紀以降、現在にまで及ぶものでもある。した
がって、範疇4の約二億五千万年前から六千五百万年前までの中生代の恐
竜とは時間的なずれがある。いずれにせよ、アンディのおもちゃの趣味は
多岐に渡っており、それはアメリカ社会の文化的嗜好の縮図と言えるかも
しれない。

　その頃、全身がほぼジャガイモ形の顔であるミセス・ポテトヘッドはア

ンディの家に置いてきた目玉によって（cf.TS, p.3）、彼が自分たちを確か
に屋根裏部屋に置こうとしていたことを知り、皆が自分たちの勘違いに
気付いた（TS, p.13）。そこで、ジェシーは皆を率いて帰ろうとすると、ロ
ッツォはその一味と共にバズを悪用してジェシーたちを引き止めた（TS,
pp.14f.）。ウッディはボニーの家でそのおもちゃたちと打ち解けると、ロ
ッツォはかつて自分をなくして新しいおもちゃをもらっていた少女「デイ
ジー（Daisy）」のゆえに、新しいおもちゃを憎んでいると知らされた（TS,
pp.16f.）。そこで、ウッディは皆を脱出させるためにボニーのカバンに入
って保育園に向かい、バズの背中のスイッチを仲間たちとリセットしたが、
外へ出ようとした時にロッツォに見つかり、格闘の後にごみ箱に共に落ち
たウッディと仲間たちはごみ収集車に投げ込まれた（TS, pp.18ff.）。皆が
ごみ処理場に運ばれて裁断機に吸い込まれそうになった時、ウッディとノ
ーマル・モードに戻ったバズはロッツォを助け出してあげたが、その後ロ
ッツォはベルトコンベア上の危険な状況にあるウッディたちを見捨てしま
った（TS, pp.24ff.）。そのウッディたちを救い出してくれたのは、エイリ
アンたちである（TS, p.27）。

　ミセス・ポテトヘッドがアンディの家に置いてきた自分の片目でアンデ
ィの家を監視し続けることができたことは、現代の監視社会の背景を髣髴
させる。しばしば小型の防犯カメラは縫いぐるみや人形に埋め込まれ、そ
れはコードレスの単体としても利用されているからである。このような監
視の目は機械的なものに限定されず、ロッツォを捨てて新しいおもちゃに
飛び付いた「デイジー（Daisy）」とその新しいおもちゃに対してロッツォ
自身が執拗に維持して可動させているものでもある（TS, p.17）。「デイジ
ー（Daisy）」という名前は「雛菊（daisy）」を意味し、語源的に「日中の
目、つまり太陽（day's eye, i.e. the sun）」であり、「その花が朝開き、形も
太陽に似ていることにちなむ」が（竹林, 2002, p.617）、ロッツォを捨て
た「日中の目」「デイジー」とは対照的に、ロッツォが社会の影という暗
部を注視する言わば「闇夜の目」を光らせていたのである。

　ロッツォの手下にリセットボタンを押されたために仲間に対する認識

の目を奪われたのがバズであり（TS, p.12）、彼を救援しに来た仲間たちは
バズを「たまたま（accidentally）」「スペイン語モード（Spanish mode）」に
リセットしてしまった（TS, p.19）。後にバズはごみ収集車の圧縮機に放
り込まれた時に頭をぶつけて「ノーマル（normal）」モードに戻るが（TS,
p.23）、このことは彼が経験した「スペイン語モード」が単に「アブノー
マル、異常（abnormal）」だったことを意味しない。仲間たちがたまたま
バズをスペイン語モードに入れたことは、恐らく現代アメリカの人種状況
を反映していると思われる。バズの工場出荷時の初期設定がスペイン語モー
ドであったとすると、リセットによってバズがスペイン語モードになっ
てしまったことは、アメリカにおいてスペイン語が英語と少なくとも同
等かそれ以上の位置を占めていることも意味しているのである。日本で
も『朝日新聞　朝刊　1999 年 1 月 16 日』や『朝日新聞　朝刊　2008 年 8
月 17 日』、さらには『朝日新聞　朝刊　2019 年 11 月 8 日』を通して周知
されるようになったが、米国国勢調査局（United States Census Bureau）に
よると、米国でスペイン語を話すラテン・アメリカ系市民ヒスパニックが
その移民増と出生率を現在のペースで維持するなら、一九九九年時点で約
七十九パーセントの白人比率が二〇六〇年代には半数を割り、二〇〇八年
時点で約六十六パーセントの白人比率が二〇四二年には半数を割る（cf.
宮平, 2018, p.85）。但し、二〇一九年時点で約六十パーセントの白人比率
が半数を割るのは二〇四四年とされている。白人比率が半数を割るとは、
ヒスパニックやアフリカ系、アジア系などのいわゆるマイノリティーが半
数を超えるということであり、マイノリティーがマジョリティーになると
いうことである。そしてこのマイノリティーの中でも最大の民族はヒスパ
ニックである。
　バズはウッディと共にごみ処理場のゴミの中に埋もれて身動きの取れな
いロッツォを助け出したのに対して（TS, p.24）、ロッツォはその後には窮
地に陥ったウッディとバズを見捨ててしまった（TS, p.27）。生命が危険に
晒されている異常態においては、常態の真相が暴露される。自分の生命が
ごみとして処理されそうになるという限界状況においては、日常の内実が

露呈される。ここでバズとウッディが敵対していたロッツォに示した行為は（TS, p.24）、「あなたたちはあなたたちの敵を愛し、あなたたちを憎む人々に良くしてやりなさい」というイエスの教えの実現にほかならない（ルカ 6:27）。通常、人は敵を憎んで友を愛するものだが、律法では自分自身を愛するように隣人を愛することが命令されており（レビ 19:18, cf. マタ 5:43-44, 22:39, ルカ 6:28, 35, ロマ 13:9-10, 15:2, ガラ 5:14, ヤコ 2:8, 4:12）、さらにイエスの福音によると神の愛に基づいて敵を愛するべき隣人とすることができるからである。

　聖書ではこのイエスによる有名な愛敵精神に続いて、「そして、あなたたちは人々からしてもらいたいと望むように、人々に同じようにしなさい」という同様にしてイエスの有名な黄金律が説かれている（ルカ 6:31）。確かに、誰でも窮地に陥っているなら、一刻も早い救助を切実に必要とする。したがって、誰かが窮地に陥っているなら、同様にして救助の手を差し伸べるべきなのである。そして、これを実行したのがクレーンゲームの景品であったエイリアンたちである（TS, p.27, cf. 全訳解説書, p.81）。エイリアンたちはゲーム機の外側で操作されるクレーンによって、閉じ込められた空間から救い出されることを待っていた経験があるからこそ（cf. 全訳解説書, pp.81f.）、バズやウッディやその他のおもちゃたちを「同じように」大型のクレーンでベルトコンベアから救い出してあげたのである（ルカ 6:31）。

　ウッディたちはクレーンによっていつものごみ収集車の近くに置かれたので、こうしてアンディの家に着き（TS, p.28）、ウッディはアンディと大学に行くことになり、他のおもちゃたちは屋根裏部屋と記された箱に入った（TS, p.29）。ところが、ウッディは屋根裏部屋行きの箱にボニーの住所を書いていたため、アンディが大学に行く途中にボニーの家に寄ると、その箱のおもちゃたちだけでなく、その箱に入っていたウッディもボニーに託されることになった（TS, p.30f.）。ウッディと仲間たちはアンディとの別れを悲しんだが、共に過ごした年月の思い出があり、ボニーとの新しい冒険も待っていた（TS, p.32）。

　この『トイ・ストーリー3』の結末は最初のバズの予言通りである。彼は自分たちはずっと一緒だと皆を励ましていたが（TS, p.3）、ウッディがボニーと偶然出会い（TS, p.10）、おもちゃたちの箱の宛て先を「屋根裏部屋（Attic）」からボニーの住所に書き換え、自分もそこに入るという用意周到な段取りを立てたことで（TS, p.31）、おもちゃたちは皆、ボニーという優しい少女の家に迎えられることになった。このウッディの行為は、かつて自分が仲間たちをサニーサイド保育園に置いたまま一人凧に乗って脱出したことを悔い改めてなされたものなのかもしれない（TS, p.10）。バズはウッディがいないこの期間、ロッツォにクラス代えを頼み、バズ一人だけなら別のクラスへの移動を認めると言われたが、それを拒否したためにロッツォの手下に背中のリセットボタンを押されて記憶を奪われてしまった（TS, p.12）。バズは一人束の間の幸福を追求することよりも、仲間たちと苦難を共有することを選択したのである。他方、ウッディはボニーの家で、その家のおもちゃたちからロッツォの不幸を教えてもらうことによって（TS, p.17）、サニーサイド保育園から仲間たちを救う決意を固めることができたのだろう（TS, p.18）。このように、自分たちにとって不可抗力の事態を経たバズとウッディは、各々の立場で活躍し、後にお互いに別れる事態に陥っても固く握手を交わしている（TS, p.29）。この時ウッディはすでに仲間たちと決して離れ離れにはなるまいと決断していただろう。こうして、ウッディは自らボニーの家宛ての箱に入ったのである。

第三節　モンスターズと人の友情－『モンスターズ・インク』

　『アラジン』はアラジンとランプの召使との友情を前面に押し出して描写し、『トイ・ストーリー3』はアンディやボニーとおもちゃたちとの時限的な友情を背景にしておもちゃの世界を紹介しているのに対して、二〇〇一年に公開された『モンスターズ・インク（Monsters, Inc.）』は一人の幼い少女とモンスターズとの友情を前者が後者の会社に甚大な貢献をする形で展開させている（MI, p.32）。こうした展開は人間世界に依然とし

て残存する積極的価値を浮き彫りにしてくれるものである。この浮き彫り
をさらに際立たせてみよう。

　モンスター都市のある朝のこと、二人の「モンスター（monster）」、大
柄の「サリー（Sulley）」と小柄の一つ目「マイク（Mike）」が、子どもの
「絶叫（scream）」をエネルギーに変換する会社であるモンスターズ・イ
ンクに出社した（MI, pp.2f.）。この工場には人間の世界に入る扉があった
（MI, p.3）。五つの目を持つ社長の「ウォーターヌース（Waternoose）」は
「脅かす（scare）」方法や、人間の子どもにある毒性に触れれば死に至る
ことを教え（MI, p.4）、サリーとマイクはロッカールームでカメレオン風
の脅かしの名手「ランドール（Randall）」に脅かされながらも仕事場の絶
叫フロアへ向かった（MI, p.5）。マイクに見送られてサリーが絶叫フロア
の天井の保管庫から下りて来る扉から子ども部屋に入ろうとした時（MI,
p.6）、突如として警報が鳴り、「子ども探知機関（Child Detection Agency）」
の隊員たちが、戻って来たモンスターの背中から人間の子どもの危険な靴
下を除去した（MI, p.7）。

　この物語で中心的役割を果たしている「モンスター（monster）」とは、
語源的には何かを「警告する（L.moneo）」「前兆（L.monstrum）」という
意味である（竹林, 2002, pp.1601, 1727）。「サリー（Sulley）」は「小さい
黒目」を意味する「サリバン（Sullivan）」の略であり（Hanks et al., 1988,
p.518, cf.MI, p.2）、「マイク（Mike）」は「ミカエル、マイケル（Michael）」
の略称であり、「ミカエル」は元々ヘブライ語で「誰が（ミ）似てい
る（カ）のか、神（エル）に」という天使の名前として聖書に登場する
（ダニ 10:13, 21, 12:1, 黙示 12:7, cf. 竹林, 2002, pp.1560, 1568; 宮平, 2019,
a, pp.153f.）。マイクの姓である「ワゾウスキー（Wazowski）」とは「尻
（wazoo）」を東欧的な「スラヴ語系またはイディッシュ風に響かせ」た
造語である（竹林, 2002, p.2788; 松田, 1994, p.2349）。確かに、マイクの
球状の体の大部分を占める大きな目と比較するとサリーの目は「小さい
黒目」である。「ウォーターヌース（Waternoose）」は「水（water）」の中
に住む甲殻類のような姿であり、「（首つりなわ・輪なわなどの）引けば

締まる結び方をした輪（noose）」のように多くの子どもを待ち伏せて犠牲にする社長である（竹林，2002, pp.1685f., cf.MI, p.29）。「五つの目を持つ（five-eyed）」ウォーターヌースという表現は、恐らくホテルやレストランなどの施設の最高水準を示す「五つ星（five-star）」のパロディーであり（cf. 竹林，2002, p.922）、ウォーターヌースが最高水準の監視システムを五つの目で駆動させていることを示唆しているのだろう。「ランドール（Randall）」という名前は語源的に「狼」と「盾」という表現から成り立っており（竹林，2002, p.2035）、攻撃と防御の名手であることを示唆していると考えられる（MI, p.5）。このランドールがロッカールームでマイクを脅かした時にはマイクが「後方に転倒して（fall backward）」（MI, p.5）、「尻（wazoo）」餅を付き、後にもマイクはランドールに脅かされている時には「尻（wazoo）」や背中を床か壁に付けている（MI, pp.15, 17）。

　脅かし方を教授するウォーターヌースは人間の子どもを脅かして絶叫を確保しても、決して子どもに触れてはならないと警告し、致命的毒物である子どもに一触れでもすればモンスターたちは死に至ると脅している（MI, p.4）。この時にモンスターたちに振り翳している水筒形の橙色がかった黄色容器は恐らく多くの人間の子どもの毒素とされているものであり、例えばベルギー王国西端イープル近郊の一九一七年パッシェンデール記念博物館（Memorial Museum Passchendaele 1917）に展示されている多くの黄色円筒形の爆弾を想起させる。この博物館のパンフレット「パッシェンデールの経験（The Passchendaele Experience）」によると、第一次世界大戦の最も悲惨な戦闘の一つであるパッシェンデールの戦いはイギリス軍などの連合国軍とドイツ軍との戦闘において、一九一七年後半の百日間で連合国軍が前線を八キロ押し進めるのに六十万人の犠牲者を出したという。このような惨状の中で使用に危険を伴う爆弾が黄色なのは、黄色が人の「目を引きつけ、注意を喚起する」からであり（エクスタット＆エクスタット，2013, p.107）、黄色は道路標識や蛍光ペンでも活用され（エクスタット＆エクスタット，2013, pp.107, 115）、児童の通学用帽子や工事作業員のヘルメット、サッカーのイエローカードとしても使用されている（色彩活用研

究所サミュエル，2012, p.135）。また、絶叫フロアの天井の保管庫から下りて来る扉が使用されている時は扉の上の電灯が赤く点灯しているように（MI, pp.6, 8）、赤は災害、病気、魔物といった危険なものへの抵抗や危険そのものを示すから（色彩活用研究所サミュエル，2012, pp.128f.）、モンスターが危険とされている子ども部屋に入っている時の赤色点灯は極めて適切である。

　サリーの仕事は順調で、ある時には子ども部屋から戻ってから自分のしっぽにまとわり付いた小さな少女に気付いて驚愕し、その子どもを箱詰めにしてマイクと共にこっそり帰宅した（MI, pp.8f.）。少女はアパートの中を走り回って一つ目テディベアをつかんだので、マイクが取り返そうとすると叫んだため、アパートの電灯が一気に明るくなり（MI, p.10）、さらに少女は転倒したマイクの愉快な振る舞いに笑うと、建物全体の電灯が切れるほど一層明るくなったので、サリーは子どもが安全であり、その笑い声の方が強力であることに気付き始めた（MI, p.11）。しかし、サリーたちが少女を内密に絶叫フロアの扉から人間の世界に戻すためにモンスターの衣装で仮装させた後に、少女は行方不明になってしまった（MI, pp.12ff.）。サリーが去ってから、マイクはその少女についてファンガスから聞いていたランドールに詰め寄られ、次の昼食の時までに少女を連れ戻せと脅された（MI, p.15）。

　一連の場面でこの少女がサリーを怖がらなかったのは、日頃からモンスターズのようなものの登場するテレビ番組を見ていたか、そのようなゲームをしていたからだろう。したがって、モンスターズ・インクの不注意で人間界から連れられて来てしまった少女は、憧れの世界に漸く入れて欣喜雀躍したのである（MI, p.10）。その新しい世界で少女の笑いを誘引したマイクの上下逆の転倒は（MI, p.11）、想像世界だと思っていたモンスターズの世界が実在していたことを知って喜ぶ少女の認識の転換と呼応していると言える。

＊少女の世界観の転換とマイクの転倒の呼応関係

	出来事	生み出されたもの
少　女	モンスター界を現実に体験するという世界観の転換	少女の喜び
マイク	マイクの転倒	少女の笑い

　このマイクの転倒は彼が単眼であるために物との距離感覚が取りにくかったことと関係があるかもしれない。例えば両眼による視野について次のような特徴が指摘されている。

　　「頭部前方に2つの眼球をもつ場合は、左右の単眼によって生じる単眼
　　視野はその多くの領域が重複している。この重複している領域では同
　　じ対象を両眼で見ることによって、左右の眼球の水平方向の角度の差
　　から対象への距離を推定することが可能となり、奥行きの知覚が改善
　　される。一方で重複領域が多いために両眼を用いても広い視野を確保
　　することが困難ともいえる」（日本生理人類学会編，2015,p.240, cf. 坂井,
　　2006,p.90）。

　こうして物怖じしない天真爛漫な少女の笑いは、笑い声が叫び声よりも強力であり活力があることをモンスター界に認識させた（MI, p.11）。モンスターたちのこうした経験は、少女と共に逃亡した経験と相俟って両者の友情を深め（MI, pp.9ff.）、サリーは自然とその少女を「ブー（Boo）」と呼び始めたが（MI, p.14）、そのことに対するマイクの反応は転倒して頭をぶつけたためか悟りの境地に達している（MI, p.11）。

　　「一度名付けてしまうと、それに愛着を感じ始めてしまう！（Once you
　　name it, you start getting attached to it!）」（MI,p.14）。

　この少女をサリーがなぜ「ブー（Boo）」と命名したのかについては

推測の域を出ないが、次の三つの可能性が考えられるだろう（cf. 竹林, 2002, pp.289f.）。

＊「ブー（Boo）」という名前の由来の可能性とその意味

原語	生成過程	意味内容
boom	boom の省略形としての Boo	モンスターたちの人生の「ブーム（boom）」の発端
boon	boon の省略形としての Boo	突如与えられた「賜物（boon）」
boo	boo の反語的使用としての Boo	「すぐれた、みごとな（boo）」という意味

　「悪い（bad）」という表現には反語的に「よい、すばらしい（bad）」という意味があるのと同様に（高橋, 2012, pp.159f.）、確かに不満や軽蔑を表す「ブーイング（boo）」にも「すぐれた、みごとな（boo）」という反語的意味もある（高橋, 2012, p.269）。いずれにせよ、こうした命名には時系列に沿って概して次の三つの意義があると考えられる。

＊命名の意義

時系列	意義
過　去	出会いから回顧し性格付けを行う。名は体を表す。
現　在	他者から区別して一人の人格として接する。
未　来	体が消失しても名によって永遠性が維持される。

　命名するということは相手をある程度は知っているということであり、その上で接することにより関係が深化し、最終的に相手がいなくなっても名前は残り続ける。命名した相手に対する愛着はこのような過程を経るだろう。

　その後サリーがブーを見つけ、ブーの扉から人間の世界に戻そうとすると、その扉の向こうからランドールは箱詰めにしたマイクを運び出して、絶叫抽出機の前で縛り付けた（MI, pp.16f.）。しかし、ランドールが見ていない間にサリーがマイクを助け出して訓練室に来ると、社長のウォーターヌースの命令でサリーは本物の唸り声を生徒に聞かせたが、驚いて叫び声を上げたブーのかぶり物が落ちて、ブーはサリーのもとからウォーターヌースの両腕の中に飛び込んだ（MI, pp.17ff.）。そこで、ウォーターヌースはサリーとマイクを奇妙な扉から雪山へと突き落とした（MI, p.20）。しかし、サリーは近くの村の扉からモンスターズ・インクに戻ると、秘密実験室の絶叫抽出機をウォーターヌースとランドールとファンガスの目の前で破壊してブーを助け出した（MI, pp.22f.）。こうして、ブーを抱えたサリーがマイクと共に保管庫を経て、絶叫フロアまで落ちていったブーのクローゼットの扉も抱えてウォーターヌースの前から逃げ出した（MI, pp.25ff.）。

　これらの場面ではウォーターヌースの悪辣さが一段と露呈されていく。モンスター界にも様々なモンスターがいて、人間界のエネルギーを只管に搾取しようとする者と人間界の小さな命を守ることに自らのエネルギーを注ごうとする者がいる。後者がサリーやマイクであり、前者がウォーターヌースである。このウォーターヌースの存在はその取り巻きの一人の名前が「菌、黴（Fungus）」であるように（MI, p.14, cf.MI, pp.17, 23）、老いさらばえたウォーターヌースの醜態が顕著になっていく。例えば、ブーを抱えて逃走するサリーを絶叫フロアで待ち構えていたウォーターヌースは待っていましたとばかりに「意地悪くにやりと笑った（grinned evilly）」（MI, p.27, cf. 全訳解説書，p.87）。『モンスターズ・インク』で使用されている「笑う」という意味の種々の英語表現と比較すると、ウォーターヌースの悪意に満ちた笑いの性質が一層明確になるだろう（cf. 竹林，2002, pp.1079, 1393f., 2324, 2329; 高橋，2012, p.985）。

＊「笑う」という英語表現

英語表現	「笑う」主体	「笑う」意味
snicker	ランドール	驚いた相手の劣勢を「くすくす笑う」（MI, p.5）。
laugh	ブー	面白くて「笑う」（MI, pp.11, 25, cf.MI, p.32）。
giggle	ブー	面白くて「キャッキャッと笑う」（MI, p.25, cf.MI, p.32）。
grin	ウォーターヌース	追い詰められた相手の劣勢を「にやりと笑う」（MI, p.27）。
smile	サリー、マイク、ブー	この英語表現は使用されていないが、登場人物が相手に「ほほえむ」笑顔から友好の印である（MI, pp.2, 6, 8, 10, 14, 24f., 30f.）。

　訓練室に来たサリーたちはブーをベッドに隠してウォーターヌースに追跡を諦めさせようとすると、ウォーターヌースは会社が潰れないように千人もの子どもを誘拐するぞと息巻いた（MI, p.29）。すると、マイクの機転によってコントロール室を通してこの暴言が録音されたウォーターヌースは子ども探知機関の隊員たちに逮捕された（MI, p.29）。こうしてサリーはブーの本当の扉を開けて彼女を寝室に寝かせ、別れの挨拶を交わした（MI, p.30）。サリーがモンスターの世界に戻ると、子ども探知機関はブーの扉を粉々に壊してモンスターたちが二度とブーの部屋に入ることができないようにした（MI, p.31）。サリーとマイクが子どもの笑い声の力を発見したお陰でモンスターズ・インクは笑い声をエネルギー資源とし、モンスターズ・インクの社長になったサリーは、マイクが粉々になった破片を寄せ集めてテープ留めした扉を通して、ブーが笑っている姿を確かめることができた（MI, p.32）。

　ここに至ってウォーターヌースの野望は明々白々である。すべては「会社のため（For the good of the company）」であるだけでなく（MI, p.19）、

そのためには大量の人間の子どもを「誘拐する（kidnap）」ことも辞さないというのである（MI, p.29）。しかし、この五つ目の社長は一つ目の一社員の機転によって捕らえられた。それは皮肉にも社長として自ら敷いた完璧とも思われる監視網を逆利用されたのである。これも現代社会を投影していると言えるだろう（cf. 本書第三章第二節）。会社組織は個々人のインターネット、メール、電話などの使用方法・内容を監視し、誰でも様々な電子機器やその付属品、一般の置物にも盗撮・盗聴装置や機能を組み込むことができる時代である。しかし、その監視網を回避できる人は今や誰一人としていないだろう。ウォーターヌースが「子ども探知機関（Child Detection Agency）」、つまり『モンスターズ・インク』でCDAと表現されている隊員らに捕らえられたことは（MI, p.29, cf. MI, pp.7, 31）、CDAが暴力や猥褻番組を規制する「一九九六年米国通信品位法（The Communications Decency Acts of 1996）」の頭字語でもあることを考慮すると（小学館大辞泉編集部, 2012, p.1543）、人間の子どもを誘拐する暴挙が規制されているという示唆としても皮肉である。

一挙一動作を監視される社会に対する通常の人間の反応はまさしく絶叫でしかない。しかし、この『モンスターズ・インク』は「叫び声」ではなく「笑い声」こそ、「キャーギャー（scream）」ではなく「キャッキャッ（giggle）」こそ人間に備わる大きな力であり、生きる活力であることを示唆している。

＊笑い声と叫び声

声	擬声語	効用
笑い声	キャッキャッ	実社会での有効エネルギー
叫び声	キャーギャー	裏世界での有効エネルギー

第四章　ディズニー空想譚

　『ピーター・パン』と『ふしぎの国のアリス』は各々ネバーランドと夢の中という異世界を体験するという物語であり、これらの物語の着想において差異は大きいものの、ある一定の共通点がある。それは『ピーター・パン』では人が空を飛ぶなど自然法則が破られ、『ふしぎの国のアリス』でも動植物や物体までもが人間化して人間と何らかの交流をするが、これらの異世界の空間においても時間は通常世界と同様に自然に経過しているという点である。確かに、『ピーター・パン』に登場する鰐の体の中では置時計のかちかちという音が鳴り続け（PP, pp.11, 19）、『ふしぎの国のアリス』の白兎も最初から懐中時計を手にして「遅刻だ、遅刻だ、遅刻だ、遅刻だ！」と大騒ぎしながら登場している（AW, p.4）。これらの二作品は想像力に満ちた空想空間を描いているものの、時間からは逃れられなかったということなのだろうか（cf. 有馬, 2010, p.67）。または、常に時間に拘束されている多忙な現代人の性格が投影されているのだろうか。早速、これらの物語を解読してみよう。

第一節　旅物語 – 『ピーター・パン』

　一九五三年公開の『ピーター・パン（Peter Pan）』はダーリング家の子どもがピーターの引率でネバーランドに旅する「冒険（adventure）」物語であり（PP, p.1）、旅先では海賊たちとの戦闘行為に及ぶ遠征の性質も伴っている。冒険には未知の世界との邂逅と、その邂逅を通して新たに認識する自分自身の未知の領域との邂逅があるため、『ピーター・パン』を読み進めて新奇な世界に遭遇すると、それに反応して読者の心がある意味でこの物語によって読まれ、新しい自己の形成や意識に導かれるだろう。こ

の物語から何が見いだせるだろうか。

　ロンドンの「ダーリング（Darling）」家の長女「ウェンディ（Wendy）」は二人の弟「ジョン（John）」と「マイケル（Michael）」に、遠く「ネバーランド（Never Land）」に住む少年「ピーター・パン（Peter Pan）」の話をしていた（PP, p.2）。ある夜、ピーターは友達の妖精「ティンカー・ベル（Tinker Bell）」と共にダーリング家で迷子になった自分の「影（shadow）」を探すために、またウェンディの語っているその話を聞くために飛び立った（PP, p.4）。ウェンディはピーターが来ると、「大切にしていた（saved）」彼の影を本人と元通りに縫い合わせ（PP, p.4）、自分は明日から大人になり子ども部屋を出ることを伝えた（PP, p.6）。すると、ピーターはティンカーの妖精の粉を纏った子どもたち三人と共に飛び立ち、大人になることのないネバーランドに向かい（PP, pp.6f.）、人魚のいる入江、インディアンの村、「フック（Hook）」船長の船「ジョリー・ロジャー（Jolly Roger）」号を眼下に見た（PP, p.8）。かつてピーターとの剣闘で失われた船長の手は鰐に飲み込まれており、「置時計（clock）」も飲み込まれていたので鰐の体内ではその時計が「かちかち（ticktock）」鳴っていた（PP, p.11, cf. 斎藤, 2008, p.61）。

　閑静な住宅街に住むこの家族の名前「ダーリング（Darling）」は（PP, p.2）、「かわいい、いとしい（dear）」という表現と人や物を表す接尾辞「人、物（-ling）」からなり、「かわいい人、最愛の人」という意味である（竹林, 2002, pp.623, 632, 1437）。「ウェンディ（Wendy）」は「行く（go）」の代用過去形「行った（went）」の原形「進む（wend）」に形容詞的語尾「しやすい、しがちの（-y）」が付いた形とも言える（cf. 竹林, 2002, pp.2799, 2859）。確かに、ウェンディはピーターと共にネバーランドに「進んで」行った。但し、原作に付けられた解説によると、原作者バリの親友で詩人の娘がRの発音を苦手としていたため原作者バリ（Barrie）を「お友だちさん（my friendly）」と呼んでいたが、これを「マイ・ウェンディ（my wendy）」と発音していたことに因んでいる（Zipes, 2004, p.227）。聖書に基づく「ジョン（John）」、「マイケル（Michael）」、「ピーター（Peter）」

は、各々「神は恵み深い」（竹林，2002, p.1324）、「誰が似ているのか、神に」（cf. 本書第三章第三節）、「岩」という意味であり（マタ 16:18, ヨハ 1:42, cf. 竹林，2002, p.1846）、このピーターの小人の友達「ティンカー・ベル（Tinker Bell）」は「いたずらっ子（tinker）」と「鈴、鐘（bell）」という意味であるが（竹林，2002, pp.227, 2579）、原作では「なべややかんをなおすから、ティンカー（いかけ屋）・ベルって名がついている」とされている（バリ，1911, p.66, cf. 有馬，2010, p.59）。ピーター・パンの「パン（Pan）」は森、原、牧羊の神であり、山羊の角と耳と足を持つパンに由来する（竹林，2002, p.1785, cf.Zipes, 2004, p.xvii; 有馬，2010, p.65）。皆がこれから赴く「ネバーランド（Never Land）」は本文中で「決して大人にならない場所（never grow up there）」と説明されており（PP, p.6）、オーストラリア北部の奥地は一般に「ネバー・ネバーランド（Never Never Land）」と呼ばれている（Zipes, 2004, p.228）。ネバーランドで現れる船長「フック（Hook）」は左手が「鉤（hook）」状の義手であることにその名前が由来し、船の名前「ジョリー・ロジャー（Jolly Roger）」は「陽気な（jolly）」「了解（roger）」という意味であり（竹林，2002, pp.1327, 2131）、この船長の手下「スミー（Smee）」は「穏やかな、静かな」という表現に由来する（Hanks et al., 2016, p.2473, cf.PP, p.11）。

　これらの場面で特に象徴的なのは、ピーターが子ども部屋に残した影から彼が実在すると知っていたウェンディの所に彼が実際に現れ（PP, pp.2ff.）、彼の影を「大切にしていた（saved）」ウェンディがそれを元通りに彼の体に縫い合わせたという点である（PP, p.4）。影があればその実体もあるというウェンディの推察は妥当な思考方法であり、ウェンディはピーターの物語を弟たちに聞かせることによって言わば彼をこの世で甦らせ、その影を保存していた点で彼を「救った（saved）」のである（PP, p.4）。そして、実際にウェンディがその影を本人と縫い合わせることで（PP, p.4）、ピーター本人の実在を確認することができた。また、ピーターの影がこの世に残されていて実在はネバーランドを拠点としているということは、この世の存在の方が影であり、真の実在はあの世の方にあり、それらを縫合

して統合できるのはあの世を信じることのできる子どもだけであるという
世界観が提示されている。恐らくピーターはベッドタイムに自分の弟たち
に彼の実在を語り聞かせてくれていた年長の子ウェンディに対して、子ど
もとして最後の日、恐らく十三歳の最後の日の御褒美にネバーランドへの
招待を考え付いたのだろう。

　『ピーター・パン』が一九五三年公開であるため、イギリスの児童年齢
上限を確認するには、例えば一九五九年出版のヘイウッド著『イギリス児
童福祉発達史』が参考になる。それによると、「1933 年の青少年法（The
Children and Young Persons Act of 1933）……では、14 歳までを児童、14 歳
以上 17 歳までを少年と定義した。この法律は現在でも通用しており」（ヘ
イウッド，1959, p.165）、児童保護の諸問題を取り扱う際に極めて重要で
あるという。したがって、青少年法が一九三三年から一九五九年「現在で
も通用」しているため、一九五三年『ピーター・パン』公開時点において
ウェンディの子どもとして最後の日は十三歳の最後の日と考えられる。こ
のことは、『ピーター・パン』に登場するウェンディの背丈などから見て
も妥当な年齢だと思われる（PP, pp.4, 6, 23f., 29）。

　子どもがあの世を受け入れる信仰を持っているということは、かつてイ
エスがその弟子たちに説いていたことでもある。

　　　「あなたたちは子どもたちを私の所に来るままにし、子どもたちの妨げ
　　　となってはならない。神の王国はこのような人々のものであるから。確
　　　かに私はあなたたちに言う。子どものように神の王国を受け入れること
　　　のない人は、決してその中に入ることはない」（ルカ 18:16-17）。

　ウェンディたちも子どもとしてネバーランドを受け入れていたからこ
そ、ピーターと共にその中に入ることができたのだが、ウェンディらが飛
び立つためにピーターが「素晴らしいことを一つ考えてごらん。そうすれ
ば、ティンカーが妖精の粉を振り掛けてくれるよ（Just think of a wonderful
thought and Tinker Bell will supply the pixie dust.）」と教え（PP, p.7）、その後

に皆が出発できたことも、例えばかつてイエスが信仰の力について簡潔に述べたことを想起させる。ここで人は山より微少であることは明白である。

「もし、あなたたちが信仰を持って疑わないなら……、もし、あなたたちがこの山に、『あなたは持ち上げられて、海に投げ込まれなさい』と言うなら、そうなるだろう。そして、あなたたちが祈りの中で信じて求めるなら、どんなものでもすべてのものを、あなたたちは受け取るだろう」（マタ 21:21-22, cf. マタ 17:20, コリ一 13:2）。

「子どものように神の王国を受け入れることのない人は、決してその中に入ることはない」というイエスの言葉は（ルカ 18:17）、確かに、子どもでなければ、または子どもと共にでなければ、または子どものような心を持っていなければ、この世の天国であるディズニーランドに入ることは難しいだろうという世俗的並行現象との関係で把握することができるかもしれないが（cf. 宮平，2019, a, p.177）、山が空中浮遊する話は聖書における別の証言からしか理解できないだろう。同様のことはイエス自身や信仰者の昇天についても言えるだろう（ルカ 24:51, テサ一 4:17）。

洗礼者ヨハネがイエスについて、「この私は、あなたたちに水で洗礼を授けているが、私より力強い方が来る。私は、彼の履物のひもを解く価値もない。彼こそ、あなたたちに火の聖霊で洗礼を授けるだろう」と紹介したことに基づくと（ルカ 3:16）、誰でも水の中で自分の体を浮力によって浮かせることができるように、水よりも力強く働く聖霊の中なら一層容易に自分の体を霊力によって浮かせることができるだろうと類推できる。この霊が水より勝るという聖書的世界観は、旧約聖書の冒頭で神の霊が水の上を動いていたことに象徴されている（創世 1:2）。ここでこの霊力は「妖精の粉（the pixie dust）」の魔力に対応していると言えるだろう（PP, p.7）。

＊ピーターの世界と聖書の世界

	浮遊するもの	浮遊させる力
ピーターの世界	ピーター、ウェンディと弟たち	素晴らしい考え、妖精の粉
聖書の世界	山、イエス、信仰者	信仰、聖霊の力

　こうして、飛び立ったウェンディたちが眼下に見たもののうち、人魚の
いる入江とインディアンの村は（PP, p.8）、各々現実のこの世に存在しな
いか、そこにおいて存在が歴史的に抑圧されてきたものである。そして、
フック船長はネバーランドにおいて一度船長の味を知った鰐によってその
存在が危ぶまれており（PP, p.11）、時計も飲み込んでいるこの鰐は船長が
死に至る時を刻んでいる。確かに、「鰐（Crocodile）」という英単語の中に
は（PP, p.11）、「時計（clock）」と「死ぬ（die）」という英単語が隠されて
いる（有馬，2010, p.67）。

　ピーターたちはネバーランドに到着したものの、フック船長がインデ
ィアンのボスの娘「タイガー・リリー（Tiger Lily）」を誘拐していたので、
いつものように自分の子分の迷子たちやインディアンたちと遊ぶこともで
きず（PP, pp.12f.）、「どくろ岩（Skull Rock）」の所で縛られているタイガ
ー・リリーを遠くから漸く見つけた（PP, p.15）。フック船長とその手下は
タイガー・リリーを溺死の恐怖に直面させながらピーターの隠れ家につ
いて問い質したが、タイガー・リリーは最後まで峻拒した（PP, p.15）。そ
の後ピーターはフックに空中から戦いを挑むが（PP, p.16）、フックは時計
の音によって鰐の襲来に気付き、手下と共に小船で逃げ出した（PP, p.19）。
こうしてピーターはタイガー・リリーを救い出したが、フック船長はティ
ンカーを誘拐してピーターの居場所を聞き出した後、ジョリー・ロジャー
号船内のランタンに閉じ込めた（PP, p.21）。

　「虎（tiger）」と「百合（lily）」からなる「タイガー・リリー（Tiger
Lily）」という印象的な名前は（PP, p.13）、「虎（tiger）」は語源的には流れ
の「速い（G.tigris）」「ティグリス川（Tigris）」と同様に走るのが「速い

（G.tigris）」動物を意味し（竹林，2002, pp.2573f.）、「百合（lily）」は文字どおり百合のように白く美しいものを指す（竹林，2002, p.1432）。このリリーが「どくろ岩（Skull Rock）」の近くの浅瀬で小岩の上に縛られ溺死させられそうになっている所にピーターが登場し、フック船長の剣の刃の上に飛び降りたことは神学的含蓄に満ちた世俗的展開である（PP, pp.15f.）。

　まず、リリーが「どくろ岩（Skull Rock）」の近くで殺されそうになったことは、イエスが「どくろの場所」と呼ばれている所で十字架刑に処せられたことを想起させる（マタ 27:33, 35）。イエスの場合は刑死後に復活したが、リリーの場合には溺死前にピーターが助けに来たということは、さらにイエス自身が仮に父に願えば「十二軍団以上の天使たちを配置してもらうこと」が可能だと明示していた観点から解釈できるだろう（マタ 26:53, cf. 宮平，2006, pp.576f.）。聖書において神の働きを助ける天使たちは無数存在するとされており（詩編 91:11, ヘブ 12:22）、ローマ軍の最大単位である「軍団（レギオーン）」一つは通常六千人の兵士から構成されていた（マル 5:9, 15, ルカ 8:30）。ここでイエスがこのような十二軍団以上という多勢の天使たちの力に依存して十字架上から飛び降りることは、かつてイエス自身が退けた悪魔の試みに降伏して神の計画を反故にしてしまうため（マタ 4:5-7）、父なる神に天使たちの派遣を要請しなかった。ところが、リリーの場合は要請をしてもいないのに、ピーターが一人でリリーを助けに来て、フック船長の剣の刃の上に飛び降りたことは（PP, p.16）、ヨーロッパ中世起源とされる天使論のパロディー版を髣髴させる。

　「天国にはトイレがあるのだろうか？　天使たちは物を食べるのだろうか？……天使には肉体があるのだろうか？　天使はどのくらいの速さで動くのだろうか？……歴史的観点に立てば、こうした疑問に対する現代人の態度は明らかに特異である。中世初期から啓蒙活動の直前まで、西欧の知識人たちは前述した問題をすべて真剣に考えてきた。ヨーロッパの思想家たちが、そんなことを考えるのは無駄だと言って問題を片付け始めたのは、やっと十八世紀になってからのことである。一八〇〇年代

初頭、ヴィクトリア女王時代のイギリス首相の父であるアイザック・ディズレーリは『極細の針の上では、どれだけの天使が互いに押し合わずに踊れるだろうか？』と疑問を持った学者たちを茶化すことで、そうした感じ方への評価を下している」（オルドリッジ，2006,p.46, cf. 稲垣，1996,p.16）。

　ピーターが剣の細い刃の上に降り立って飛び跳ねることは（PP, p.16）、天使論のパロディーに基づく世俗的所作にほかならないのである。ここでピーターは天使のように宙を浮遊したままフック船長と剣闘しているが、これらの場面はある意味で神学的主題を変容させつつ物語が展開していると言えるだろう。

＊ピーターの世界と神学の世界

	どくろ	天使
ピーターの世界	どくろ岩の所でリリーが命を狙われる。	天使的なピーターが一人来て、フックの剣の刃の上で飛び跳ねる。
神学とそのパロディーの世界	どくろの場所でイエスが十字架刑を受ける。	天使は来ないが、後に天使は針の上で何人踊れるのかと問われる。

　ピーターとフック船長の剣闘は、時計を体内に持つ鰐の到来によって、ピーターがとどめを刺す前にフックが敗退した（PP, p.19）。ピーターが空を飛び宙に舞い空間を自由に駆け回り、時間からも自由であるのに対して、フック船長は空を飛べず鰐の時計からも追われている点で空間と時間に束縛されている。ここにフック船長の究極的敗北が予兆されている（PP, p.32）。

　ピーターの隠れ家ではウェンディがホームシックになって母を持つことの素晴らしさを弟たちやあの迷子らに聞かせると、皆が元の世界に戻りたがり、ピーターは戻るなら二度とネバーランドに連れて来ないと警告する

が、皆はピーターの隠れ家から旅立った（PP, p.22）。案の定、ウェンディらはフックの率いる海賊らにつかまり、海賊の一味になるか、船から突き出された渡り板を歩くかを迫られた（PP, p.24）。隠れ家ではピーターがフック船長の計略による爆弾入りの箱を開けようとするが（PP, p.26）、ロジャー号から逃げ出して来たティンカーがそれを未然に防いでウェンディらの窮状を伝えると、ピーターはその救助に向かった（PP, p.27）。時にウェンディが勇敢にも渡り板を最初に歩き出しており、海面に落ちる寸前にピーターに助け出されると（PP, p.29）、ピーターはフックらと再び戦い、フックは最後の一撃を食らわそうとした時にバランスを崩して船から海に転落し、鰐に追われる身となった（PP, p.30）。こうして、ダーリング家はピーターの了解のもと、決して大人にならない友達ピーターとの経験を思い出にロンドンの家に帰った（PP, p.32）。

　里心が芽生えたウェンディらはある意味でピーターより家族を優先して旅立ったが、海賊らに捕らえられた後でもピーターが「助けてくれる（save）」ことを信じ（PP, p.25）、渡り板に踏み出した時もウェンディの閉ざされた目はピーターを見つめていただろう（PP, p.29）。ここで、ウェンディが自らの命を奪いかねない渡り板の上を歩いていることは（PP, p.29）、ピーターが自らの命を奪いかねない船長の剣の刃の上にいたことと運命を一つにしている（PP, p.16）。それは、かつてウェンディがピーターの「影を救った（saved）」ことと今からピーターがウェンディを「助けてくれる（save）」ことが二人の運命を結び付けていることと同じである（PP, p.4）。

＊ピーターとウェンディ

	危機的状況	救いの経験
ピーター	剣の刃の上	かつてウェンディが自分の影を救ってくれた。
ウェンディ	渡し板の上	ピーターが自分を救ってくれた。

ピーターがある意味でウェンディらに裏切られてもウェンディを救うの

は、相手が誰であろうと、相手が何をしようと、悪から命を守るというただそれだけの指針を基軸に行動していたからである（PP, p.27）。したがって、ピーターの行動は決して迷走することがなく、フック船長との戦いにおいて船長が常に必死の形相であるのに対して、ピーターは常に余裕の笑顔で戦っている（PP, pp.10, 16, 30）。さらに船長は最後の一撃を食らわそうとして自らバランスを崩して海に転落するという、一人でに悪が滅びる姿を演じている（PP, p.30）。こうしてピーターは最後まで戦わずして勝ち、戦いが終わる前から子どもたちに「パン船長（Captain Pan）」と呼ばれ（PP, p.30）、勝利が予言されたのである。

　ピーターは最終的にウェンディらがロンドンに帰ることを了解するが、それはウェンディがピーターを信じ続けたからであり（PP, p.25）、子どもたちも共に海賊らと戦って滅ぼしてくれたからである（PP, p.32）。ロンドンに戻ってからウェンディらはネバーランドにおけるピーターとの素晴らしい冒険を決して忘れなかったが（PP, p.32）、忘れないということは共にいなくても相手の存在を信じ続けるということである。記憶しておくということは信仰の重要な一側面を構成していると言えるだろう。

　『ピーター・パン』を一世代後に一層有名にしたのは、ダン・カイリー著『ピーター・パン・シンドローム』（1983年）である。この研究書は精神的に大人になり切れない男性の被る症候群を明示したもので、症候群とは生命を脅かすことはないものの、その人の精神状態を危険に晒す異変として二十世紀後半のアメリカに顕著な現象である（カイリー，1983, pp.5f., 40）。この異変は許容の精神で育てられた無責任人間、家庭の不和に基づく不安、家庭での愛情欠如による孤独感、未成熟な性役割の葛藤という四つの基本症状を経て、自己偏愛や男尊女卑に至る（カイリー，1983, pp.43ff., cf. カイリー，1983, pp.23ff.）。確かにバリによる『ピーター・パン』の原作では、数々の場面で子どもの成長を心理的に抑制する契機が描かれている。例えば、ピーターは年を取って大きくなることはなく、生え変わらない歯を持ち（バリ，1911, pp.23f., 30, 194, 338）、それにもかかわらず、ウェンディに自分の影法師を縫い付けてもらうと恰も自分でし

たかのようにうぬぼれ（バリ，1911, pp.58f.）、ケンジントン公園で妖精たちと共に暮らしているのは、いつまでも小さい男の子として面白いことをするためだとウェンディに言い放ち（バリ，1911, p.62, cf. バリ，1911, p.231）、妖精は赤ん坊が生まれて初めて笑う時にそこから生まれ、子どもが妖精を信じなくなると妖精は死ぬと教え（バリ，1911, p.63, cf. バリ，1911, pp.257, 326）、おとぎの国で子どもたちが大きくなりそうだと間引き（バリ，1911, p.106）、宿敵フックに誰何された時は「ぼくは若さだ、喜びだ（I'm youth, I'm joy.）。……卵から飛び出したばかりの小鳥だ（I'm a little bird that has broken out of the egg.）」と答えている（バリ，1911, p.297, cf. カイリー，1983, p.60）。

　ダン・カイリー著『ウェンディ・ディレンマ』（1984年）はこうしたピーターの未熟さを母親気取りで過保護に助長しているのがウェンディであると指摘し、このウェンディの態度の背後には見捨てられることを恐れ、劣等感に満ちた自己が潜んでいると分析している（カイリー，1984, pp.33ff., 47ff.）。『ピーター・パン』の原作では、ウェンディは二歳の時に庭の花を一輪摘んで母に渡すと、「ああ、いつまでも、このままのおまえでいられたらねえ！」と言われたが（バリ，1911, p.9）、恐らくウェンディはこの言葉に象徴される態度をピーターに向け、ウェンディは母のいないピーターに同情し（バリ，1911, pp.56f.）、立ち去ろうとするピーターを引き止め（バリ，1911, pp.70ff.）、ピーターたちの身の回りの世話をすることに興味を示し（バリ，1911, pp.154, 232, 303f.）、ピーターたちの母親役を文字どおり引き受け（バリ，1911, pp.145f.）、小さな子どもたちを昼寝させ（バリ，1911, p.167）、夜は寝かし付ける前に話を聞かせ（バリ，1911, pp.146, 214）、母性愛について満足げに語り（バリ，1911, pp.219ff.）、ピーターが大人になって髭を生やしたとしても変わらぬ愛情を示すことを約束している（バリ，1911, p.325）。

　このように、『ピーター・パン』の原作に見られるピーター・パン症候群はピーター自身とウェンディによる二重の要因に基づくため、顕著な様相を呈している。したがって、フックとの戦いで傷付けられた後に水没し

かけの岩場に一人残されたピーター・パンが、「死ぬということは、すばらしく大きな冒険だろうな（To die will be an awfully big adventure）」と心の中で語る時（バリ，1911, p.192, cf. カイリー，1983, p.208）、この「死ぬ」とはピーターの中の子どもの死、つまり大人への成長と理解することもできる。大人になることは確かに大きな冒険であり、ピーターにとって殆ど不可能なことである。しかし、子どもの心を幾分残しながら成長して生きることは、もっとすばらしく大きな冒険かもしれない。

第二節　夢物語 – 『ふしぎの国のアリス』

『ピーター・パン』が旅物語なら、一九五一年公開の『ふしぎの国のアリス（Alice in Wonderland）』は夢物語であり、夢としてこの異世界は頭の中にある。この頭の中の脳にしろ夢にしろ、その多くの部分が未知であるということは、人間自身が未知の領域を抱えたまま生きているということであり、さらに常識や法則が破壊されているその未知の世界を描いた絵本が世界中で愛読されているということは、人間存在の二律背反性を実に鮮やかに例証している。この「ふしぎの国」を解体してみよう。

「アリス（Alice）」は、とある「暖かく、光り輝く（warm, golden）」午後、「ひんやりとした木陰（a cool, shady tree）」で寝込み、夢の中で「ふしぎの国（Wonderland）」についてすべてを学んだ（AW, p.2）。まず、チョッキとズボンを身に纏った白兎が懐中時計と蝙蝠傘を手に、慌てて木の根元の穴に駆け込んで行った（AW, p.4）。興味津々でアリスも同様にその穴に入って暗いトンネルを這い進むが、突然大きな穴からゆっくりと落ち（AW, p.6）、すべてが上下逆、後ろ向きの世界に辿り着いた（AW, p.11）。そこでアリスは飲食をするたびに、木より大きくなったり花より小さくなったり、自分の体の大きさが変わり、話をする動物とも出会った（AW, pp.11ff.）。

『ふしぎの国のアリス』はその冒頭から現実社会に挑戦的である。通常の学習は覚醒時に行うものだが、アリスはふしぎの国について昼寝という睡眠時に「学習する（learn）」（AW, p.2）。そして、その「不思議」の国

では考えて話し合うという現実の「思議」の国とは対照的に、奇想天外な出来事が否応無しに陸続と一方的に畳み掛けてくる。「高貴（adelaide）」という表現に由来する「アリス（Alice）」という名前も象徴しているように（竹林，2002, pp.29, 63, cf. 安井，2017, p.314）、舞台がイギリス社会だとすると、英国紳士姿の白兎が右手にステッキ代わりの傘を握り（cf. 安井，2017, pp.307f.）、左手に大きな懐中時計を翳して倉皇としつつ恰も「時は金なり（Time is money）」と言わんばかりの形相をしている最初の場面は、この警句を吐いた十八世紀アメリカの多才な政治家フランクリンを連想させ（フランクリン，1936, p.42, cf. ウェーバー，上，1904-1905, p.39）、アリスがふしぎの国で小人になった時に見たものの一つである「木馬バエ（rocking horse fly）」は（AW, p.12）、「揺り木馬（rocking horse）」と「アブ（horse fly）」の合成語であり（竹林，2002, pp.1186, 2130）、この前者は「揺り椅子（rocking chair）」の発明者とされるフランクリンを再び想起させる（鍵和田，1985, p.1170）。フランクリンがイギリスからのアメリカ独立宣言起草者の一人であることを考慮すると、イギリス社会の否定が冒頭から仄めかされているのだろう。

　否定されているのは社会だけではない。白兎は木の根元の巣穴に駆け込むが（AW, p.5）、「木（tree）」という表現から造られた最も重要な表現の一つは「木（tree）」のように確固とした「真実（true）」や「真理（truth）」であるから（竹林，2002, pp.2637, 2639）、白兎は物事の「真実」な姿を文字どおり「根本」から、つまり木の根元である「根」「本」から解明しようとしているのである。こうして、上下前後が逆になり（AW, p.11）、真理とされているものが根本から転覆される事態が待ち構えている。アリスは好奇心から白兎を追い掛けるが（AW, p.6）、アリス自身が自覚しているように、「好奇心はしばしばトラブルの元（curiosity often leads to trouble）」であり（AW, p.6, cf.AW, pp.5, 11）、好奇心に満ちてこの世の出来事の真実な姿を追い掛けようとすると、それを徹底的に隠蔽抹殺しようとする伏魔殿的組織によって大きな落とし穴に落とし込まれる（AW, pp.6f.）。そして、アリスが地球の裏側まで突き抜けていってしまうのかしらと懸念し

たように（AW, p.8）、自らの立脚点が転覆されてしまうのである。アリスの動揺振りは「ますますおかしい、おかしいわ（Curiouser and curiouser）」という破格の比較級を使った有名な台詞にも意図的に現されており（AW, p.11）、文法的には more curious と言うべき表現である（安井，2017, p.313, cf. 安井，2019-2020, p.20）。ギリシャ語の「木（G.xulon）」という表現から借用された最も重要な表現の一つは十字架であり（使徒 5:30, 10:39, 13:29, ガラ 3:13, ペト一 2:24）、イエスは当時のユダヤ教社会の律法主義やローマ帝国の統治組織を転覆するような真理の福音を説き、自分自身が十字架刑に処せられた（マタ 27:32-56）。

　ふしぎの国でアリスが「きのこ（mushroom）」を食べると、巨人のように大きくなったことは（AW, p.11, cf. キャロル，1897, pp.98, 116, 124, 154, 180）、「きのこ（mushroom）」自体に巨大な「きのこ雲（mushroom）」という意味もあるように（高橋，2012, p.1576）、きのこ雲のようにむくむくと大きくなったアリスが描写されているのだろう。その後にアリスは遭遇した「セイウチ（walrus）」、「ドードー鳥（dodo）」、「イモムシ（caterpillar）」と放歌や競争に興じるが、「セイウチ（walrus）」は肥満のために「不器用な人、水泳のできない人（walrus）」も意味し（竹林，2002, p.2770）、「ドードー鳥（dodo）」は「羽が退化して飛べない鳥」であり（竹林，2002, p.717）、「イモムシ（caterpillar）」は這うことはできても歩けない生き物であることを考慮すると、要するにアリスが目の当たりにしたものは、陸海空の各々の領域で歩けず、泳げず、飛べないものの代表例として役に立たない何物かなのである。したがって、そのような生き物に白兎の行方の案内をされても、当座アリスは道に迷うだけであった（AW, p.15）。このように陸海空という空間を最大限キャラクターでイメージさせゲストをマネージしようとする手法は、ディズニーランドやディズニーシーだけでなく今やディズニースカイ構想もあることを考慮すると、極めてディズニー的レトリックだと言えるだろう（宮平，2019, a, pp.95f.）。

＊イモムシとセイウチとドードー

	生息地	派生的意義
イモムシ	陸	陸上を歩けない物
セイウチ	海	水中を泳げない人
ドードー	空	空中を飛べない鳥

　アリスが自力で白兎を探していると、白兎がピンクの戸の小さな家から飛び出て来て（AW, p.17）、アリスを「メアリ・アン（Mary Ann）」と勘違いしたまま手袋を取って来いと急がせた（AW, p.18）。森では「トゥィードルダム（Tweedledum）」と「トゥィードルディー（Tweedledee）」という変わった双子に会い（AW, p.20）、「おかしな帽子屋マッドハッター（Mad Hatter）」では、「誕生日でない日（unbirthdays）」を祝うパーティーに出た（AW, p.21）。次に、ある庭では庭師のトランプのクラブたちが間違って植えた白いバラを女王に斬首されないようにと赤く塗っていた（AW, p.24）。白兎がトランペットを吹いて、ハートのトランプたちと臆病な小柄の夫を従えたハートの女王を出迎えるが（AW, p.25）、機嫌の悪い女王は「自分の帰りの道（my way home）」を探していると弁明するアリスに「ここではすべての道は私の道（All ways here are my ways）」だと言って、アリスの斬首を家来たちに命じた（AW, p.27）。しかし、アリスは取り囲むトランプを果敢に突き飛ばした（AW, p.28）。突如、アリスは目を覚ますとまだ木陰にいたが、ふしぎの国はもう十分だと思った（AW, p.30）。

　アリスが「メアリ・アン（Mary Ann）」と呼ばれることについては、「メアリ・アン（Mary Ann）」が十九世紀の召使の女の子の呼称として多用されたことを受けて、「Mary Ann のような名前はいわば記号のようなものくらいにしか考えられていなかったのではないか」とする見解もあるが（安井，2017, pp.325f.）、イギリス史で「メアリ（Mary）」と「アン（Ann）」と続けば、十七世紀後半から十八世紀初頭にかけてのメアリ二世とその妹アン女王の時代が有名であり、「アン女王」の「アン」の英語表記は Ann

ではなく Anne であるものの、特にアン女王の時代の一七〇七年にイング
ランドとスコットランドが合同して大ブリテン王国となり版図が拡大され
た（cf. 川北，1998, pp.216f.）。したがって、そのような時代の女王の名前
を呼び捨てにして、外出時の紳士の必需品である手袋を取って来いという
雑事を命じることは（AW, p.18, cf. 安井，2017, p.308）、ある意味で女王を
婉曲的に侮辱していることになる。これは、遅刻すれば自分が「兎シチ
ュー（rabbit stew）」にされてしまうという白兎の恐怖とは裏腹の、しかも
一体の対王室感情であると言えるだろう。実際にイギリスの市場などでは、
肉屋の軒先にウサギが売り物としてぶら下げられることもある。

　双子の「トゥイードルダム（Tweedledum）」と「トゥイードルディー
（Tweedledee）」という名前は（AW, p.20）、「（楽器などの）きーきー［ぎー
ぎー］いう音（tweedle）」に「低音を表す擬音語（dum）」と「高音を表す
擬音語（dee）」が付加された表現であり、十八世紀のイギリスの詩人バイ
ロムが実力伯仲の音楽家ヘンデルとボノンチーニに付けた造語の渾名に
由来する（竹林，2002, p.2653）。その次の「おかしな帽子屋マッドハッタ
ー（Mad Hatter）」はその頁に描かれている机の上の曲がったスプーンが
示唆しているように（AW, p.21）、「帽子を使った奇術（hat trick）」師であ
るが（竹林，2002, p.1124）、十九世紀の「帽子屋は、フェルト処理に水銀
化合物を使用し、その結果手足がけいれんするなどの職業病にかかってい
た。その様子が『くるった』ように見えたことが、このイディオムの由来
である」（安井，2017, p.336）。その奇矯な形相で相棒の「激しい行動を見
せる交尾期の野兎」である「三月兎（March Hare）」と共に（竹林，2002,
p.1511）、アリスは年間三百六十四日ある「誕生日でない日（unbirthdays）」
を祝う（AW, p.22）。この「誕生日でない日（unbirthdays）」は「誕生しな
かった日（unbirthdays）」を祝うという趣旨でも訳せることを考慮すると、
その人の誕生した年の誕生日以外のすべての日を祝うということであり、
さらに極論すれば、それはその人の誕生日どころか誕生そのものを逆に呪
うことを意味する。

　聖書を瞥見すればそのような呪いは奇異なことではなく、例えば旧約聖

書は、ヨブが神を畏れて悪を避けるという正しい生き方をしていたために
サタンから酸鼻極まる迫害を受け、家族や財産、そして自分の身体までも
が攻撃されると（ヨブ 1:1-2:13）、自分の誕生自体を呪い、母胎にいるう
ちに死ななかったことを、また誕生直後に死に絶えなかったことを深く悔
やんだと記録している（ヨブ 3:1-26）。新約聖書で有名なのは、イエスを
裏切ったとされるイスカリオテのユダがイエス自身から、「もし、その人
が生まれなかったのなら、その人にとってはそれが良かったのである」と
宣言された箇所である（マタ 26:24）。但し、これはユダに対する単純な
有罪宣告ではなく、周囲に誤解され易い役割を果たしたユダに対するイエ
スの慰労の言葉であり、イエスによる救いが実現するためにユダが生まれ
て来てイエスの命令どおりにイエス自身を引き渡したことは、ユダ以外の
すべての人にとっては良かったということを示している言葉である（宮平,
2006, p.560）。

　トランプのクラブたちが白いバラを赤く塗っていたことは（AW, p.24）、
十五世紀イギリスの王位継承を巡るランカスター家とヨーク家によるバラ
戦争において、最終的に前者のヘンリ・テューダーが一四八五年に即位し
てヘンリ七世としてテューダー朝を開始したことを示唆している。これは、
ランカスター家の記章が赤バラであり、ヨーク家の記章が白バラであった
という後代の通俗的理解に基づいている（cf. 川北, 1998, pp.139f.）。そし
て、「臆病な小柄の夫（timid little husband）」を従えた女王とは（AW, p.25）、
ヘンリ七世以後に王位を継承した十六世紀のヘンリ八世、エドワード六世、
メアリ一世、エリザベス一世のうち、結婚した女王はメアリ一世のみであ
ることを考慮するなら、臆病な小柄の夫とはスペイン国王フェリペ二世で
あると考えられる（cf. 川北, 1998, pp.159ff.）。また、「血のメアリ」とも
呼ばれるメアリ一世が従えた赤いハートのトランプたちは（AW, pp.25ff.）、
恐らくメアリ一世がスペイン王室と組んでカトリック復活を謀る際にプロ
テスタントの多くの血を流した歴史を揺曳していることを揶揄している
のだろう（cf. 川北, 1998, pp.157ff.）。暴戻なメアリ一世が「ここではすべ
ての道は私の道（All ways here are my ways）」だと宣言することは（AW,

p.27)、「この私は、命に至る真の道である。私を通してでなければ、父の所に来る人は誰もいない」と説いたイエスの真の王座を簒奪する暴挙であり（ヨハ 14:6）、その動物的様態はメアリ一世が牛のように「怒鳴り（bellow）」（AW, p.27）、獅子のように「吼える（roar）」ことからも明白である（AW, p.28）。さらに、この「赤騒ぎ」を「現実のアメリカ」の中に見いだすとすれば（今村，1955, p.199）、共産主義者などを排斥する「赤狩り（red baiting, red hunting）」の歴史的背景のあるアメリカが浮かぶ（cf. 古矢，2012, pp.32f.）。この場合、女王が白いバラを赤く塗らないトランプたちを処刑するという脅迫は（AW, p.24）、イギリスから独立してしまったアメリカを徹底的に「赤騒ぎ」で混乱に陥れようとするイギリス女王の姿を戯画化していると言えるだろう。

このようなふしぎの国にアリスは心底辟易している。確かに「ふしぎの国（wonderland）」のほぼすべての場面においてアリスは「驚き（wonder）」の表情に満ちている（AW, pp.1, 7f., 10, 12f., 18, 20f., 23f., 27, 29, 32）。しかしながら、女王からアリス斬首の命令を受けて蝟集するトランプたちに向かって、「あなたたちなんか怖くないわ（I'm not afraid of you!）」と一蹴することで（AW, p.28）、夢の中でさえ毅然として自らの「高貴さ（adelaide）」を見せている点もアリスの現実の一部なのである。

ルイス・キャロルによる原作『不思議の国のアリス』は、詩歌の語頭や句頭に同音の語を置く頭韻や、句末や行末に同音の語を置く脚韻、「語呂合わせ（pun）」などの数々の言葉遊び、さらには「ヴィクトリア女王時代の英国社会への痛烈な皮肉」が盛り込まれている点で（安井，2017, pp.xiif., xv, xvii）、確かに「ディズニーの作品とはまったく比べものにならないほど、奥が深く語り尽くせない作品」であるとも評価しうるが（安井, 2019-2020, p.21, cf. 安井，2017, p.xvi）、それにもかかわらずディズニー化によって凝縮形のレトリックが保持されている。

例えば、ディズニー版では白兎の巣穴は原作のように「生け垣の下（under the hedge）」ではなく「木（tree）」の根元とされ（キャロル，1897, pp.14, 120;AW, p.5）、そこから「真理（truth）」の探究という壮大な主題へ

と読者を誘い（cf. 竹林，2002, pp.2637, 2639）、ディズニー版ではアリスと動物たちの競争は原作のように種々の動物ではなく文章上は「イモムシ（caterpillar）」、「セイウチ（walrus）」、「ドードー鳥（dodo）」に代表され（キャロル，1897, pp.54, 56, 64;AW, p.13）、各々陸海空で歩く、泳ぐ、飛ぶ機能がないものを派生的に意味する生き物を列挙している。また、ディズニー版でも数々の脚韻が見られる。「ふしぎの国がどこにあるか知っていますか？ それはあなたが夢の中で訪れる場所―すべてのものが見かけとは違う変な驚くべき国です（Do you know where Wonderland is ？ It's the place you visit in your dreams ― that strange and wondrous land where nothing is as it seems）」という冒頭文の「夢（dreams）」と「見かけ（seems）」や（AW, p.2）、「とても大事な待ち合わせに遅れる（I'm late for a very important date.）」という白兎の焦りの文句の「遅れる（late）」と「待ち合わせ（date）」（AW, p.4）、その他「誕生しなかった日の歌（The Unbirthday Song）」や「遅れる（I'm Late）」という歌などにも押韻が維持されている（AW, pp.22, 31）。

　ある意味で、原作とディズニー版はフルコース料理とデザートの関係に近似しているかもしれない。デザートと言うよりサプリメントかもしれない。いずれにせよ、ディズニー版は子どもだけでなく、自分の誕生を一回でも呪ったことがあり（cf. 森，2001, p.87）、毎回「遅れる」ことを危惧して時間に縛られている現代人にも必須の役割を果たしていると言えるだろう。

第五章　ディズニー聖書譚

　『塔の上のラプンツェル』、『くまのプーさん〜イースター・エッグ・ハント』、『ファインディング・ニモ』の三作品は、程度の差はあれ聖書に記録されている人物や出来事と部分的に類似している。ラプンツェルの髪は魔力を持つが、かつて紀元前十一世紀中葉まで幾世紀か続いた裁き主の時代のサムソンも怪力の秘密を髪に持っていた。また、くまのプーさんが落としていった卵を友達が拾い集めたように、イスラエルの民の律法は貧者や寄留者が拾い集めることができるように収穫後の落穂をそのまま放置するようにと定めていた。さらに、父親の反対を押し切ってニモがそれまでの静かな生活から遠海へと旅立ったことは、イエスによる放蕩息子の譬え話において父の財産を手に息子が遠方へと旅立ったことと近似している。こうした視点を念頭において各々の物語に接近してみよう。

第一節　「サムソン」の話 – 『塔の上のラプンツェル』

　サムソンは母胎にいる時から神によってナジル人として神にささげられており（士師 13:3-5, cf. 宮平，2014, p.238）、そのような者として、ぶどう酒を断つこと、死体に近づかないこと、髪を切らないことが定められていた（民数 6:1-8）。しかし、彼は宴会に出ているので恐らくぶどう酒を飲み（士師 14:12）、蜂が群れていた獅子の死体から蜜を集めることによって死体に触れ（士師 14:8-9）、ペリシテ人の領主たちに操られた娼婦デリラと懇意になり、彼女に根負けして自分の力の秘密が髪にあることを漏らしたため、髪を剃られてしまった（士師 16:1-19）。こうして、無力になったサムソンはペリシテ人の神ダゴンのための集会に見世物として引き出されたが、もう一度だけ力が与えられるようにと神に祈り、建物の柱を倒してペ

リシテ人と共に死んだ（士師 16:23-31）。

　二〇一〇年公開の『塔の上のラプンツェル（Tangled）』も文脈こそ異なるが、髪に魔力を持つ少女の話である。王と王妃に赤ちゃんが生まれようとする時に王妃は病気になったが、魔法の金色の花によって回復すると、金色の髪の女の子がめでたく生まれた（TG, p.2）。しかし、老化防止のために数百年間その花を活用していた「マザー・ゴーテル（Mother Gothel）」だけは怒り、同様にして魔力を持つ金色の髪のこの女の子を誘拐した（TG, p.3）。マザー・ゴーテルは「ラプンツェル（Rapunzel）」と名付けたその子を密かに塔の中で十八年間育て、塔から垂らされたラプンツェルの長い髪を使って塔を上り下りしていた（TG, pp.4f.）。ラプンツェルは家事や遊びに忙しく、「カメレオン（chameleon）」の「パスカル（Pascal）」もいたが（TG, p.7）、毎年自分の誕生日に空にたゆたうランタンが、王と王妃による娘への合図だとも知らずに気になっていた（TG, p.8）。そこで、ラプンツェルは十八歳の誕生日にはそれを見に行きたいとマザー・ゴーテルに頼んだが、峻拒された（TG, p.9）。

　この物語の英語題名は『絡まっている（Tangled）』髪という意味であり（竹林，2002, p.2510）、ラプンツェルはその髪のゆえに誘拐犯マザー・ゴーテルや窃盗犯フリンと絡まざるをえなくなり、絡まっている髪が切り落とされるまで入り組んだ出来事の中で自分の活路を見いだしていった。「ゴーテル（Gothel）」の名前は、四世紀後半から六世紀にかけてヨーロッパを中心として大移動したゲルマン民族の一部族「ゴート（Goth）」が一般名詞化された「無知な乱暴者（Goth）」という意味に「指小辞（-el）」の付加されたものだとすれば（竹林，2002, pp.783, 1058）、自己都合で誘拐と監禁を実行した小人物に適切な名前である。「ラプンツェル」とは植物の「ノヂシャ（D.Rapunzel）」であり（国松，2000, p.1830）、原産地ヨーロッパではトウモロコシなどの雑穀畑の間で自生していたことから別名コーンサラダとも呼ばれ、晩夏に播種すると晩秋から翌春にかけて収穫でき、淡白な味で噛んだ後に上品な香りが口内に残るという（塚本，1994,a, p.916）。「15～25cm の高さになる」このノヂシャが（塚本，1994, a,

170

p.916)、その何倍もの高さのトウモロコシ畑の間で自生していたことは、小柄なラプンツェルがマザー・ゴーテルと後の恋人フリンとの間で逞しく生きていたことを象徴していると言える。

　ラプンツェルの相棒の「カメレオン（chameleon）」は「地上のライオン」を意味し（竹林，2002, p.418）、「パスカル（Pascal）」は十七世紀フランスの多才な哲学者の名前であり、「過越祭（paschal）」という意味である（竹林，2002, p.1806）。このパスカルを侍らせてラプンツェルが趣味に興じている時の最も真剣な眼差しの一つは、青空を背景にした城のジグソーパズルの最後の幾つかのピースを中央にはめ込もうとしている場面である（TG, p.7）。恐らくその最後の最後のピースはラプンツェル自身であり、ラプンツェルが城に戻ってこそ城は完成するからである。そのことを祈願して両親は毎年ランタンを揚げていた。毎年ラプンツェルが自分の誕生日に遥か彼方の空に見たランタンは、ラプンツェルの父母である王と王妃のもとで恐らく王国のすべての人々によって放たれていたものであり（TG, p.8）、その多くのランタンはラプンツェルの誕生日ケーキの蝋燭のようなものとして、人々がラプンツェルの帰郷だけでなく長寿を願っていることを表したものと言えるだろう。

　マザー・ゴーテルが森に出かけている間に、王冠を盗んで逃亡中の「フリン・ライダー（Flynn Rider）」が隠れ家としてラプンツェルの塔に逃げ込んだ（TG, pp.10f.）。しかし、ラプンツェルはフリンを捕縛して王冠を取り上げ、ランタン見学の案内役を果たした後にそれを返すという取引をした（TG, pp.12f.）。こうして、ラプンツェルは初めて野を駆け巡り、酒場で大胆に夢を語り合った（TG, pp.14f.）。すぐにマザー・ゴーテルは塔にラプンツェルがいないだけでなく、王冠とフリンの指名手配ポスターに気付いて塔を飛び出した（TG, p.16）。酒場では城の兵士たちや馬が捜査に来たが、ラプンツェルの夢に魅せられた一人の男がラプンツェルとフリンを「秘密の通路（secret tunnel）」へ案内した（TG, p.17）。二人は洞窟の暗い水の中でもラプンツェルの光る髪を使って逃げ切るだけでなく（TG, pp.18f.）、地上ではラプンツェルがフリンの手の切り傷に自分の髪を巻き

付け、歌を歌って癒してフリンを驚かせた（TG, pp.20f.）。その頃、フリンとラプンツェルの行方を察知していたマザー・ゴーテルは二人の悪党の「スタビントン兄弟（Stabbington brothers）」に儲け話を持ち掛け、後にラプンツェルが一人でいる所を見つけると、フリンは王冠さえ手にすればラプンツェルを捨てるはずだと説得した（TG, pp.22f.）。

「フリン（Flynn）」という名前は二十世紀前半に数々の女性遍歴で知られた映画俳優の「エロル・フリン（Errol Flynn）」を連想させ（松田，1994, p.984）、「ライダー（Rider）」には俗に「女に乗る男、女たらし（rider）」という意味もあるので（松田，1994, p.2149）、この窃盗犯は最初は否定的な印象を与えながら登場している（TG, p.10）。しかし、ラプンツェルはこのような男をフライパンで一撃して拘束するだけでなく、自分の案内人として塔から脱出するほどの女丈夫である（TG, pp.12f.）。初めて野原を駆け巡るラプンツェルが、「自分の人生がついに始まるかのように感じた（She felt as if her life was finally beginning）」ことは（TG, p.14）、それまでが「人生、生命（life）」ではなく「死（death）」であったことを示している。ラプンツェルの人生を奪っていたマザー・ゴーテルは塔の下に戻ってラプンツェルを呼んでも髪が下ろされないので、塔を上る際に「隠された階段（hidden staircase）」を使ったが（TG, p.16）、ラプンツェルとフリンも酒場から逃げる際に「秘密の通路（secret tunnel）」を使った（TG, p.17）。非常事態を想定したこのような構造の建物は、当時の社会の不安定さを物語っている。そして、二人が逃げる時にラプンツェルの髪が光ることや傷を癒す力を持つことがフリンにばれてしまったが（TG, pp.18ff.）、ラプンツェルが洞窟の中で光る髪によってフリンを導き、その髪によってフリンの傷を癒したことは（TG, pp.20f.）、もはやフリンではなくラプンツェルが「案内人（guide）」であることを示している。マザー・ゴーテルであれラプンツェルやフリンであれ、狭隘な通路を通過ないし突破することには、殆どすべての人間が経験する産道通過後の新生体験と同様に新しい象徴的意味がある（cf. ターナー，1974, p.210; 宮平，2019, a, pp.193f.）。

＊マザー・ゴーテルとラプンツェルの通過経験

	通過場所	通過の象徴的意味
マザー・ゴーテル	隠された階段	フリンとラプンツェルを徹底的に搾取する決意
ラプンツェル	秘密の通路、洞窟	自らの人生の案内人となって率先的に生きる決意

　マザー・ゴーテルの一味となった悪党兄弟の名前「スタビントン（Stabbington）」は、「刺す（stab）」の名詞形「刺すこと（stabbing）」と「地名や姓につける連結形（ton）」から構成されているから、文字どおり「刺客（stabbingon）」、暗殺者という意味である（竹林，2002, pp.2390, 2589）。この刺客らにマザー・ゴーテルがフリンと王冠の確保のために提示した成功報酬は「千クラウン（crown）」であり（TG, p.22）、「王冠（crown）」という意味に由来するこの単位は「20 － 30 グラム 33 － 50 ミリの銀貨の総称」でもあり（竹林，2002, p.592）、現在の銀一グラムが七十円だとすると、中間値を取って銀二十五グラムで一七五〇円であるので「千クラウン」は一七五万円である。勿論、この『塔の上のラプンツェル』の時代と場所は厳密に特定できないので、これは大雑把な見積もりである。このクラウンは「クローネ（Krone）」という形で現在でもデンマークやノルウェーにおいて、また「クローナ（Knona）」という形で現在でもスウェーデンやアイスランドにおいて使用されている。

　翌朝の誕生日にラプンツェルは街に着くと、王国が行方不明の王女の誕生日を祝っており、建物の壁にはめ込まれた王と王妃とその王女の肖像画を見て感じるものがあった（TG, pp.24f.）。ラプンツェルとフリンは共にその街に溶け込み、夜には小船で港に漕ぎ出し、ランタンの満ちた空の下でお互いの気持ちを確かめ合い、ラプンツェルがフリンに王冠を返した（TG, pp.25f.）。フリンはその王冠を浜辺にいたあの悪党たちに与えたが、悪党たちはフリンを縛り上げ、小船に乗せて送り出した後、ラプンツェルの所に来て、「フリンは王冠を持って去っていった」と騙した（TG, pp.28f.）。その言葉を信じないラプンツェルは悪党たちのもとから森の中へ逃げたが、争いの音を耳にして踵を返して塔へ帰ると、マザー・ゴーテルがあの悪党たちを打ちのめしていた（TG, pp.28f.）。ラプンツェルはマザー・ゴーテルの演じた筋書き通りの正義を思い知るが、その日の出来事を思い起こして塔の部屋の壁に描いたランタンの浮かぶ夜空の絵を見つめると、自分こそ誘拐された王女なのだと気付いた（TG, pp.29f.）。それからやって来たフリンがマザー・ゴーテルにひどく傷つけられると、ラプンツェルは自分の髪でフリンを癒そうとするが、その魔法の髪をフリンは切り放って彼女を自由にした（TG, p.31）。その時マザー・ゴーテルが消えてフリンも死んでしまうが、ラプンツェルの涙が彼の上に落ちると、彼は息を吹き返した（TG, p.31）。ラプンツェルがフリンやパスカルらと共に王国に戻ると、王と王妃は娘の帰りを心から喜び、もはや魔法の髪のないラプンツェルも夢見た以上に幸せだった（TG, p.32）。

　ラプンツェルが街に来た時、その髪を子どもたちが弄び、王家の肖像画の前に現れると、人々は万歳をして歓喜の声を上げている様子が描かれているが（TG, p.25）、恐らく街の人々はラプンツェルより先に彼女こそ行方不明だった王女だと気付いていたのだろう。後にスタビントン兄弟がラプンツェルに、フリンはラプンツェルを残して王冠を持って逃げたと嘘をついて、「魔法の髪を持つ少女の代わりに王冠をというのは、いい取引だ（A fair trade: a crown for the girl with the magic hair）」と言ったことは（TG, p.28）、ラプンツェルが王冠と同等の価値のある王女自身であることを図らずも正確に宣言しており、彼女の魔法の髪こそ実は王冠であるとも示唆している。しかし、マザー・ゴーテルによって瀕死の重傷を負ったフリンが自らの命を捨てる覚悟でラプンツェルの魔法の髪を切り放ったことは（TG, p.31）、フリンが王冠をスタビントン兄弟に投げ与えて高価な物への執着を捨てたように（TG, p.27）、ラプンツェルを魔法に対する依存から解放した。こうしてラプンツェルも魔法の髪という言わば王冠を捨てることができたのである。

＊フリンとラプンツェルの捨てた王冠

	捨てた王冠	その時の状況
フリン	自ら盗んだ王冠（TG, pp.10, 27）	フリンがラプンツェルを守り、刺客らを追い払うために王冠を彼らに与えた（TG, p.27）。
ラプンツェル	王冠と同等の価値のある魔法の髪（TG, pp.28, 31）	フリンが切り落とすことで、ラプンツェルは魔法の髪から解放された（TG, p.31）。

　ところが、この世の人生から自由になったフリンは、魔法の生活から自由になったラプンツェルの流した涙によって生き返った（TG, p.31）。ここで涙はかつてのラプンツェルの髪と同様に金色に描かれており（TG, p.31）、彼女に残された最後の魔法の滴であったことが示されている。

　ラプンツェルの髪の長さからして（TG, pp.1, 4, 6f., 9, 12ff., 18ff., 23ff., 29）、彼女の髪には一度も鋏が入れられていないと想定することができるが、かつてサムソンの頭にも剃刀を当てることが禁じられていた（士師 13:5, 16:17）。そして、ラプンツェルの長髪がなくなって少なくとも髪の魔法の力がなくなったように（TG, p.31）、サムソンの髪も剃られると彼の怪力はなくなった（士師 16:19）。さらには、ラプンツェルの流した涙が最後の魔法の力を宿していたように（TG, p.31）、髪の伸び始めていたサムソンが最後の力を振り絞って力を神に祈り求めると再び怪力が与えられ、多くの宿敵ペリシテ人を倒した（士師 16:28-31）。

＊ラプンツェルの髪とサムソンの髪

	髪が奪われる前	髪が奪われた後
ラプンツェル	一度も鋏を入れられたことがなかった。	髪の力の代わりに涙の力が働く。
サムソン	一度も剃刀を入れられたことがなかった。	髪の力の代わりに神の力が働く。

　ラプンツェルは魔法の長髪を失って初めて幸福な王家の生活を享受し（TG, p.32）、フリンは王冠を捨てて初めてラプンツェルとの愛を育んだ（TG, pp.26f.）。これらのことは家族や恋人の愛といった人と人との愛が魔法や金銭を凌駕していることを示しているだけでなく、かつての窃盗犯も魔法使いも通常の人間としての生活をいつでも歩み始めることができると教えているようにも思える。

　『塔の上のラプンツェル』の元のグリム版『野ぢしゃ（ラプンツェル）』は、神様から漸く子どもが与えられた夫婦の話から始まる（グリム，一，1857, p.132）。この二人の家の裏には魔法使いの管理する野菜畑があり、死にかけていた妻のために夫がその中の「野ぢしゃ（ラプンツェル）」を抜き取って持ち帰ると妻は喜び、妻は翌日も食べたくなったので再び夫が野菜畑に入ると、魔法使いに見つかってしまった（グリム，一，1857, pp.132ff.）。そこで魔法使いは彼に野ぢしゃを欲しいだけ持って帰らせる代わりに、生まれて来た子を自分に預けることを約束させ、実際に子どもが生まれると「ラプンツェル」と命名し、この美しい子が十二歳の時に高い塔の中に閉じ込めた（グリム，一，1857, pp.134f.）。魔法使いが塔に入る時は、ラプンツェルが塔の上から十二メートルほど垂らした黄金色の長い髪をロープ代わりにして上っていたが、何年かしてこの国の王子がラプンツェルの歌声に引かれて毎日通い詰めているうちに魔法使いが塔に入る所を目にしたので、自分も同じようにしたら塔の中に入ることができた（グリム，一，1857, pp.135ff.）。

　ラプンツェルは初めて男を見たが、王子の熱心な求婚にほだされて了解し、自分が下へ降りる梯子を編むために王子に毎回絹の紐を一本ずつ闇夜に持って来るようにと頼んだ（グリム，一，1857, p.137）。しかし、王子のことを知った魔法使いは怒ってラプンツェルの髪を切り落とした上で彼女を塔から追い出し、王子が来るとその髪をぶら下げ、上って来た王子に対してあの「鳥」は猫がさらっていったのでもういないよと言うと、王子はショックの余り塔から飛び降りたため、からたちの中へ落ちて目が棘で潰されてしまった（グリム，一，1857, pp.138f.）。こうして幾年かの間、

王子が森の中をさ迷い歩いているうちに聞き覚えのある歌声に引かれて、ラプンツェルが自分の産んだ男の子と女の子の双子と共に暮らしている荒野に入ると、それに気付いたラプンツェルが王子に飛び付いて泣いた（グリム，一，1857, pp.139f.）。すると、その涙が王子の目に触れて眼球を回復させ、王子はラプンツェルたちを王国に連れて帰り幸せに暮らした（グリム，一，1857, p.140）。

　この物語で明示されてはいないが、恐らくこの双子の子どもは王子が塔に入った時にラプンツェルに宿したものであり、王子の森の中の彷徨とラプンツェルの荒野での修練は、同様の苦難の中で堅忍の生活を送らせることで両者を引き寄せていると思われる。ここで、ラプンツェルが誕生したこと自体が神様からの賜物であるという冒頭の前提を重視するなら（グリム，一，1857, p.132）、苦難を通して二人を最終的に引き合わせたのも神様の導きであると言えるだろう。

第二節　「落穂拾い」の話
－『くまのプーさん〜イースター・エッグ・ハント』

　ユダヤ教の律法が穀物の収穫時に畑の隅々まで刈り尽くしてはならず、落穂を拾い集めてもならないと規定していたのは、その残り物が貧者、寄留者、孤児、寡婦のための物であり、葡萄も摘み尽くしたり、落ちた実を拾い集めたりしてはならず、オリーブの実も隈なく打ち落としたりしてはならないとされていた（レビ 19:9-10, 23:22, 申命 24:19-22）。これはイスラエルの民が紀元前十三世紀に神の助けの下でモーセによってエジプトから導き出されるまでエジプトで奴隷であったことを想起して、同様の境遇にある人々に哀れみを示すための規定である（申命 24:22）。

　『くまのプーさん〜イースター・エッグ・ハント（Winnie the Pooh: The Easter-Egg Hunt）』は一九六六年以降公開された『くまのプーさん（Winnie the Pooh）』シリーズの一つであり、プーさんは奴隷であったどころか常に満腹でいて食欲も減衰しない熊である（WP, p.2）。しかし、プーさんの

天然の性格はユダヤ教のこの律法を知らなくてもそれを実現しており、そのことが他の様々な動物を救って楽しませている。この物語の楽しさを堪能してみよう。

　申し分ない春の日に百「エーカー（acre）」の森でプーさんは、「よく鳴るおなか（tumbly）」を「鳴らしながら（rumbling）」、イースターの卵探しをするために兎さんの家に行った（WP, p.2）。そして、手ぶらで行くのは良くないと思い直して蜂蜜の壺を取りに帰ったが（WP, p.3）、出直した途中で蜂蜜の満ちた壺を持っていては卵探しができないと思って蜂蜜をすべて食べてしまい、麦藁の籠一つで兎さんの家に着いた（WP, p.4）。プーさんは時間通りに家を出たのに、お友達はすでにしばらく待っていたかのようだったので不思議に思った（WP, p.5）。

　「プー（Pooh）」という名前について他の物語の中では、「ハエがとんできて、鼻の先にとまると、プーと口で吹きとばさなければならなかったから、そこで、プーという名まえがついた」とされており（ミルン，1926, p.37, cf. 安達，2002, p.143）、「プー」という名前の白鳥に由来するとも説明されている（ミルン，1926, p.3, cf. 安達，2002, pp.59ff.）。英語名の「ウィニー（Winnie）」は、ロンドン動物園に一九一四年に預けられて一九三四年までいた熊が元々カナダの「ウィニペグ（Winnipeg）」市で一九一四年八月にカナダ駐屯イギリス陸軍中尉によって買い取られたことにちなんでいる（ミルン，1926, p.6, cf. 安達，2002, pp.55ff.）。プーさんたちの住む「百エーカーの森」とは、一「エーカー（acre）」を「4047㎡」とすると「404700㎡」であり（竹林，2002, p.22）、凡そ六百メートル四方の森である。

　「イースターの卵探し（Easter-egg hunt）」とは、イエスの復活を祝う復活祭に教会や家庭などで前もって隠された鶏卵形のチョコレートを探し出す遊びである。卵は生命の象徴であり、復活祭は春分の日以降最初の満月の後の最初の日曜日に行われる（cf. 竹林，2002, p.768）。プーさんの「よく鳴るおなか（tumbly）」は（WP, p.2）、後に「ゴロゴロ鳴るおなか（rumbly tummy）」という表現があるように（WP, p.15）、「おなか（tummy）」

という表現と「ごろごろ鳴る（rumble）」という表現を合わせた造語であり（全訳解説書，p.72）、プーさんのための新語は他の動物には見られないプーさん独自の性質を表している。それは数分前に食べたのに、それがずっと前のことのように感じてしまう性質である（WP, p.2）。

　こうした天然なプーさんの性格は、兎さんの家への手土産で蜂蜜を持参するのが良いと判断したものの、蜂蜜の壺があっては卵探しができないと考えて蜂蜜を食べ尽くしてしまうことや（WP, p.4）、正確に時間通りに家を出たのに兎さんの家ではすでに皆が揃っていたことを不思議がり（WP, p.5）、自分が蜂蜜の壺を一旦家に取りに帰ったりしたことを放念している点に見られる。恐らくこの最初の場面で後に重要な意味を帯びてくるのは、プーさんが一人の時は蜂蜜を最後の一滴まで食べ尽くしたという描写である（WP, p.4）。これとは対照的にプーさんはこれから友達と一緒になると、自分が集めた数々の卵を悉く落としていくからである（WP, pp.9, 11, 13, 15, 18）。こうして、百エーカーの森における「落穂拾い」の舞台設定がなされる。

＊ユダヤ教の律法とプーさんの性格

	収獲の状況	収獲の結果
ユダヤ教の律法	収獲し尽くしたり、落とした収獲物を集めたりしてはならない。	貧者、寄留者、孤児、寡婦の生活を保障することができる。
プーさんの性格	拾った卵が破れた麦藁の籠から自然と落ちていく。	意図せずして友人たちに喜びを与える。

　兎さんはあらかじめ隠してある卵を最も多く見つけた人にご褒美があることを説明して、開始の合図をした（WP, p.6）。「プー（Pooh）」さん、「ピグレット（Piglet）」さん、「ルー（Roo）」さん、「カンガ（Kanga）」さん、「イーヨー（Eeyore）」さんは森に向かったが、「ティガー（Tigger）」さんは別の方向に飛び跳ねていった（WP, p.7）。プーさんは卵の隠し場所を想

像しながら進み、黄色い花のスイセンの葉の下にある黄色の卵を見つけて籠に入れたが、籠には穴が開いていたので草の上に落ちた（WP, pp.8f.）。その後に来たピグレットさんは、幸運なことにその黄色い卵を見つけて自分の籠に入れた（WP, p.10）。そして、プーさんはブラックベリーの藪の下などを探していると、紫色の卵を見つけて籠に入れたが、これも気付かないまま籠からそのまま滑り出た（WP, p.11）。その後に来たルーさんは足取りが重くなり立ち止まると、その下に大好きな紫色の卵があり大喜びした（WP, p.12）。さらに、プーさんは高い草の茂みの中に緑の卵を見つけるが、それも籠から落ちていった（WP, p.13）。少ししてティガーさんがその緑の卵を見つけて手に入れると、勝利を確信した（WP, p.14）。また、プーさんは蜂蜜の匂いのする桃色の野花の花壇の中に赤い卵を見つけ、おやつの時間が近いのだと思った（WP, p.15）。まもなくイーヨーさんが桃色の野花の所で探す気はなかったにもかかわらず、落ちていた赤い卵を見つけた（WP, p.16）。最後にプーさんは、近くの草原でご褒美を想像しながら青い卵を籠に入れたつもりだったが、卵は丘を転がっていき、一つも卵を見つけられずに兎さんの家に戻りかけていたカンガさんがその卵を入手した（WP, pp.17ff.）。

　天真爛漫なプーさんの仲間たちは、「豚（pig）」と「指小辞（-let）」からなる「子豚、ピグレット（piglet）」さん（竹林, 2002, pp.1417, 1869f.）、「カンガルー（kangaroo）」の親子である「カンガ（Kanga）」さんと「ルー（Roo）」さん、驢馬の「ヒーホー（heehaw）」という鳴き声に由来すると思われる驢馬の「イーヨー（Eeyore）」さん（竹林, 2002, pp.778, 1138）、「虎（tiger）」に由来すると思われる虎の「ティガー（Tigger）」さんである。

　この個性に溢れた仲間たちは統率力のある兎さんを審判として卵探しに出掛けるが（WP, p.6）、その過程で様々な性格を示している。ティガーさんは今日は「素晴らしい、エクセレント（excellent）」な日と言うべきところを「エグセレント（egg-cellent）」な日と言い換える駄洒落のセンスを持ち（WP, p.6）、一人別方向に赴く独立心の旺盛な仲間である（WP, p.7）。ピグレットさんはプーさんの少し後ろを付いていっていたので、プーさん

が最初に落とした卵をそれとは知らずに入手して注意深く籠に入れた。ルーさんはまだ小さいので歩き疲れた所で卵を見つけた運の強い仲間である（WP, p.12）。イーヨーさんは面倒なことが嫌いで最初から卵を見つけるつもりはなかったにもかかわらず見つけたので、卵探し競争で勝つのもいいかと思っていた（WP, p.16）。カンガさんは卵探し自体が楽しくてイースター・ハットも被れたので、卵が見つからなかったことを気にせずに兎さんの家に戻ろうとした時に卵を見つけた点で、結果よりも過程を楽しめるタイプである（WP, p.19）。

　このように仲間たちが卵を見つけたのは、プーさんが黄色い花の下に黄色い卵を見つけ（WP, p.8）、黒っぽい実の下に紫色の卵を見つけ（WP, p.11）、草の茂みの中に緑色の卵を見つけ（WP, p.13）、桃色の野花の中に赤い卵を見つけ（WP, p.15）、草原で青色の卵を見つけるという優秀な「イースターエッグ発見者（Easter-egg finder）」だったからであり（WP, p.7）、「イースターエッグ隠しの名人（Easter-egg hider）」である兎さんは同系統色に寄せて卵を置くだろうとプーさんが推論できたからである（WP, p.7）。実にプーさんは「もし僕が兎さんだったら、イースターエッグを隠す所は……」と賢明な推論を展開している（WP, p.8）。この物語におけるプーさんとその仲間たちの性格は表のようにまとめることができるだろう（cf. 安達, 2002, p.21）。

　皆が兎さんの家に集まると各々が見つけた卵を見せ合ったが（WP, p.21）、プーさんの籠は空っぽであり（WP, p.22）、ピグレットさんがその籠に卵サイズの穴があることを教えてあげた（WP, p.23）。そこで、ピグレットさん、ルーさん、ティガーさん、イーヨーさん、カンガさんが各々自分の見つけた卵はプーさんが最初に見つけたものだと気付いてプーさんの手に返した（WP, pp.24ff.）。兎さんがプーさんの卵を数えると五つで、プーさんの優勝を宣言するが、プーさんはこれらを皆と分け合うことにした（WP, p.28f.）。こうして、兎さんはプーさんのために特別のご褒美の蜂蜜も家から取って来て、皆で素晴らしいイースターを祝った（WP, pp.30ff.）。

＊プーさんとその仲間たち

名前	動物	性格
ティガー	虎	駄洒落のセンスと独立心がある。
ピグレット	子豚	丁寧で注意深い。
ルー	カンガルー	まだ体力はないが運が強い。
イーヨー	驢馬	面倒くさがりやである。
カンガ	カンガルー	結果よりも過程自体を楽しめる。
プー	熊	賢明なイースターエッグ発見者である。
ラビット	兎	イースターエッグ隠しの名人である。

　この素晴らしい祝宴をティガーさんは持ち前のユーモアのセンスで、再び「これまでで最もエグセレント（egg-cellent）なイースターだ。卵探しはエグスペシャリー（egg-specially）にね」と宣言している（WP, p.32）。ティガーさんは卵を拾う時も、「僕は飛び掛かって、飛び跳ねて、三度襲い掛かった（I pounced, bounced, and triple-trounced）」と韻を踏む表現で言葉遊びをしているが（WP, p.21）、仲間の雰囲気を盛り上げる重要な役割を果たしている。ここに、本来は肉食動物である虎や肉食または雑食動物の熊とその他の草食動物が共に違和感なく食卓に着く祝宴が見られる（WP, p.32）。ある意味でこれは終末的な天国的風景であるとも言えるだろう（cf. 本書第二章第三節）。ティガーさんの言葉遊びに倣って言い換えるなら、イスラエルの民はかつてエジプトで「絶食（fast）」に近い経験をしたが、プーさんたちは天の「祝宴（feast）」に近い経験をしているのである。

＊イスラエルの民とプーさんたち

	経験	象徴的意味
イスラエルの民	絶食（fast）	この世の弱者への同情
プーさんたち	祝宴（feast）	天国の祝福の先取り

第三節　「放蕩息子」の話 – 『ファインディング・ニモ』

　「放蕩息子」の譬え話は（ルカ 15:11-32）、恐らくイエスの説いた教えの中で最も有名なものの一つである。ある人の二人の息子のうち、弟は早々と父の財産の中から自分の分をもらって遠方へ出て行き、放蕩生活をしてそれを使い尽くした。こうして困窮生活に陥った彼はある人の下で豚の世話係となったが、ふと我に返り、天と父に対して罪を犯したことを詫びて父の下に戻って雇い人の一人にしてもらうことにした。しかし、父は帰って来て罪を告白した息子を大歓迎し、大盤振る舞いをした。これを知った兄は父に文句を言うが、弟は死んでいたのに生き返り、失われていたのに見つけられたから、弟と楽しみ喜んでいるのだと父は諭したのである。

　この放蕩息子の話と二〇〇三年公開の『ファインディング・ニモ（Finding Nemo）』の話との共通点は限定的であるが、それでもニモが早々と父親のもとから離れていったこと（FN, p.5）、中途で家に帰る気になったこと（FN, p.22）、歯科医の所で死んだ姿になったこと（FN, pp.24, 27）、トイレから下水道を通り抜けるという悲惨な経験をしたことなど（FN, pp.24, 28f.）、要所で確かに放蕩息子との類似点があると言えるだろう。この類似点を念頭に置きつつニモの行き先を追跡してみよう。

　「マーリン（Marlin）」と「ニモ（Nemo）」は、「グレートバリアリーフ（the Great Barrier Reef）」に住む「カクレクマノミ（clownfish）」の父子である（FN, p.3）。泳ぎが未熟なニモは初めて学校に行った日に、父の目の届かない崖の先に友達と泳いで行くつもりでいたことを父から咎められ

たにもかかわらず泳ぎだすと（FN, p.5）、ダイバーが網でニモを捕らえて
ボートに戻って去っていった（FN, p.6）。マーリンは船の行方を知ってい
るという青い「ナンヨウハギ（tang fish）」の「ドリー（Dory）」の後を付
いていくが、短期記憶喪失のドリーは頼りにならず（FN, pp.8f.）、出会っ
たサメがマーリンとドリーを沈没船の中で催されるパーティーに導いた
（FN, p.10）。しかし、マーリンは上方にダイバーの落としていった水中眼
鏡を見つけ、ドリーと共にそれを手掛かりにニモを探しに行った（FN,
p.10）。その頃、ニモは何マイルも離れた歯科医の水槽に熱帯魚たちと共
に暮らしており（FN, p.13）、水槽の仲間たちはニモが歯科医の姪の「ダ
ーラ（Darla）」に渡されることを心配して（FN, p.14）、リーダーの「ギル
（Gill）」が中心となってニモを水槽から逃がす方法を相談していた（FN,
p.15）。

＊放蕩息子とニモの類似点

	家出	反省	限界状況	帰宅
放蕩息子	父の存命中に財産をもらい旅立つ。	我に返って罪を認識して父のもとに帰る気になる。	困窮して豚の世話係になる。父はこの時の息子を「死んでいた」と表現する（ルカ 15:32）。	父に大歓迎される。
ニモ	父に咎められても旅立つ。	父が自分を探していることを知って帰る気になる。	歯科医の所で「死んだ」振りをしてトイレから下水道へ脱出する。父はこの時の息子の「死んだ」姿を見る（FN, pp.26f.）。	父に大歓迎される。

概してクマノミ類は熱帯や温帯域に生息し、イソギンチャクに産み付け
られた卵は孵化すると海中を浮遊して十日程でどこかのイソギンチャクと
共生する（中村, 2004, pp.13, 23）。誕生するクマノミはすべて未成熟な雄

であるが、後に一つのイソギンチャクに共生するクマノミの中で最大のもの一匹が性転換して雌となり、次に大きなクマノミがその雌と繁殖活動を始め、この雄がいなくなった場合は次に大きな雄が繁殖雄となり、雌がいなくなると残りの雄の中で最大のものが性転換して雌となる（中村，2004, p.21, cf. 日本魚類学会編，2018.pp.290f.）。南九州養殖センターでは繁殖力の強いものとして、十日から十四日ごとに毎回約五百個の卵を産むクマノミの親魚がいるという（村上，2016, p.86）。

　「カクレクマノミ」はしばしば宿主のイソギンチャクの中に埋もれ隠れるように共生しているため「カクレクマノミ」と呼ばれ（中村，2004, p.15）、クマノミ類の中でも小さく臆病でおとなしく、ほとんどイソギンチャクに寄り添っている（中村，2004, pp.18f.）。したがって、マーリンとニモという父子のカクレクマノミが同類の仲間のいるイソギンチャクから離れて二匹でいるという状況は、かつて父はイソギンチャクに共生していたカクレクマノミの中で二番目に大きく、父子共にもはや隠れずに独立心と勇気を示していると言えるだろう。クマノミとイソギンチャクの主な共生関係は表のとおりである（中村，2004, p.73, cf. 中村，2004, pp.13, 79, 101; 日本魚類学会編，2018.pp.298f.）。

＊クマノミとイソギンチャクの共生

クマノミの利点	イソギンチャクの利点
クマノミはイソギンチャクの有毒触手によって敵から守られる。但し、クマノミはその毒の棘を抑制する物質を体表粘液に持つ。	クマノミの「ワッギング（wagging）」という上下に体を揺する泳ぎ方はイソギンチャクに新鮮な有酸素海水をもたらし、掃除にもなる。
イソギンチャクはクマノミに付く寄生虫を殺してくれる。	縄張り意識の高いクマノミはイソギンチャクの触手を食べる他の魚を寄せ付けない。
イソギンチャクはクマノミの産卵場所にもなる。	クマノミの排泄物がイソギンチャク内のエネルギー源である褐虫藻の肥料になる。

「マーリン（Marlin）」という名前には魚類用語としての「メカジキ（marlin）」と海事用語としての「（撚りの甘い）より二本の細綱（marlin ＝ marline）」という意味があるが（竹林，2002, p.1516）、「カクレクマノミ（clownfish）」は明らかに長い剣状の吻を持つ大型のメカジキとは異なるので、「（撚りの甘い）より二本の細綱（marlin ＝ marline）」との関係で推察すると、確かに父マーリンは息子ニモと父子二人という意味で「二本」であり、ニモの家出が示唆しているように（FN, p.5）、この時点で二人の関係は比較的切れ易い「細綱」でしか結ばれていなかったと言えるだろう。聖書には「三つ撚りの糸は切れにくい」という表現があるが（コヘ4:12）、二つ撚りの糸は三つ撚りの糸よりも切れ易い。マーリンの息子の名前「ニモ（Nemo）」はラジオやテレビで「（スタジオ外の）実況放送（nemo）」という意味の「遠隔地の（remote）」という表現に由来するものか（竹林，2002, p.1657）、「誰も……ない、誰でもない（L.nemo）」という意味か、または双方の可能性もある。つまり、ニモという名前は父親の意に反して「遠隔地」に向かい、いつでもどこにでもいる無名の人の代表として誰もが経験する父親の愛情の桎梏から逃避することを意味しているのかもしれない。父親の監視下で静かな生活をしていたニモは「冒険（adventure）に憧れていた」のであり（FN, p.3）、その気持ちに拍車を掛けたのが小学校の友達である。

この二人が住み処としている「グレートバリアリーフ（the Great Barrier Reef）」はオーストラリア北東岸沖の世界最大二千キロに渡る珊瑚礁である（竹林，2002, p.1072）。他に登場するキャラクターの名前にも種々の意味がある。確かに、「平底の小船（dory）」を意味する「ドリー（Dory）」という名前を持つ「ナンヨウハギ（tang fish）」は平べったい形をしており（FN, p.9, cf. 竹林，2002, p.727）、キンギョハナダイやフレームエンゼルフィッシュなどと共にクマノミと混泳水槽の中でも相性の良い魚として知られ（村上，2004.p.41）、歯科医の水槽にいる熱帯魚たちのリーダーの「ギル（Gill）」は「あごの下の肉（gill）」が豊かである（FN, p.14, cf. 竹林，2002, p.1030）。この歯科医の姪の「ダーラ（Darla）」は「愛しい

（darling）」に由来する「ダーリン（Darlene）」という名前の略称であるが
（高橋，2012, pp.590f.）、彼女の飼う魚は長生きしないことを考慮すると
（FN, p.14）、この名前は皮肉に満ちた反語的用法とも言える。

　暗い海溝でドリーはマーリンの支えるアンコウの明かりの下であの水中
眼鏡のストラップに記されている住所氏名を読み取り（FN, p.16）、二人
はシドニーに向かうが、クラゲたちに取り囲まれて刺されると意識が遠の
き（FN, p.18）、気が付くとマーリンはウミガメ「クラッシュ（Crush）」の
甲羅の上に、ドリーは別のウミガメの上にいた（FN, p.21）。マーリンが行
方不明のニモのことをクラッシュとその息子「スクワート（Squirt）」に話
すと、ロブスターへ、イルカへと話が伝わり、シドニーにいたペリカン
の「ナイジェル（Nigel）」の耳にも入った（FN, p.21）。あの歯科医の水槽
の魚たちの友達であったこのナイジェルからニモは、父マーリンが自分を
懸命に探していることを知らされ、自分も勇気を出して家に帰る気になっ
た（FN, p.22）。ニモは水槽の水交換の際に自分たちがビニール袋にでも
入れられたら、そのまま窓から港へと転がって逃げ出すというギル考案の
脱出計画を実行するために（FN, p.15）、水槽の濾過システムであるフィ
ルターに小石を詰まらせたが、翌朝にはフィルターが交換されていて失敗
に終わった（FN, p.24）。その後、ニモは歯科医が水槽に入れたビニール
袋に移されると、トイレに流されて脱出するために腹を上にして死んだふ
りをした（FN, p.24）。そこへ嘴の中にマーリンとドリーを入れたナイジ
ェルが現れるが、歯科医に追い出された（FN, p.26）。こうしてマーリン
とドリーはナイジェルによって港に戻されるが、歯科医の所で死んだ姿の
ニモを見たマーリンは家に帰ることにした（FN, p.29）。ところがその後
ドリーは幸運にも、下水道に流されてパイプから出て来たニモと出会った
（FN, p.29）。ニモとドリーがマーリンを探しに行って近くの漁場で見つけ
たその時、ドリーが他の大勢の魚と共に大きな網に捕らえられてしまうが、
小さなニモは網の目から中に入って皆で協力して網を破り自由になった
（FN, p.30）。数週間後、ニモは帰宅し再び登校する準備ができ、マーリン
も息子をもう一つの冒険へと送り出す準備ができていた（FN, p.32）。

　マーリンが漂着したウミガメの名前「クラッシュ（Crush）」に「仲間（crush）」という意味があるように（竹林，2002，p.394）、クラッシュは突然現れたマーリンに「やあ！（Dude!）」と愛想良く挨拶し（高橋，2012，p.717）、「ちび（squirt）」という意味の名前の息子「スクワート（Squirt）」も紹介しているようである（高橋，2012，p.2278）。この海の仲間たちは結束が強く、ニモ探しの話はクラッシュから、スクワート、ロブスター、イルカへと伝わり、最終的にペリカン「ナイジェル（Nigel）」の耳にも入った（FN, p.21）。「ナイジェル（Nigel）」とは「ナジル人」という意味である（cf. 本書第五章第一節）。ナイジェルの話を聞いて家に戻ろうと決心したニモは脱出計画失敗の後に、逆に歯科医が水槽に入れた網に捕らえられると、その網に自ら入ったギルのリードで共に「下向きに泳いで（Swim down!）」網を破ろうとするがうまく行かず、ニモはビニール袋に移された（FN, p.24）。この時の「下向きに泳いで（Swim down!）」という脱出方法は後に漁場でドリーが他の魚と共に大きな網に捕らえられた時に、その網に自ら入ったニモのリードで共に「下向きに泳いで（Swim down!）」網を破ったことで功を奏した（FN, p.30）。これは、ある物や出来事と類似のものが後に登場して物語の展開を促進させて内容を深化させる反復強調法とも言うべきレトリックである（本書第二章第三節）。

＊『ファインディング・ニモ』の反復強調法1

	網を破る試行	結果
ニモの脱出	ギルのリードでニモと下向きに泳ぐ。	失敗
ドリーらの脱出	ニモのリードでドリーと大勢の魚で下向きに泳ぐ。	成功

　また、ドリーが下水道に流されてパイプから出て来たニモの顔を自分の胸鰭で抱きかかえたように（FN, pp.28f.）、マーリンも最終的に家に戻ったニモの顔を自分の胸鰭で抱きかかえた（FN, p.32）。このことはイエスの説いた「放蕩息子」の譬え話を再び想起させる（ルカ 15:11-32）。放蕩

息子が踵を返して家に近づいた時、「彼がまだ遠く離れていたのに、彼の父は彼を見ると心から同情し、走って来て彼の首を抱き、彼に熱い口づけをした」からである（ルカ 15:20）。放蕩息子の「首を抱き」締める父親の姿は、ニモの顔を胸鰭で抱きかかえて撫でるマーリンの姿と正確に重なる。実に、『ファインディング・ニモ』は要所において、また冒頭と終結において「放蕩息子」の話にほかならないと言えるだろう。

* 『ファインディング・ニモ』の反復強調法 2

歓迎する主体	歓迎する方法
ドリー	ニモを胸鰭で抱きかかえる。
マーリン	ニモを胸鰭で抱きかかえて撫でる。
放蕩息子の父親	放蕩息子の首を抱き、熱い口付けをする。

結章 「影の聖書」としてのディズニー変形譚

　結章ではディズニー変形譚の特質を世俗、福音、信仰という三点から再検討し、この変形譚が「影の聖書」として機能していることを検証する。世俗、福音、信仰という三つの視点は、ディズニー変形譚が一般の人々に向けて世俗的な要素から構成され、人々に夢や希望を与える良い知らせとして福音であり、この福音が多くの人々に受け入れられている点で言えば信仰対象にもなっていることに基づいている。

第一節　世俗的ディズニー変形譚

　ラテン語の「一世代、時代（saeculum）」に由来する「世俗（secular）」とは、時間的にも空間的にもこの世に関する事柄であり（Glare, 1982, p.1676, cf. 竹林，2002, p.2223）、その対義語はラテン語の「聖なる物、聖なる所、聖なる性質（sacrum）」に由来する「神聖（sacred）」である（Glare, 1982, p.1676, cf. 竹林，2002, p.2164）。概して「世俗」がこの世やこの世に属するものを指すのに対して、「神聖」はあの世やあの世に属するものを指す（宮平，2019, a, pp.161f.）。しかし、これらの領域には通有性があり、元々は神聖な領域に属するものが世俗化した例もあれば（宮平，2019, a, pp.162ff., 229, cf. ヨハ 1:14）、逆に世俗の領域に属するものが神聖化した例もある（宮平，2019, a, pp.190f., cf. ペト二 1:4）。

＊神聖な領域に属するものが世俗化された例

神聖な領域に属するもの	世俗化されたもの
「神があなたと共にいますように（God be with ye）」、「神があなたを買い取りますように（God buy you）」という祈り	「さようなら（Good-bye）」という挨拶
教会を建てる時に祭壇を聖地エルサレムや日の出の方向である「東に向けること（orientation）」	学生や生徒を新しい研究・学習環境に適応させる「オリエンテーション（orientation）」
神がイエスを通して聖霊の息吹により罪人を信仰者にする「再創造（re-creation）」	保養などを意味する「レクリエーション（recreation）」
教会関係者や信徒が修養施設や教会、修道院などで一定期間祈祷、瞑想、学習する「リトリート（retreat）」	修養会などを意味する「リトリート（retreat）」
修道院の「食堂（refectory）」	一般の「食堂（refectory）」
「神の恩寵を回復する（restore）」こと	人の元気を回復させる「レストラン（restaurant）」
十三世紀頃のパリ・ノートルダム楽派の三位一体論に基づく神聖な三拍子	ワルツなどの三拍子
イエスがエルサレムを離れて伝道した僻地「ガリラヤ（Galilee）」地方	画廊や天井桟敷やその見物人を意味する「ギャラリー（gallery）」
種々の宗教行事の執り行われる「神聖な日（holy day）」	祭日、祝日、休日としての「ホリデー（holiday）」

　概して世俗化の過程において天国から城、遊園地、公園、庭園、動物園、植物園へ、救い主から英雄へ、奇跡から魔法や手品へ、聖霊や天使から妖精へ、体の癒しから心の癒しへ、預言から予言や占いへ、信仰から夢や希望へという変形を経るが（cf. 宮平, 2019, a, p.229）、神聖化の過程においては例えば、行楽地としてのディズニーランドが巡礼地としてのディズニーランドに、映画やドラマの撮影地がファンの巡礼地に、神社仏閣に至る通常の商店街がお祭りの夜になると屋台が立ち並ぶ非日常世界に、都会の

目抜き通りが休日には歩行者天国に変形される（宮平，2019, a, pp.190f.）。

　このように本来の神聖なものと現在の世俗のものは様々な形で相互に深く通有しており、このことは聖書と寓話の関係についても妥当する。例えば、十六世紀の宗教改革者ルターは「キリスト者の自由について」の中で、信仰義認を確信的に解説する際にイソップ寓話に言及して自説を補強していることで知られている。

　　「キリスト者は、王としてすべてのものを支配し、祭司として神を動かす。なぜなら、神は、キリスト者が願い、望むことをしてくださるからである。詩編 [一四五編一九] に『主を畏れる人々の望みをかなえ、叫びを聞いてくださる』と書かれているとおりである。キリスト者はただ信仰のみによってこの誉れに至るのであって、どんな行いによるのでもない。このことからして、キリスト者がすべてのものからどれほど自由であり、すべてのものをどれほど越えているか、したがって、義とされ救われるためにいかなるよい行いも必要とせず、信仰がキリスト者にすべてのものを溢れるほどにもたらすということがはっきりわかるのである。愚かにも、よい行いによって義となり、自由となり、救われ、キリスト者となろうと考えるならば、すべてのものといっしょに信仰をも失ってしまうであろう。ちょうど一切れの肉を口にくわえながら、水の中の影に飛び掛かって、肉も影も失ってしまった（イソップ寓話の）犬と同じことになる」（ルター，1520,p.281）。

　『イソップ寓話集』は、空腹のキツネが手の届かない葡萄に対して「まだ熟れていない」はずだと負け惜しみを漏らしたことを窘める「一五　狐と葡萄」（イソップ，c.3C.B.C., p.33）、葡萄畑に宝を隠したという父の遺言に基づいて息子たちが耕作地を隅々まで掘り返すと、宝は見つからなかったものの葡萄が何倍もの実を付けたことを伝える「四二　農夫と息子たち」（イソップ，c.3C.B.C., p.53）、人の服を脱がせる力は強引な北風よりも徐々に温めて脱がせる太陽の方が効果的であることを説く「四六　北風

と太陽」（イソップ，c.3C.B.C., pp.55f.）、金の卵を生む鵞鳥をもらった敬虔な男が強欲にも鵞鳥を解体してすべてを反故にしてしまったことを戒める「八七　金の卵を生む鵞鳥」（イソップ，c.3C.B.C., pp.83f.）、亀との競争で慢心していた兎が寝込んで負けた「二二六　亀と兎」などで有名であるが（イソップ，c.3C.B.C., p.174）、ルターが引用したこの「一三三　肉を運ぶ犬」という寓話も同様にして印象的である（イソップ，c.3C.B.C., pp.114f., cf. ウター，2011, p.29）。

　聖書を原語からドイツ語に翻訳して数々の注解書も著したルターが『イソップ寓話集』から引用しているということは、一方で聖書を神聖なもの、他方で寓話や童話を世俗のものとして単純に峻別できないことを示唆している。例えば、『イソップ寓話集』の葡萄畑の「農夫と息子たち」という意味深長な寓話は、語源的にも内容的にも「田（た）から」出て来るから「宝（たから）」とも考えられている日本の世俗的文脈とストーリー通有性があり（前田，2005, p.704）、この寓話とシーン通有性のある「葡萄園の労働者」（マタ20:1-16）、葡萄園を舞台にした「二人の息子」（マタ21:28-32）、「葡萄園の農夫」という譬え話を含むイエスの数々の譬え話も（マタ21:33-46）、多くはこの世の生業から取材されており、聖書の数々の話もこの世の地平でしばしば解釈される。イエスの譬え話は神聖化の過程であり、それに対する解釈は世俗化の過程である。ここで世俗化とは決して否定的な出来事ではなく、神学的にはこの世に対する神の受容段階であり、第一に、神が創造した天地万物の世界を受け入れて人々に任せる受世、第二に、神が人間の言葉になって律法として民に授ける受言、第三に、神が人間の肉体になって救い主として人々に捧げる受肉の過程に倣うものであり（宮平，2019, a, pp.229f.）、特に聖書の解釈は聖書が神の霊感によるものであるとするなら解釈者における受霊の出来事と言える（テモ二 3:16, ペト二 1:20-21）。

　解釈におけるこのような世俗化の一例として、神が創造したにもかかわらず堕落したこの世の人々を生き物と共に洪水で一掃するために、神と共に歩むノアとその近親者と番いの動物各種などが箱舟に入った後に神であ

る「主は、ノアの後ろで戸を閉ざされた」と聖書には記されているものの（創世 7:16, cf. 創世 6:1-7:15）、聖書の簡略版である聖書物語の中には「主」である「神」ではなく「ノア」が箱舟の戸を閉ざしたと記しているものがある点を指摘することができる。旧約聖書を含む日本語の『聖書物語』と英語の『聖書物語（Bible Story）』合計八十五冊を検討し（本書文献表）、これに関して明白な記述があるものに限定すると、そのうち十八冊の聖書物語は確かに聖書の記述どおりに神が箱舟の戸を閉ざしたと記している（ヴァン・デア・ラント, 1979, p.19; ヴォス, 1983, p.62; 内田, 2012, p.16; 田中, 2013, p.28; テリエン, 1964, p.25; ドッド, 2010, p.9; トロエ, 2015, p.20; 中村, 1925, p.10; 樋口, 2001, p.8; 古川, 2016, p.37;Batterson with Nellist, 2019, p.30;Egermeier, 1923, p.32;Foster, 1884, p.20;Hall & Wood, 1906, p.29;Hudson and Campbell, 2019, p.23;Russell, 2014, p.63;Schmitt, 2019, p.34;Vallely, 1941, p.17）。

　主語が神でもノアでもないものとして、「ドアが……しまった」（デ・ラ・メア, 1929, p.52）、「ひとりでに」閉まったというものや（長岡, 2007, p.22）、漫画で「ギィ」、「バタン」という表現のみのものもある（手塚, 1999, p.86）。「箱船の戸は閉ざされた（the door of the ark was shut）」（Hurlbut, 1904, p.44）、「戸は閉ざされた（the door was shut）」（Stewart, 1909, p.28, cf.Jones, 2015, p.10;Blyton, 2016, p.20）、「扉がしっかり閉じられて」というものは（犬養, 1977, p.108）、父なる神によってそうされることを示唆している神的受動態と解釈することもできる。この神的受動態は父なる神、主の名前をみだりに唱えることを禁じる十戒の一つに基づいて聖書で頻用されているものである（出エ 20:7, 申命 5:11）。

　そして、実に十二冊の聖書物語が聖書の記述に反してノアが箱舟の戸を閉ざしたと改変している（香山, 2016, pp.33ff.; ジェームズ, 2018, p.21; ディキンスン, 1980, p.29; 並木, 2011, p.39; バック, 1971, p.25; バン・ルーン, 1923, p.22; ヘイスティングス, 1994, p.25; 三浦, 2008, p.20; ヤーニッシュ, 2016, p.25; 山室, 1985, p.26; 脇田, 2002, p.23;Boone, 1984, p.23）。ここに一九三八年のノーベル文学賞受賞者パール・バックや二十世紀日本の

代表的プロテスタント・キリスト教作家の三浦綾子と共に仕事をした三浦光世が入っていることは注目に値する。

このような変形が単なる誤読や誤解でないとするならば、これは解釈の地平をこの世に位置付けた世俗的解釈に基づく描写であると考えることができる。ノアはモーセらと同様に模範的な信仰者と見なされているから（ヘブ 11:7, cf. ヘブ 11:8-28）、紀元前十三世紀頃モーセがイスラエルの民にエジプトで圧政を敷くファラオに対して「神の代わり」として立てられていたのなら（出エ 7:1, cf. 出エ 4:16）、その遥か昔に神と共に歩んで神に従っていたノアも堕落した世の中で神の代わりとして立てられていたとも言えるだろう（創世 6:1-13）。もしそう言えるのなら、神が箱舟の戸を閉めたということと神の代わりのノアが箱舟の戸を閉めたということの内実はさほど変わらない。ここで前者は神中心のヘブライズムの典型的な表現であり、後者は人中心の世俗的な表現であると言える。

＊ノアの箱舟の戸を閉めたのは誰か（創世 7:16)

閉めた主体	意図される内容
主である神	神の主権性を強調する聖書の表記と同じ聖書物語の表記。
自然	神を自然の支配者であるとする理解、または出来事の行為者を神であると示唆する神的受動態。
ノア	神に従うノアが神の代理人として行ったことを強調する聖書物語の表記（創世 6:9)。

ディズニー変形譚はキャラクター通有性のある英雄や妖精、シーン通有性のある城や魔法といった世俗的要素を内包するが（本書序章第二節）、本来は神聖なものであるはずの聖書も十分に世俗的要素を受容し、聖書解釈においても世俗化の過程を免れえない。この意味で聖書は「俗書」でもあり、逆にディズニー変形譚は世俗譚でありつつも聖書譚に見られるように神聖なものに変形しうる神聖譚でもある（本書第五章）。この世俗的ディズニー変形譚を神聖化する要因の一つはその福音的内容である。

第二節　福音的ディズニー変形譚

　ギリシャ語で「福音（G.euaggelion）」とは文字どおり「良い（G.eu）」「知らせ（G.aggelia）」であるが（Liddell & Scott, 1996, pp.7, 704f.）、英語でこのギリシャ語由来の「福音（evangel）」と同義語であるものの弥増して瀬用される「福音（gospel）」は語源的には「良い（good）」「魔法、呪文（spell）」という含蓄に富む意味を持つ（竹林，2002, pp.840, 1058, 2367）。

　ディズニーの作品におけるこの「魔法、呪文（spell）」という表現は、例えば養母の妖精がシンデレラにかけた「魔法（spell）」のように肯定的な文脈で使用される場合がある（CD, pp.16, 21）。しかし、白雪姫の死後にも女王の「魔法（spell）」が白雪姫の体に残ったこと（SW, p.28）、オーロラ姫は十六歳の誕生日の日没までに糸車の針に指を刺して死ぬという「魔法（spell）」をかけられたこと（SB, p.9, cf.SB, pp.6f.）、王子は「魔法（spell）」によって野獣に変えられたことなどの文脈に見られるように（BB, p.3, cf.BB, p.4）、否定的な意味でも使用されている（AD, p.6）。そして、白雪姫やオーロラ姫にかけられた魔法は王子の口付けで解かれ（SW, p.30;SB, p.31）、ベルの真の愛の力が「悪い魔法（evil spell）」を解いたことを考慮すると（BB, p.31）、このような真の愛こそ真の魔法であり、あらゆる魔法に勝る「良い魔法（good spell）」、つまり「良い知らせ、福音（gospel）」であると言えるだろう（本書第二章第二節）。この「真の愛（true love）」は殺されかけていたエルサを助けたアナの愛であり（FZ, pp.22, 31）、それによって凍りついたアナを溶かしたエルサの愛でもある（FZ, pp.28ff.）。ディズニー研究の泰斗である有馬は次のように適確に総覧している。

　　「ディズニー・クラシックスのなかでもっとも強力な魔法は、いうまでもなく人間の愛と夢の力だ。それは魔法使いや魔女の魔術はもとより、妖精や魔王の魔法や魔力ですら打ち破る。そして愛と夢は、魔法ですら

なし得ない奇跡を起し、幸福を生む。

　愛と夢はすべてに打ち勝つのだ。観客にそう信じさせることができるのがディズニー・アニメーションの本当の魔法だろう」（有馬，2003, pp.212f.）。

　さらに人々に夢や希望を与える福音は、白雪姫が仕え続けることで活路を見いだしたこと、シンデレラが絶望した時に妖精に助けられた後にも言わば魔法の片鱗であるガラスの靴の片方を確保していたために救われたこと、オーロラ姫が妖精や王子に見守られていたこと、野獣がその外見にもかかわらず優しさや誠実さを失わずに人間に戻れたこと、アリエルが父に身代わりになってもらっただけでなく最終的に人間にしてもらい得恋したこと、シンバの父は死んでもシンバ自身の中に生きていて息子にもその命が受け継がれること、アラジンのように恵まれない出自でもひた向きな情熱によって王子になれること、いつも一緒にいることを誓ったおもちゃたちは持ち主が変わっても一緒でいられること、子どもの叫び声よりも笑い声の方が強力であること、決して大人にならないピーター・パンは自分を信じる子どもたちを決して裏切らないこと、夢の世界はこの世の非常識を暴露して再考を促すこと、ラプンツェルのように魔法の髪の毛がなくても幸福は得られること、プーさんのような天然な性格は他者をも同様にして自然に幸福にすること、ニモは放蕩の後に帰宅して親の有難味を一層深く知れたことという出来事の中から抽出することができる。

　このような肯定的な福音の背景の一つとしての否定的な時代状況をオウィディウスによるギリシャ・ローマ神話の集成である『変身物語』（1世紀）に求めることができるだろう。この著作は天地開闢後に誕生した人間の歴史を黄金の時代、銀の時代、銅の時代、鉄の時代に区分し、当時の一世紀を鉄の時代としている（オウィディウス，下，1C., p.312）。オウィディウスによると、「黄金の時代（L.aurea aetas）」は信実と正義が維持されているために法律も刑罰もなく、「銅（L.aes）」板による公告に威嚇的要素もない平和な時代であり、人々は常春が続く地元の自然の産物

を食していた（オウィディウス，上，1C., pp.15f.）。ギリシャ神話の最高神ゼウスと同一視されるローマ神話のユピテルの支配と共に始まる「銀の（L.argentea）」時代は春が短縮されて一年が春夏秋冬になり、人々は初めて洞穴や茂みなどの家に住み穀物生産を営んだ（オウィディウス，上，1C., p.16）。「銅の（L.aenea）」時代は人々の気質は荒々しく残忍な武器を使うようになった（オウィディウス，上，1C., p.16）。最後が悪行や暴力や所有欲の蔓延する「鉄（L.ferrum）」の時代であり、日光や空気のように共通財であった土地が区画されて地中の富である鉄や「金（L.aurum）」が掘り出され、この富に基づいて戦争が引き起こされた（オウィディウス，上，1C., p.17）。ここで鉄は武器の原料であり、金は争奪の対象である。さらにオウィディウスは鉄の時代の特徴を次のように続けている。

「略奪が生活の手段となり、主人は客の、婿は舅の、安全を守らず、兄弟愛もまれなものでしかなかった。夫は妻の、妻は夫の、死を画策し、恐ろしい継母は、死を呼ぶ毒薬を調合する。息子も、早くから、父の寿命に探りをいれる。『敬虔（pietas）』は、打ち負かされて地に伏し、最後に残った神である処女神『正義（Astraea）』も、殺戮の血に濡れたこの地上を去った」（オウィディウス，上，1C., p.17）。

確かに、『白雪姫』において継母は魔法の薬を調合して飲むと変身し、自ら作った毒リンゴを白雪姫に与えて死の床に就かせたが（SW, pp.19, 25, 28）、白雪姫は王子の口付けによって目を覚まし（SW, p.30）、『アナと雪の女王』ではアナとエルサが剣力に基づく権力の横行する日々の中で命懸けの姉妹愛を完遂した（FZ, pp.30ff.）。

オウィディウスが『変身物語』を著した一世紀初頭と同時代に永遠に神の御子でありつつもマリアの胎を通して言わば人間に変身し（マタ 1:18-25, ヨハ 1:1-18）、十字架刑という運命の「杯」を飲んで処刑され（マタ 26:39）、罪人を死の床から起き上がらせ（ロマ 6:23, 8:2, 10, ペト一 2:24, 3:18）、そして兄弟姉妹となったキリスト者たちに対して相互に聖なる

口付けで親睦を保つことによって（ロマ 16:16, コリ一 16:20, コリ二 13:12, テサ一 5:26, ペト一 5:14)、兄弟姉妹愛を奨励したのはイエスである（テサ一 4:9, ヘブ 3:1, ペト一 1:22, 3:8, ペト二 1:7)。このイエスこそ父なる神の創造した人間と世界が堕落したことの責任を父なる神の身代わりとして十字架刑によって引き受け（マタ 27:15-26)、それが同時に瞬時にすべての罪人たちの身代わりとなって罪人たちの救いを確立した（ペト一 2:24)。この救いはイエスが十字架刑の後に復活したように、すべての罪人たちも死の後に復活するというものであり、イエスの十字架刑とすべての罪人たちに逢着するすべてのことの究極的な創造者として父なる神が命を与える聖霊と共に果たした究極的な責任である（ヨハ 6:63)。このように、イエス一人の「訃音」によってすべての人々のための「福音」が準備されたのである。この福音譚は永遠の神の御子が肉体を纏ってイエスという人間になった点でキャラクター変形譚であり、マタイによる福音書、マルコによる福音書、ルカによる福音書、ヨハネによる福音書という四つの福音譚は福音というストーリー通有度が高く、部分的なシーンの相違がある点ではストーリー変形譚であるとも言えるだろう。

　ディズニーの作品の福音はキリスト教のこの福音との比較において新境地を開拓する可能性がある。概してキリスト教は例えば聖書の「捕らえられて朽ちるために生み出された理性のない生き物」という表現にあるように（ペト二 2:12)、動物の救いという事柄に関して否定的であるが、ディズニーの作品では『美女と野獣』の野獣、『ライオン・キング』や『くまのプーさん～イースター・エッグ・ハント』の動物たちだけでなく、『ファインディング・ニモ』の魚たちにも見られるように、人間以外の生き物の幸福な結末も描いているという単純な事実は、生き物全般の救いの可能性も示唆しているように思われる。確かに、生き物は擬人化されて描写されており、聖書は律法を知っているか、律法に代わる良心を持っている人に対しては罪の責任を問えるが（ロマ 2:12-15, 3:20, 5:13)、本来的には律法も良心も持たない生き物に罪を帰することはできないだろう。また、人が生き物の着ぐるみや帽子や生き物の絵入りの服を身に纏うことは、人を

救うために神の御子が肉体を纏ったこととの関連でその意義を考察することができる。人への愛に基づいて人を救うために神の御子が人と同じ肉体を身に付けたのであれば（ヨハ 1:14, 3:16）、人が生き物に関するものを身に付けることの目的も生き物への愛と生き物の救いと言えるだろう。人は宗教を持ちつつこの世とあの世で救いを得ることができるが、宗教を持たない生き物の救いは少なくともこの世では概して人間の手に委ねられている限りこの意義は甚大である。同様にして、人間が人間以外のものに対して取るべき態度は、おもちゃたちの活躍する『トイ・ストーリー3』や城の中で踊る調度品や食器類を描く『美女と野獣』を通して考察することもできるだろう。

第三節　信仰的ディズニー変形譚

英語の「信仰（faith）」はラテン語の「信仰（L.fides）」、「信頼する（L.fido）」に由来し（Glare, 1982, pp.697f.）、これらに相当するギリシャ語の「信仰（G.pistis）」は「説得する（G.peithô）」という表現と関係があり（Liddell & Scott, 1996, pp.1353f., 1408）、語源的には説得されて信じることであるが、聖書の文脈においては父なる神によってそうされることを示唆している神的受動態として、神に説得されて神や神の子イエスを信じることと解釈できる。これに対してディズニーの作品の特徴は、神以外のものに対する信仰を夢や希望という世俗化された形で説いている点にあると言えるだろう（本書結章第一節）。

例えば、白雪姫は愛する人に見いだされることを望み（SW, p.3, cf.SW, p.30）、その人が素敵な人であることを夢見るだけでなく（SW, p.3, cf.SW, p.24）、小人たちや動物たちとの信頼関係で結ばれ（SW, pp.16f., 23）、シンデレラは夢を信じ続ける中で養母の妖精と出会って夢を実現させ（CD, pp.3, 11, 32）、オーロラ姫の両親は姫の帰りを約束する妖精たちの言葉を信じ（SB, p.11）、アリエルは人間の生活に憧れたのに対して（LM, pp.7, 15, 20ff., 31f.）、エリック王子は声を失ったアリエルを信じ続け（LM, pp.20ff.)、ベルは誠実な野獣を信頼し（BB, pp.21f., 26f.）、野獣は人質であったはずのベルを父に会わせるために解放し（LM, p.28）、ムファサやシンバは歴代の王たちが星となって自分たちを見守っていることや命が自分の体を通して受け継がれていくことを信じ（LK, pp.14f., 26f., 32）、アナはエルサの無事と帰還を信じて探索に出向き（FZ, pp.10f., 15ff.）、恵まれない境遇にあったアラジンはいつかは状況が好転すると信じて宮殿暮らしを夢見続け（AD, p.3）、おもちゃたちは何事が起こっても自分たちはずっと一緒だと信じ（TS, pp.3, 31f.）、ブーはモンスターのサリーたちに対して全幅の信頼を寄せ（MI, pp.8, 10f., 13f., 16, 18, 21, 24f., 27f., 30f.）、ウェンディたちはある意味でピーター・パンを裏切ってネバーランドを離れようとして海賊たちに拘束された時でさえ、ピーター・パンなら自分たちを助けてくれると信じ（PP, pp.22f., 25, 29）、アリスは文字どおり夢を見続け（AW, pp.2, 30）、ラプンツェルは毎年自分の誕生日に空にたゆたうランタンや建物の壁にはめ込まれた王と王妃とその王女の肖像画を見て自分の本当の家族がどこかにいることを信じ（TG, pp.8f., 25, 32）、ピグレットさん、ルーさん、ティガーさん、イーヨーさん、カンガさんが各々自分の見つけた卵はプーさんが最初に見つけたものだと気付いてプーさんの手に返すことでプーさんへの信頼を表現し（WP, pp.24ff.）、マーリンはニモの安全と帰還を信じてニモを探しに出掛けた（FN, pp.6ff., 16ff., 26, 31f.）。

　ディズニーの作品に対する高い評価はこのような世俗化された信仰譚と深く関係しているように思われる。つまり、人々がディズニーの作品を受け入れているのは作品中の一定のキャラクターたちがお互いに相手を受け入れていることに根差している側面があるのではないだろうか。受け入れるということはある意味で世俗化された信仰の一形態であるから、作品内のこのような信仰が鑑賞者たちの信仰を喚起し、この人々が他者との信仰を生み出したり深めたりすることもあるかもしれない。作品内の信仰を鑑賞者が倣って日々の生活の中でこれを実践するなら、ここに信仰の拡大が生起しており、聖書内の人物の信仰を読者が倣って日々の生活の中でこれを実践し、そこに信仰の拡大が生起していた歴史と類比的な現象が見られ

る。すると、世俗化された福音を説くディズニーの作品は聖書の代替機能を果たしていることになる。ディズニーランドが「影の宗教」としての役割を果たしているとするなら（宮平，2019, a, p.223）、ディズニー変形譚は次のような点で「影の聖書」としての役割を果たしていると言えるだろう。

　第一に、ディズニー変形譚は「影の聖書（shadow Bible）」として、世界各地域で既存の聖書の次の著作になるほどの世俗的影響力を維持している。イギリスの政治用語で「影の内閣（shadow cabinet）」や「影の大臣（shadow minister）」という表現が、政権獲得時を予期した野党の在野内閣とその閣僚を指すように（竹林，2002, p.2257）、「影（shadow）」という用語は他の存在の背後での準備状態を指している（宮平，2019, a, p.223）。確かに、映画に代表される娯楽の分野でディズニー変形譚は与党的存在であるが、例えば宗教史的には依然としてユダヤ・キリスト教の聖典である聖書の存在感が甚大である。しかし、かつて聖書物語が家庭で読み継がれてきたように、今やディズニー変形譚が家庭で読み継がれつつある（本書序章第一節）。例えば、ディズニーの作品はその原作も含めれば、書店の子ども向けのコーナーだけでなく文学のコーナーにも溢れており、『朝日新聞2017年（平成29年）9月23日（土）』t4頁の「全面広告」、『朝日新聞2019年（令和元年）11月23日（土）』12頁の「全面広告」の「ディズニー・マジカル・ストーリーズ」に見られるように、日々の読み聞かせになるディズニー変形譚は通信販売によっても遍満している。

　第二に、ディズニー変形譚は、「影」と「光」が関係概念としてお互いを前提としているように、光と影に象徴される一体化された二面性を内包しており、影は光があって初めて物の反対側に作られ、影は物の反対側に光の存在を示している（宮平，2019, a, p.224）。リュティはこのことをメルヒェンに関してコントラストという視点から次のように述べている。

　　「コントラストがなければ、メルヒェンはその本質的特徴を失ってしまうだろう。それはメルヒェンの、極端な造形を好む形態意志の表出であ

る。そして、メルヒェンのなかの他の多くのものと同様に、極端を求める意志の、力強い様式化を求める意志の成果として、いわば、ひとりでに生じるのである」（リュティ，1975,p.204）。

　光と影のコントラストの具体例として、白雪姫と継母である女王（SW, pp.5, 18ff., 24f., cf. 有馬，2010, p.7）、シンデレラと継母や義理の姉たち（CD, pp.5, 8f., 18, 22ff., 28ff.）、オーロラ姫とマレフィセント（SB, pp.6f., 26, 28f.）、アリエルとアースラ（LM, p.9, 18f., 23f., 26, 28ff.）、ベルや父モーリスとガストン（BB, pp.5, 10, 14, 23, 29）、ムファサやシンバとスカー（LK, pp.5, 8f., 16ff., 29ff.）、アナやエルサとハンス（FZ, pp.6ff., 14, 25f., 29f.）、アラジンとジャファー（AD, pp.2, 6, 9, 13, 17, 26, 29f.）、おもちゃたちとロッツォ（TS, pp.15, 21f., 24）、サリーたちとランドールたち（MI, pp.5, 12f., 15ff., 21）、ピーター・パンとフック船長（PP, pp.10, 15ff., 20f., 25, 30）、アリスと女王（AW, pp.25ff.）、ラプンツェルとマザー・ゴーテル（TG, pp.3f., 8, 16, 22f., 30）、ニモやマーリンと人間を挙げることができる（FN, pp.7, 24ff., 30f.）。これらは概して主人公と悪役というキャラクター通有度の高い組み合わせであり、このような光と影の側面は殆どのディズニー変形譚に内包されており、物語の展開に貢献している。但し、ディズニー変形譚において悪役に相当する継母である女王（SW, p.27）、マレフィセント（SB, p.28）、アースラ（LM, p.30）、ガストン（BB, p.30）、スカー（LK, p.31）、ジャファー（AD, p.30）、フック船長が滅んだ後の描写はないが（PP, p.30）、聖書においてはいかなる悪人であってもその死後の救いの可能性が示唆されている（宮平，2000, pp.137ff.）。この点『トイ・ストーリー3』において、おもちゃたちがごみ処理場に運ばれて裁断機に吸い込まれそうになった断末魔に、ウッディとバズが悪役のロッツォを救い出してあげたシーンは極めて印象的である（TS, pp.24）。

　第三に、ディズニー変形譚はこうした二つの意味で影の部分を内包しつつ、「聖書」が伝承から正典、さらに聖書物語から映画という筋道を辿っていったのと同様に、概して伝承から原作、さらに童話から映画という筋

道を辿っていった点で言わば聖書の影を追う「影の聖書」と言えるだろう。旧約聖書の正典化は紀元前五世紀頃から始まり一世紀後半に開催されたヤムニア会議において正典の原型が整い（cf. 大島，2007, pp.71, 73, 77）、新約聖書の正典は最終的に四世紀のアタナシオスにおいて確定されており（cf. 大貫，2003, p.470）、聖書物語の後の代表的な聖書関連映画は『ベン・ハー』（1907年、1925年）や『十誡』（1923年）などを嚆矢とするため（cf. 栗林，2003, pp.78ff.; 栗林，2005, pp.122ff.; ラインハルツ，2013, pp.132ff., 162ff.）、確かに『白雪姫』（1937年）から開始されるディズニー映画は聖書関連映画の影を追っていると言えるだろう。

＊聖書とディズニー変形譚

二つの変形譚	変形の変遷
聖書という変形譚	伝承→正典→聖書物語→映画化
ディズニー変形譚	伝承→原作→変形童話→映画化

ディズニー英語

（各品詞への英単語の分類は便宜上のものである）

動詞

amble　ゆっくり歩く

barge into　押し入る

barrel into　突入する

beam　微笑みを投げかける

belt out　大声で歌う

blast it　ちくしょう

blurt　口に出す

bolt　急に走り出す

boogie　ブギウギを踊る

boohoo　わあわあ泣く

boom　どーんと鳴る

bop　バップで踊る

bound　飛ぶように進む

brandish　振り回す

budge　動かす

buzz　ぶんぶん飛ぶ

cackle　げらげら笑う

careen　傾きつつ進む

champ　ばりばり食べる

chirp　ちゅんちゅん鳴く

chomp ＝ champ

chortle　喜び笑う

chug　ぽっぽっと音がする

clamber　よじ登る

clatter　がたがた音がする

clench　歯を食いしばる

clink　ちりんと音がする

concoct　作り上げる

confound it　ちくしょう

coo　優しく囁く

crack　ひびが入る

crack up　大笑いさせる

creak　軋む音がする

crimp　襞を付ける

cringe　竦む

croak　があがあ鳴く

croon　甘い声を出す

crow　得意げに言う

crunch　ばりばり噛む

curtsy　慇懃にお辞儀する

dab　そっと抑える

debrief　報告を求める

dip　急降下する

drat　呪う

drone on　長々と話す

droop　項垂れる

dust out　脱出する

fall for　だまされる

fib　嘘をつく

flick　ぱっと叩く

flicker　ゆらゆらする

flinch　たじろぐ

fling　投げ付ける

flip　夢中になる

flit　飛び回る

flop　どすんと落ちる

flutter　ばたばた動く

foil　失敗させる

fret　いらつかせる

frolic　はしゃぐ

furl　巻き上げる

fuss over　ちやほやする

go (ka)blooey　駄目になる

graze　かする

grin　にやっと笑う

gripe　文句を言う

growl　うなる

grumble　不平を言う

grunt　ぶつぶつ言う

guffaw　馬鹿笑いする

gulp　息を飲む

gush　噴出する

hang one's head　項垂れる

hole up　冬眠する

holler　叫ぶ

hoot　野次る

huff　むっとして言う

hurtle　突進する

lag behind　後ろで遅れる

lap up　ぺろぺろなめる

limp　足を引き摺る

lope　跳躍する

lounge　横になる

lug　引き摺る

lumber　のそのそ歩く

lunge　突進する

lunge at　突く

lurch　よろめく

moan　うめく

mope　しょんぼりする

mosey　ぶらつく

mumble　ぶつぶつ言う

mutter　文句を言う

nudge　つつく

nuzzle　鼻をこすり付ける

pad　そっと歩く

peer　じっと見る

pelt　投げ付ける

perk up　元気になる

pick on　いじめる

pit　貯蔵する

plink　ポロンと弾く

plop　ちっぽんと落ちる

plunk　ばたんと置く

poke out　突き出る

pole-vault　棒高跳びをする

pout　すねる

prance　威張って歩く

pry　梃で動かす

puff　息を吐く

purse　口をすぼめる

rack　拷問にかける

rack up　得点を上げる

racket　大騒ぎをする

rant　わめく

rap　とんとん叩く

rasp　耳障りな音を出す

rig　据え付ける

romp　跳ね回る

rumble　ごろごろ鳴る

sag　たわむ

saunter　のんびり歩く

scamper　走り去る

scarf　がつがつ食べる

scoff　あざ笑う

scoot　急ぐ

scowl　嫌な顔をする

scram　立ち去る

scramble　慌てる

screech　甲高い声を出す

scrunch　ばりばり音を出す

scurry　大慌てで走る

seep　染み込む

shimmy　揺さ振り踊る

shoo　しいっと追い払う

shove　押し込む

shove over　脇へ寄る

sidle　横に歩く

skid　横滑りする

skim　すれすれに飛ぶ

skulk　こそこそ逃げる

slink　こそこそ歩く

slither　つるつる滑る

slump　どすんと落ちる

slurp　ずるずる飲む

smack　ぴしゃりと打つ

smirk　にやにや笑う

snap at　がみがみ言う

snarf　がつがつ食う

snarl　うなる

sneer　冷笑する

snicker　くすくす笑う

sniffle　鼻をすする

snivel　めそめそ泣く

snort　鼻を鳴らして言う

snuggle　心地よく横たわる

sop　びしょぬれになる

spew　噴出する

sprawl　手足を伸ばす

sputter　ぱちぱち音がする

squawk　があがあ鳴く

squeal　金切り声を出す

squirm　もがく

stammer　どもる

stand down　身を引く

stitch　縫う

stitch up　まとめる

stomp　足を踏み鳴らす

stoop　かがむ

stow　詰め込む

stroll　さまよう

strum　かき鳴らす

strut　気取って歩く

strut one's stuff　気取る

summersault　宙返りする

swat　ぴしゃりと打つ

swirl　渦巻く

swish　ひゅっと振る

swivel　向きを変える

swoop　飛びかかる

taunt　嘲笑する

teeter　ぐらぐらする

thrash　激しく打つ

thresh　脱穀する

thump　ごつんと打つ

thunk　どすんと鳴る

tinker　いじくり回す

tote　持ち運ぶ

trail　だらだらと話す

trail off　弱まる

trip　つまずく

trot　小走りをする

trudge　とぼとぼ歩く

trumpet at　吠える

tussle with　取り組む

twitch　ぐいと引っ張る

unfurl　広げる

waddle　よちよち歩く

waft　漂う

waggle　振る

warm the cockles of one's heart　心を和ませる

whimper　くんくん鳴く

whinny　静かに嘶く

whirl　向きを変える

whisk　さっと動かす

whiz　びゅっと音を出す

whoop　歓声を上げる

wriggle　もがく

yammer　べらべら喋る

yank　ぐいと引っ張る

yelp　きゃんと鳴く

yip　きゃんきゃん鳴く

yowl　長く吠える

zip　びゅっと飛ぶ

zoom　急行する

形容詞・副詞

afoot　計画中

bedraggled　びちょびちょ

blankly　呆然と

blustery　荒天の

bolt　まっすぐに

bonkers　狂った

brittle　脆い

cherry　処女の

chuffed　嬉しい

cluttered　散らかった

coarse　ざらざらした

crabby　不機嫌な

craggy　険しい

cranky　不機嫌な

crestfallen　失望した

dainty　気品のある

dapple　まだらの

dreary　つまらない

edgewise　斜めに

encrusted　鏤められた

feisty　元気な

fidgety　落ち着かない

floppy　だらりと垂れた

frosted　砂糖をまぶした

furry　毛で覆われた

galore　沢山の

gingerly　用心して

gleefully　喜んで

glum　むっつりした

gnarled　節くれだった

gooey　べたべた甘い

googly　目の飛び出た

grim　厳しい

groggily　ぐらぐらと

grouchy　すねた

grubby　ウジの湧いた

gruff　荒々しい

grumpy　不機嫌な

handy-dandy　使い易い

huffily　むっとして

hushed　声をひそめた

icky　べとべとした

in a doze　ぼうっとして

in the groove　快調で

jaunty　颯爽とした

level-headed　冷静な

mangy　汚い

matted　縺れた

measly　僅かな

murky　汚れた

pampered　甘やかされた

pesky　厄介な

pooped　へとへと

posthaste　大急ぎで

putrid　腐敗した

queasy　むかむかする

rad　素晴らしい

rickety　がたがたの

rumpled　皺々の

sassy　生意気な

scraggly　毛がぼさぼさの

scratchy　耳障りな

scrawny　痩せこけた

scruffy　みすぼらしい

shaggy　毛深い

shifty　策略好きの

shrill　甲高い

silvery　音がよく通る

skittish　馬が驚き易い

slyly　いたずらっぽく

smug　うぬぼれた

spiny　棘のある

squishy　ぐちょぐちょの

straggly　ばらばらに

sudsy　泡の

tattered　ぼろぼろの

tingly　ちくちくする

wiry　筋肉質で細身の

名詞

a tad　少し

abalone　あわび

antics　ばかげた行動

antler　鹿の角

awning　日よけ

bale　梱、俵

baloney　たわ言

banshee　訃報の妖精

barge　荷船

barnacle　ふじつぼ

bassinet　幌付き揺り篭

batch　一焼き分

bicker　口論

bidding　命令

blabber-mouth　お喋り屋

blister　水脹れ

blob　染み

bloodhound　警察犬

blowfish　ふぐ

blur　ぼんやりした景色

bog　沼

bow　船首

bramble　棘のある茂み

brook　小川

burlap　麻布

burrow　巣穴

cadet　見習い

candelabrum　枝付き燭台

cardboard　厚紙

catnap　うたた寝

cavern　洞窟

cinch　朝飯前

clang　がらんという音

claw　鉤爪

clearing　空き地

clump　茂み

compound　区域

conch　ほら貝

concoction　作りごと

confetti　紙吹雪

contraption　奇妙な機械

cove　入江

crack-up　衰弱

crate　木箱

creek　小川

crony　連中

crumpet　平たい丸いパン

crustacean　甲殻類

dab　少量

dingle　渓谷

discus　円盤

doily　小ナプキン

dolt　馬鹿

dude　奴

dwarf　小人

eaves　庇

fang　牙

fawn　子鹿

filly　雌の子馬

flurry　突風

fly swatter　蠅叩き

frond　シダの葉

froth　泡

gadget　装置

gaggle　ガチョウの群れ

gala　お祭り

galoot　変な奴

gig　ライブ

gill　鰓

gizmo　装置

glade　湿地

glare　睨みつけ

goner　死にかけの人

grotto　洞穴

groove　溝

grub　幼虫

guffaw　大笑い

gunwale　船べり

hamper　大型バスケット

harpoon　銛

harrumph　抗議の咳払い

hepcat　流行通

hermit crab　ヤドカリ

hideout　隠れ家

hindquarters　後半身

hiss and pop　たき火のしゅー、ぽんという音

hoedown　陽気な踊り

hogwash　馬鹿話

hooey　馬鹿話

hoof　蹄

hubbub　騒動

huddle　密談

hunk　厚切り

jalopy　ぽんこつ車

jolt　衝撃

kibble　乾燥ドッグフード

knickknacks　小間物

lair　ねぐら、隠れ家

laryngitis　喉頭炎

lasso　投げ縄

latch　掛け金

ledge　岩棚

lemur　キツネザル

makeover　イメチェン

menagerie　見世物の動物

millet　黍

mop　髪の束

mutt　野良犬

muzzle　口輪

outcrop　露出岩

pail　手桶

passel　多数

paw　動物の足

peal　大きな響き

peddler　行商人

pipsqueak　若造

plank　渡り板

plasma　血漿

platter　大皿

poppycock　馬鹿話

protoplasm　原形質

prow　船首

pucker　顰め面

pup　子犬

racket　大騒ぎ

riffraff　人のくず

rigging　索具

roly-poly　ずんぐりした人

roustabout　下働き

ruckus　大騒ぎ

run-in　口論

satchel　肩掛けカバン

scalawag　いたずらっ子

scallywag　いたずらっ子

scrape　窮地

scuffle　乱闘

shack　掘っ建て小屋

shard　破片

shingle　小石

shucks　ちぇっ

sickle　鎌

sidekick　相棒

sleight of hand　手品

slob　だらしのない人

slobber　涎

sludge　へどろ

smudge　汚点

spindle　糸車の針

spinning wheel　糸車

spool　糸巻

spout　注ぎ口

sprig　小枝

squirt　ガキ

stalactite　鍾乳石

stump　短い鉛筆

sturgeon　チョウザメ

suds　泡

suitor　求婚者

swipe　強打

talon　鉤爪

tang fish　ニザダイ

tentacle　触手

thicket　薮

thingumbob　何とかいう物、何とかさん

thistle　アザミ

thorax　胸部

thrush　つぐみ

tizzy　興奮

tonsil　扁桃腺

traitor　反逆者

trapdoor　はねあげ戸

trapeze　空中ぶらんこ

trident　三つ又鉾

troop　動物の一群

trove　収集品

truffle　トリュフ

tweak　捻ること

Tweedledum and Tweedledee　似たもの

varmint　厄介者

wand　魔法の杖

wheelbarrow　手押し車

whiff　微香

whirlpool　渦巻

年　表

c.620B.C. － c.564B.C.	イソップ Aesop
586B.C. － 538B.C.	バビロン捕囚 Babylonian Exile
427B.C. － 347B.C.	プラトン Plato
384B.C. － 322B.C.	アリストテレス Aristotle
43B.C. － 17	オウィディウス Publius Ovidius Naso
3 (-2) B.C. － 30	イエス Jesus [*]
5 (-10) － 65 (-68)	パウロ Paul [**]
37 － 68	ネロ Nero Claudius Caesar（ローマ皇帝在位，54 － 68）
121 － 180	マルクス・アウレーリウス Marcus Aurelius Antonius（ローマ皇帝在位，161 － 180）
c.296 － 373	アタナシオス Athanasius
1265 － 1321	ダンテ Dante Alighieri
1455 － 1485	バラ戦争 War of the Roses
1457 － 1509	ヘンリ七世 Henry VII（イギリス王在位，1485 － 1509）
1483 － 1546	ルター Martin Luther
1491 － 1547	ヘンリ八世 Henry VIII（イギリス王在位，1509 － 1547）
1516 － 1558	メアリ一世 Mary I（イギリス女王在位，1553 － 1558）
1527 － 1598	フェリペ二世 Felipe II（スペイン王在位，1556 － 1598）
1533 － 1603	エリザベス一世 Elizabeth I（イギリス女王在位，1558 － 1603）
1537 － 1553	エドワード六世 Edward VI（イギリス王在位，1547 － 1553）
1575 － 1632	バジーレ Giambattista Basile
1623 － 1662	パスカル Blaise Pascal
1628 － 1703	ペロー Charles Perrault
1662 － 1694	メアリ二世 Mary II（イギリス女王在位，1689 － 1694）

1665 — 1714	アン女王 Anne　　　（イギリス女王在位，1702 — 1714）
1670 — 1747	ボノンチーニ Giovanni Battista Bononcini
1685 — 1750	バッハ Johann Sebastian Bach
1685 — 1759	ヘンデル Georg Friedrich Händel
1692 — 1763	バイロム John Byrom
1706 — 1790	フランクリン Benjamin Franklin
1711 — 1780	ボーモン夫人 Madame Leprince de Beaumont
1749 — 1832	ゲーテ Johann Wolfgang von Goethe
1785 — 1863	グリム Jakob Grimm
1786 — 1859	グリム Wilhelm Grimm
1805 — 1875	アンデルセン Hans Christian Andersen
1832 — 1898	キャロル Lewis Carroll（= Charles Lutwidge Dodgson）
1837 — 1920	カイパー Abraham Kuyper
	（オランダ首相在任，1901 — 1905）
1860 — 1937	バリ James Matthew Barrie
1864 — 1920	ウェーバー Max Weber
1867 — 1941	南方熊楠 Kumagusu Minakata
1882 — 1956	ミルン Alan Alexander Milne
1891 — 1976	マクマレー John Macmurray
1892 — 1973	バック Pearl Buck
1893 — 1971	ロイ・ディズニー Roy Oliver Disney
1901 — 1966	ウォルト・ディズニー Walter Elias Disney
1913 — 1993	テイタム Donn B. Tatum
	（ウォルト・ディズニー・プロダクションズ
	CEO, 1971 — 1976）
1916 — 2005	ウォーカー Esmond Cardon Walker
	（ウォルト・ディズニー・プロダクションズ
	CEO, 1976 — 1983）
1920 — 1983	ターナー Victor Turner
1922 — 1999	三浦綾子 Ayako Miura
1924 — 2014	三浦光世 Mitsuyo Miura
1933 — 2019	ミラー Ronald William Miller
	（ウォルト・ディズニー・プロダクションズ
	CEO, 1983 — 1984）
1934 — 2010	多田富雄 Tomio Tada

1937	『白雪姫（SW）』公開
1942 －	アイズナー Michael Dammann Eisner
	（ウォルト・ディズニー・カンパニー
	CEO,1984 － 2005）＊＊＊
1950	『シンデレラ（CD）』公開
1951	『ふしぎの国のアリス（AW）』公開
1951 －	アイガー Robert Allen Iger
	（ウォルト・ディズニー・カンパニー CEO, 2005 －）
1953	『ピーター・パン（PP）』公開
1959	『眠れる森の美女（SB）』公開
1966	『くまのプーさんシリーズ（WP）』公開
1989	『リトル・マーメイド（LM）』公開
1991	『美女と野獣（BB）』公開
1992	『アラジン（AD）』公開
1994	『ライオン・キング（LK）』公開
2001	『モンスターズ・インク（MI）』公開
2003	『ファインディング・ニモ（FN）』公開
2010	『塔の上のラプンツェル（TG）』公開
2010	『トイ・ストーリー 3（TS）』公開
2013	『アナと雪の女王（FZ）』公開

＊イエスの生没年は Ben Witherington III, *Invitation to the New Testament*, p.26 による。

＊＊パウロの生没年は Ben Witherington III, *Invitation to the New Testament*, pp.153-166 による。

＊＊＊ウォルト・ディズニー・プロダクションズ（Walt Disney Productions）は一九八六年からウォルト・ディズニー・カンパニー（The Walt Disney Company）となっている。

文献表

1. 和書

安達まみ『くまのプーさん　英国文学の想像力』［光文社新書］（光文社, 2002）

アリストテレス（戸塚七郎訳）『問題集』［アリストテレス全集 11］（岩波書店, 1968）
　≒ Aristotle, *Problems Books 1-19 Edited and Translated by Robert Mayhew / Problems Books 20-38 Rhetoric to Alexander Edited and Translated by Robert Mayhew & David C. Mirhady*, [The Loeb Classical Library 316 / 317], (Cambridge, MA: Harvard University Press, 2011, originally 4C.B.C.)

有馬哲夫『ディズニーとは何か』（NTT 出版, 2001）

有馬哲夫『ディズニーの魔法』［新潮新書］（新潮社, 2003）

有馬哲夫『ディズニー・ミステリー・ツアー』（講談社, 2010）

アンデルセン, ハンス・クリスチャン（大畑末吉訳）『完訳　アンデルセン童話集　（一）／（二）／（三）／（四）／（五）／（六）／（七）』［岩波文庫］（岩波書店, 1984）＝ Andersen, Hans Christian, *Hans Christian Andersen's Complete Fairy Tales intro. by Kenneth C. Mondschein PhD & tr. by Jean Pierre Hersholt*, (San Diego, CA: Canterbury Classics, 2014, originally 1837-1874)

安藤幸夫監修『全図解　からだのしくみ事典』（日本実業出版社, 1992）

イソップ（中務哲郎訳）『イソップ寓話集』［岩波文庫］（岩波書店, 1999）＝ Perry, Ben Edwin, *Aesopica A Series of Texts Relating to Aesop or Ascribed to Him or Closely Connected with the Literary Tradition that bears His Name Collected and Critically Edited, with a Commentary and Historical Essay*, (Illinois, IL: University of Illinois Press, 2007, originally c.3C.B.C.)

稲垣良典『天使論序説』［講談社学術文庫］（講談社, 1996）

稲木昭子／沖田知子『アリスの英語　不思議の国のことば学』（研究社, 1991）

稲木昭子／沖田知子『コンピュータの向こうのアリスの国』（英宝社, 2002）

今村太平「ウォルト・ディズニー論」（1955）, 今村太平『漫画映画論』［同時代ライブラリー］（岩波書店, 1992）

岩尾龍太郎『ロビンソン変形譚小史　物語の漂流』（みすず書房, 2000）

ウェーバー, マックス（梶山力／大塚久雄訳）『プロテスタンティズムの倫理と資本主

216

義の精神　上巻／下巻』［岩波文庫］（岩波書店, 1955）＝ Weber, Max, 'Die protestantische Ethik und der »Geist« des Kapitalismus,' (1904-1905), Edgar Jaffé (ed.), *Archiv für Sozialwissenschaft und Sozialpolitik Band XX, XXI*, (Tübingen: J.C.B. Mohr [Paul Siebeck], 1904-1905)

ウター，ハンス＝イェルク（加藤耕義訳）『国際昔話話型カタログ　アンティ・アールネとスティス・トムソンのシステムに基づく分類と文献目録』（小澤昔ばなし研究所, 2016）＝ Uther, Hans-Jörg, *The Types of International Folktales A Classification and Bibliography Based on the System of Antti Aarne and Stith Thompson Part I. Animal Tales, Tales of Magic, Religious Tales, and Realistic Tales, with an Introduction / Part II. Tales of the Stupid Ogre, Anecdotes and Jokes, and Formula Tales / Part III. Appendices*, [FF Communications], (Turku, Finland: Academia Scientarium Fennica, 2011)

エクスタット，ジョアン／エクスタット，アリエル（赤尾秀子訳）『世界で一番美しい色彩図鑑』（創元社, 2015）＝ Eckstut, Joann and Eckstut, Arielle, *The Secret Language of Color: Science, Nature, History, Culture, Beauty of Red, Orange, Yellow, Green, Blue, & Violet*, (New York, NY: Black Dog & Leventhalm, 2013)

オウィディウス（中村善也訳）『変身物語　（上）／（下）』［岩波文庫］（岩波書店, 1981／1984）＝ Ovid, *Metamorphoses Books 1-8 Translated by Frank Justus Miller Revised by G. P. Goold ／ Metamorphoses Books 9-15 Translated by Frank Justus Miller Revised by G. P. Goold*, [The Loeb Classical Library 42／43], (Cambridge, MA: Harvard University Press, 1984,3rd.／1984,2nd., originally 1C.)

大沢文夫編集者代表『個体の行動』［生物科学化学講座 7］（朝倉書店, 1977）

大島力「正典としての旧約聖書」池田裕／大島力／樋口進／山我哲雄監修『新版　総説　旧約聖書』（日本キリスト教団出版局, 2007）

大貫隆「マルキオンからアタナシオスまで」大貫隆／山内眞監修『新版　総説　新約聖書』（日本キリスト教団出版局, 2003）

大野晋他編『岩波　古語辞典　補訂版』（岩波書店, 1990）

おかだえみこ『歴史をつくったアニメ・キャラクターたち　ディズニー、手塚からジブリ、ピクサーへ』（キネマ旬報社, 2006）

荻上チキ『ディズニープリンセスと幸せの法則』［星海社新書］（講談社, 2014）

オルドリッジ，ダレン（池上俊一監修／寺尾まち子訳）『針の上で天使は何人踊れるか　幻想と理性の中世・ルネサンス』（柏書房, 2007）＝ Oldridge, Darren, *Strange Histories The Trial of the Pig, the Walking Dead, and Other Matters of Fact from the Medieval and Renaissance Worlds*, (London: Routledge, 2006)

ガードナー，マーティン（坪井忠二他訳）『新版　自然界における左と右』（紀伊國屋書店, 1992）＝ Gardner, Martin, *The New Ambidextrous Universe Symmetry and Asymmetry from Mirror Reflections to Superstrings*, (New York, NY: W.H. Freeman and Company, 1990,3rd.rev.)

カイリー，ダン（小此木啓吾訳）『ピーター・パン・シンドローム　なぜ、彼らは大人になれないのか』（祥伝社, 1984）＝ Kiley, Dan, *The Peter Pan Syndrome Men who have never grown up*, (New York, NY: Dodd Mead & Co., 1983)

カイリー，ダン（小此木啓吾監訳／尾島恵子訳）『ウェンディ・ディレンマ　"愛の罠"から抜け出すために』（祥伝社, 1984）＝ Kiley, Dan, *The Wendy Dilemma When women stop mothering their men*, (Westminster, MD: Arbor House, 1984)

鍵和田務「ロッキングチェア」下中邦彦編『平凡社　大百科事典　15』（平凡社, 1985）

亀井俊介「カウボーイ」下中邦彦編『平凡社　大百科事典　3』（平凡社, 1985）

川北稔編『イギリス史』［新版　世界各国史 11］（山川出版社, 1998）

キャロル，ルイス（安井泉訳注）『対訳・注解　不思議の国のアリス』（研究社, 2017）＝ Carroll, Lewis, *Alice's Adventures in Wonderland*, (London: Macmillan and Co. Limited, 1897)

旧約新約聖書大事典編集委員会編『旧約新約　聖書大事典』（教文館, 2001,3 版）

共同訳聖書実行委員会『聖書　新共同訳』（日本聖書協会, 1987）

国松孝二編者代表『小学館　独和大辞典［第 2 版］コンパクト版』（小学館, 2000）

クランシー，ジョン（北川玲訳）『クローズアップ　人体のしくみ図鑑』（創元社, 2013）＝ Clancy, John, *The Human Body Close-up*, (London: Quercus Editions Limited, 2011)

栗林輝夫『シネマで読む旧約聖書 CINEMA & BIBLE』（日本キリスト教団出版局, 2003）

栗林輝夫『シネマで読む新約聖書 CINEMA & BIBLE』（日本キリスト教団出版局, 2005）

グリム，ヤーコプ／グリム，ヴィルヘルム（金田鬼一訳）『完訳　グリム童話集　（一）／（二）／（三）／（四）／（五）』［岩波文庫］（岩波書店, 1979）＝ Grimm, Jacob u. Grimm, Wilhelm, *Kinder- und Hausmärchen*, (Göttingen: Verlag der Dieterichschen Buchhandlung, 1857,7th.)

ゲーテ，ヨハン・ヴォルフガング・フォン（竹山道雄訳）『若きウェルテルの悩み』［岩波文庫］（岩波書店, 1978）＝ Goethe, Johann Wolfgang von, *Die Leiden des jungen Werthers*, (Ditzingen: Philipp Reclam Jun Verlag GmbH, 1991, originally 1774)

斎藤嘉博『Doc 斎藤のディズニー大好き！　ディズニーアニメの楽しみ方』（講談社, 2008）

坂井建雄監修『人のからだ』［ポプラディア情報館］（ポプラ社, 2006）

色彩活用研究所サミュエル監修『色の事典　色彩の基礎・配色・使い方』（西東社, 2012）

シャイヤン，マリアンヌ（小川仁志監修／永田千奈訳）『本当に大切なことに気づかせてくれる「ディズニー」魔法の知恵』（かんき出版，2019）= Chaillan, Marianne, *Ils vécurent philosophes et firent beaucoup d'heureux*, (Paris: Éditions des Équateurs, 2017)

小学館辞典編集部編『故事俗信　ことわざ大辞典』（小学館，1982）

小学館大辞泉編集部編／松村明監修『大辞泉　第二版　上巻あーす／下巻せーん』（小学館，2012）

シルヴァスタイン，シェル（本田錦一郎訳）『おおきな木』（篠崎書林，1976）= Silverstein, Shel, *The Giving Tree*, (New York, NY: Harper & Row, Publishers, Inc., 1964)

シルヴァスタイン，シェル（村上春樹訳）『おおきな木』（あすなろ書房，2010）= Silverstein, Shel, *The Giving Tree*, (New York, NY: Harper & Row, Publishers, Inc., 1964, renewed 1992 by Evil Eye, LLC.)

スエトニウス（国原吉之助訳）『ローマ皇帝伝（上）／（下）』［岩波文庫］（岩波書店，1986）= Gaius Suetonius Tranquillus, *C. Suetoni Tranquilli Opera*, *vol. I*: *De Vita Caesarum Libri VIII ed. Maximilianus Ihm*, (Leipzig: B. G. Teubner, 1908, originally 2C.)

錫谷徹『法医診断学（改訂第2版）』（南江堂，1985）

ターナー，ヴィクター W.（富倉光雄訳）『儀礼の過程』（思索社，1976）= Turner, Victor W., *The Ritual Process Structure and Anti-Structure*, (Chicago, IL: Aldine Publishing Company, 1969)

ターナー，ヴィクター（梶原景昭訳）『象徴と社会』［文化人類学叢書］（紀伊國屋書店，1981）= Turner, Victor, *Dramas, Fields, and Metaphors Symbolic Action in Human Society*, (Ithaca, NY: Cornell University Press, 1974)

高橋作太郎編集代表『リーダーズ英和辞典　第3版』（研究社，2012）

竹林滋編者代表『研究社　新英和大辞典』（研究社，2002）

竹林滋他編『ルミナス英和辞典　第2版』（研究社，2016）

多田富雄『免疫の意味論』（青土社，1993）

多田富雄『免疫・「自己」と「非自己」の科学』［NHK人間大学 1998年1月〜3月期］（日本放送協会，1998）

ダンテ，アリギエーリ（野上素一訳）「神曲」『ダンテ』［筑摩世界文学体系11］（筑摩書房，1973）= Dante, Alighieri, *La Divina Commedia col Comento Fraticelliano Nuova edizione riveduta ad uso delle Scuole da Raffaello Fornaciari*, (Firenze: G. Barbèra, 1920, originally 1307-1321)

近山晶「ダイヤモンド」下中邦彦編『平凡社　大百科事典　9』（平凡社，1985）

塚本洋太郎総監修『園芸植物大事典　1　ア〜ツ〈コンパクト版〉』（小学館，1994）

a

塚本洋太郎総監修『園芸植物大事典　2　テ〜ワ〈コンパクト版〉』（小学館, 1994）b

塚本洋太郎総監修『園芸植物大事典　用語・索引　〈コンパクト版〉』（小学館, 1994）c

都筑卓司『新装版　四次元の世界　超空間から相対性理論へ』［ブルーバックス］（講談社, 2002）

ディズニー・エンタープライジズ・インク（うさぎ出版, 河村誠, 日置聡編／栗山節子訳［vols. 1, 4, 8］／品川泰一発行）『Disney Magical Stories　ディズニー・マジカル・ストーリーズ　全訳解説書』（ユーキャン, 2016）＝全訳解説書

ディズニー・エンタープライジズ・インク（品川泰一発行）『Disney Magical Stories　ディズニー・マジカル・ストーリーズ　Vol.1　Snow White and the Seven Dwarfs　白雪姫』（ユーキャン, 2016）＝SW

ディズニー・エンタープライジズ・インク（品川泰一発行）『Disney Magical Stories　ディズニー・マジカル・ストーリーズ　Vol.2　Cinderella　シンデレラ』（ユーキャン, 2016）＝CD

ディズニー・エンタープライジズ・インク（品川泰一発行）『Disney Magical Stories　ディズニー・マジカル・ストーリーズ　Vol.3　Peter Pan　ピーター・パン』（ユーキャン, 2016）＝PP

ディズニー・エンタープライジズ・インク（品川泰一発行）『Disney Magical Stories　ディズニー・マジカル・ストーリーズ　Vol.4　Alice in Wonderland　ふしぎの国のアリス』（ユーキャン, 2016）＝AW

ディズニー・エンタープライジズ・インク（品川泰一発行）『Disney Magical Stories　ディズニー・マジカル・ストーリーズ　Vol.5　Sleeping Beauty　眠れる森の美女』（ユーキャン, 2016）＝SB

ディズニー・エンタープライジズ・インク（品川泰一発行）『Disney Magical Stories　ディズニー・マジカル・ストーリーズ　Vol.6　The Little Mermaid　リトル・マーメイド』（ユーキャン, 2016）＝LM

ディズニー・エンタープライジズ・インク（品川泰一発行）『Disney Magical Stories　ディズニー・マジカル・ストーリーズ　Vol.7　Beauty and the Beast　美女と野獣』（ユーキャン, 2016）＝BB

ディズニー・エンタープライジズ・インク（品川泰一発行）『Disney Magical Stories　ディズニー・マジカル・ストーリーズ　Vol.8　Aladdin　アラジン』（ユーキャン, 2016）＝AD

ディズニー・エンタープライジズ・インク（品川泰一発行）『Disney Magical Stories　ディズニー・マジカル・ストーリーズ　Vol.9　The Lion King　ライオン・キング』（ユーキャン, 2016）＝LK

ディズニー・エンタープライジズ・インク（品川泰一発行）『Disney Magical Stories

　　ディズニー・マジカル・ストーリーズ　Vol.10　Tangled　塔の上のラプンツェル』
　　（ユーキャン，2016）＝ TG

ディズニー・エンタープライジズ・インク（品川泰一発行）『Disney Magical Stories
　　ディズニー・マジカル・ストーリーズ　Vol.11　Winnie the Pooh: The Easter-Egg
　　Hunt　くまのプーさん〜イースター・エッグ・ハント』（ユーキャン，2016）＝ WP

ディズニー・エンタープライジズ・インク（品川泰一発行）『Disney Magical Stories
　　ディズニー・マジカル・ストーリーズ　Vol.12　Toy Story 3　トイ・ストーリー 3』
　　（ユーキャン，2016）＝ TS

ディズニー・エンタープライジズ・インク（品川泰一発行）『Disney Magical Stories　デ
　　ィズニー・マジカル・ストーリーズ　Vol.13　Monsters, Inc.　モンスターズ・イン
　　ク』（ユーキャン，2016）＝ MI

ディズニー・エンタープライジズ・インク（品川泰一発行）『Disney Magical Stories　デ
　　ィズニー・マジカル・ストーリーズ　Vol.14　Finding Nemo　ファインディング・ニ
　　モ』（ユーキャン，2016）＝ FN

ディズニー・エンタープライジズ・インク（品川泰一発行）『Disney Magical Stories　デ
　　ィズニー・マジカル・ストーリーズ　〈特別付録〉　Frozen　アナと雪の女王』（ユ
　　ーキャン，2016）＝ FZ

ディズニーファン編集部編（柳生すみまろ／デイヴ・スミス共同監修）『ディズニーアニメ
　　ーション大全集　新版』［DISNEY FAN MOOK 30］（講談社，2014）

寺澤芳雄編『英語語源辞典』（研究社，1997）

寺嶋さなえ『発見！不思議の国のアリス　鉄とガラスのヴィクトリア時代』（彩流社，
　　2017）

藤堂明保／加納喜光編『学研　新漢和大辞典（普及版）』（学習研究社，2005）

中村庸夫『クマノミ全種に会いに行く』（平凡社，2004）

西尾哲夫責任編集『アラビアンナイト博物館』（東方出版，2004）a

西尾哲夫『図説　アラビアンナイト』（ふくろうの本，2004）b

西尾哲夫『アラビアンナイト　文明のはざまに生まれた物語』［岩波新書］（岩波書店，
　　2007）

西尾哲夫『世界史の中のアラビアンナイト』［NHK BOOKS］（NHK 出版，2011）

日本魚類学会編『魚類学の百科事典』（丸善出版，2018）

日本生理人類学会編『人間科学の百科事典』（丸善出版，2015）

バジーレ，ジャンバティスタ（杉山洋子／三宅忠明訳）『ペンタメローネ　五日物語
　　（上）／（下）』［ちくま文庫］（筑摩書房，2005）≒ Basile, Giambattista, *Lo
　　Cunto de li Cunti (Il Pentamerone), a cura di Takao Tsukada*, [Ryukei Reprint
　　Series], (Ryukei Shyosha, 1994, originally 1634-1636)

浜口恵俊『間人主義の社会 日本』［東経選書］（東洋経済新報社，1982）

浜口恵俊『「日本らしさ」の再発見』［講談社学術文庫］（講談社，1988）

バリ，J．M．（厨川圭子訳）『ピーター・パン』［岩波少年文庫］（岩波書店，2002 新版）= Barrie, J. M., *Peter and Wendy*, (London: Hodder and Stoughton, 1911)

廣松渉他編『岩波　哲学・思想事典』（岩波書店，1998）

福田邦夫『新版　色の名前507』（主婦の友社，2012）

古矢旬「赤狩り（red baiting, red hunting）」荒このみ他監修『［新版］アメリカを知る事典』（平凡社，2012）

フランクリン，ベンジャミン（池田孝一訳／亀井俊介解説）『ベンジャミン・フランクリン』［アメリカ古典文庫－1］（研究社，1975）≒ Mott, Frank Luther and Jorgenson, Chester E. (eds.), *Benjamin Franklin　Representative Selections*, (New York, NY: American Book Company, 1936)

ヘイウッド，J．S．（内田守訳）『イギリス児童福祉発達史』（ミネルヴァ書房，1971）= Heywood, Jean S., *Children in Care　The Development of the Service for the Deprived Child*, (London: Routledge & Kegan Paul, 1959)

ペロー，シャルル（新倉朗子訳）『完訳　ペロー童話集』［岩波文庫］（岩波書店，1982）≒ Perrault, Charles, *Contes　suivi du Miroir ou la Métamorphose d'Orante, de la Peinture, poème et du labyrinthe de Versailles　édition présentée, établie et annotée par Jean-Pierre Collinet*, [Collection Folio], (Paris: Éditions Gallimard, 1981, originally 1697)

ボーモン夫人（北村太郎訳）『美女と野獣』（王国社，1992）≒ Beaumont, Madame Leprince de, 'La Belle et la Bête,' (originally 1757), *Madame de Villeneuve　La Jeune Américaine et les contes marins (La Belle et la Béte), Les Belles Solitaires, Madame Leprince de Beaumont　Magasin des enfants (La Belle et la Béte), Édition critique établie par Élisa Biancardi*, [Sources Classiques 83, Bibliothèque des Génies et des Fées 15], (Paris: Éditions Champion, 2008)

本田孝一／石黒忠昭編（ヌールッディーン・ナクシュベンディー協力）『パスポート　初級アラビア語辞典』（白水社，1997）

本田孝一／イハーブ・アハマド・イベード編（石黒忠昭協力）『パスポート　日本語アラビア語辞典』（白水社，2004）

前田富祺監修『日本語源辞典』（小学館，2005）

松田徳一郎監修『リーダーズ・プラス』（研究社，1994）

松原國師『西洋古典学事典』（京都大学学術出版会，2010）

マルクス・アウレーリウス『自省録　改版』［岩波文庫］（岩波書店，2007）= Marcus Aurelius, *Marci Antonini Imperatoris in semet ipsum libri XII, ed. Schenkl, Henricus*, (Leipzig: B. G. Teubner, 1913, originally 2C.)

マルドリュス版（豊島与志雄／渡辺一夫／佐藤正彰／岡部正孝訳）『マルドリュス版　完訳　千一夜物語　1／2／3／4／5／6／7／8／9／10／11／12／13』（岩波書店，1982-1983）= *Le Livre des mille nuits et une nuit　Traduction littérale et complète de J.-C. Mardrus*, (Paris: Editions Gallimard, 1955, originally 18C.)

南方熊楠『南方熊楠全集　1／2／3／4／5／6／7／8／9／10／別巻1／別巻2』（平凡社, 1971-1975）

宮平望『責任を取り、意味を与える神　21世紀日本のキリスト教1』（一麦出版社, 2000）

宮平望『ゴスペルエッセンス　君に贈る5つの話』（新教出版社, 2004）

宮平望『マタイによる福音書　私訳と解説』（新教出版社, 2006）

宮平望『ゴスペルフォーラム　君に贈る5つの話』（新教出版社, 2007）

宮平望『ゴスペルスピリット　君に贈る5つの話』（新教出版社, 2008）

宮平望『ルカによる福音書　私訳と解説』（新教出版社, 2009）

宮平望『ヘブライ人への手紙　私訳と解説』（新教出版社, 2014）

宮平望『ヨハネの黙示録　私訳と解説』（新教出版社, 2015）

宮平望『神の和の神学へ向けて　三位一体から三間一和の神論へ』（新教出版社, 2017再版）a

宮平望『ジョン・マクマレー研究　キリスト教と政治・社会・宗教』（新教出版社, 2017）b

宮平望『現代アメリカ神学思想　平和・人権・環境の理念』（新教出版社, 2018増補新版）

宮平望『ディズニーランド研究　世俗化された天国への巡礼』（新教出版社, 2019）a

宮平望『ゴスペルハーモニー　君に贈る5つの話』（新教出版社, 2019）b

ミルン, A. A.（石井桃子訳）『クマのプーさん』［岩波少年文庫］（岩波書店, 1956）= Milne, A. A., illustrated by Shepard, E. H., *Winnie the Pooh*, (London: Egmont Children's Books, 1926)

ミルン, A. A. 作／シェパード, E. H. 絵（石井桃子／小田島雄志／小田島若子訳）『クマのプーさん全集――おはなしと詩――』（岩波書店, 1997）= Milne, A. A., illustrated by Shepard, E. H., *Winnie-the-Pooh The Complete Collection of Stories and Poems*, (London: Egmont UK Limited, 2001)

村上琢太編『はじめて海水魚を飼う時に読む本』（枻出版社, 2004）

村上琢太編『カクレクマノミの上手な飼い方』（枻出版社, 2016）

本橋哲也『ディズニー・プリンセスのゆくえ　白雪姫からマレフィセントまで』（ナカニシヤ出版, 2016）

森和久『誕生日』（すぐ書房, 2001）

安井泉『英語で楽しむ英国ファンタジー』（静山社, 2013）a

安井泉編著『ルイス・キャロルハンドブック　アリスの不思議な世界』（七つ森書館, 2013）b

安井泉「不思議の国への道案内」「補注」キャロル, ルイス（安井泉訳注）『対訳・注

解　不思議の国のアリス』（研究社，2017）

安井泉「『不思議の国のアリス』はことばと文化の饗宴」安井泉（監修）『不思議の国の
　　アリス展』（東映，2019-2020）

ラインハルツ，アデル（栗原詩子訳）『ハリウッド映画と聖書』（みすず書房，2018）＝
　　Reinhartz, Adele, *Bible and Cinema An Introduction*, (London: Routledge, 2013)

リュティ，マックス（小澤俊夫訳）『昔話　その美学と人間像』（岩波書店，1985）
　　＝ Lüthi, Max, *Das Volksmärchen als Dichtung Ästhetik und Anthropologie*,
　　(Düsseldorf: Eugen Diederichs Verlag, 1975)

ルター，マルティン「キリスト者の自由について」（1520）ルター，マルティン（徳善義和
　　他訳）『ルター著作選集』［キリスト教古典叢書］（教文館，2012）＝ Luther, D.
　　Martin, 'Von der Freyheyt einys Christenmenschen,' (1520), Luther, D. Martin, *D.
　　Martin Luthers Werke Kritische Gesamtausgabe (Weimarer Ausgabe) 7. Band*,
　　(Weimar: Hermann Böhlaus Nachfolger, 1966)

渡邉敏郎他編『研究社　新和英大辞典』（研究社，2003,5 版）

2.　洋書

Colenso, John William, *Zulu-English Dictionary*, (Cambridge: Cambridge University
　　Press, 2012, originally 1861)

Davis, Richard B. (ed.), *Disney and Philosophy Truth, Trust, and a Little Bit of Pixie
　　Dust*, [The Blackwell Philosophy and Pop Culture Series], (Hoboken, NJ: Wiley
　　Blackwell, 2020)

Disney Book Group, *Disney 365 Bedtime Stories*, (New York, NY: Disney Enterprises,
　　Inc., 2004)

Glare, P. G. W. (ed.), *Oxford Latin Dictionary*, (Oxford: The Clarendon Press, 1982)

Hanks, Patrick; Hodges, Flavia; and Gold, David L., *A Dictionary of Surnames*,
　　(Oxford: Oxford University Press, 1988)

Hanks, Patrick and Hodges, Flavia, *A Dictionary of First Names*, [Oxford Paperback
　　Reference], (Oxford: Oxford University Press, 1996)

Hanks, Patrick; Coates, Richard; and McClure, Peter, *The Oxford Dictionary of
　　Family Names in Britain and Ireland Volume 1 Aaron-Cushing*, (Oxford: Oxford
　　University Press, 2016)

Hanks, Patrick; Coates, Richard; and McClure, Peter, *The Oxford Dictionary of Family
　　Names in Britain and Ireland Volume 2 Cushion-Joynson*, (Oxford: Oxford
　　University Press, 2016)

Hanks, Patrick; Coates, Richard; and McClure, Peter, *The Oxford Dictionary of Family*

Names in Britain and Ireland Volume 3 Joynt-Radclyffe, (Oxford: Oxford University Press, 2016)

Hanks, Patrick; Coates, Richard; and McClure, Peter, *The Oxford Dictionary of Family Names in Britain and Ireland Volume 4 Raddie-Zwart*, (Oxford: Oxford University Press, 2016)

The Inter-Territorial Language Committee for the East African Dependencies under the Direction of Frederick Johnson, *A Standard Swahili-English Dictionary (founded on Madan's Swahili-English Dictionary)*, (Oxford: Oxford University Press, 1939)

Koenig, David, *Mouse under Glass Secrets of Disney Animation & Theme Parks Foreword by Richard M. Sherman and Robert B. Sherman*, (Irvine, CA: Bonaventure Press, 2001)

Kolatch, Alfred J., *The Jonathan David Dictionary of First Names*, (New York, NY: G. P. Putnam's and Sons, 1980)

Kuyper, Abraham, *Principles of Sacred Theology*, (Grand Rapids, MI: Wm.B.Eerdmans, 1954)

LaCugna, Catherine Mowry, *God For Us The Trinity and Christian Life*, (New York, NY: HarperCollins Publishers, 1991)

Liddell, Henry George & Scott, Robert (comp.), *A Greek-English Lexicon with a Revised Supplement*, (Oxford: The Clarendon Press, 1996)

Macmurray, John, *Freedom in the Modern World with an Introduction by Harry A. Carson and a Foreword by C. A. Siepmann*, (Atlantic Highlands, NJ: Humanities Press International, Inc., 1992 / originally London: Faber, 1932)

Madan, A. C., *Swahili-English Dictionary*, (Oxford: The Clarendon Press, 1903)

Pinsky, Mark I., *The Gospel according to Disney Faith, Trust, and Pixie Dust*, (Louisville, KY: Westminster John Knox Press, 2004)

Reaney, P. H., *A Dictionary of English Surnames with corrections and additions by R.M. Wilson*, (Oxford: Oxford University Press, 1997,3rd.rev.)

Rigdon, John C., *Swahili - English Dictionary (Kamusi Ya Kiswahili - Kiingereza)*, (Cartersville, GA: Eastern Digital Resources, 2016)

Ward, Annalee R., *Mouse Morality The Rhetoric of Disney Animated Film Foreword by Clifford G. Christians*, (Austin, TX: University of Texas Press, 2002)

Wehr, Hans (ed. by Cowan, J M.), *Arabic-English Dictionary The Hans Wehr Dictionary of Modern Written Arabic Volume 1/Volume 2*, (Ithaca, NY: Spoken Language Services, Inc., 1979,4th.)

Whitley, David, *The Idea of Nature in Disney Animation From Snow White to WALL·E*, [Ashgate Studies in Childhood, 1700 to the Present], (Farnham, Surrey: Ashgate Publishing Limited, 2012,2nd.)

Witherington III, Ben, *Invitation to the New Testament First Things*, (Oxford: Oxford University Press, 2013)

Zipes, Jack, 'an Introduction and Notes,' Barrie, J. M., *Peter Pan Peter and Wendy and Peter Pan in Kensington Gardens*, (London: Penguin Books Ltd., 2004, originally 1911&1902)

3. 和書（聖書物語）

安部薫『聖書の物語』（八坂書房, 1981）

石黒マリーローズ『聖書の英語の物語』［生活人新書］（NHK 出版, 2004）

犬養道子『旧約聖書物語　増訂版』（新潮社, 1977）

ヴァン・デア・ラント, シプケ文／バウマン, ベルト画（尾崎安訳）『私たちの聖書物語　神の救いの歴史』（新教出版社, 1980）＝ van der Land, Sipke, *Stories from the Bible Illustrated by Bert Bouman*, (Grand Rapids, MI: William B. Eerdmans Publishing Co., 1979)

ウェグナー, ニーナ（牛原眞弓）『日英対訳で読む聖書物語』（IBC パブリッシング株式会社, 2016）

ヴォス, キャスリン（有賀英子訳）『親と子の聖書　旧約聖書 1』（いのちのことば社フォレストブック, 2013）＝ Vos, Catherine F., *The Child's Story Bible*, (Grand Rapids, MI: William B. Eerdmans Publishing Co., 1983,reprinted)

内田みずえ（上條滝子イラスト）『バイブル・ストーリー・ブック　旧約聖書編』［Forest Books］（いのちのことば社, 2012）

大島力監修『名画で読み解く「聖書」』（世界文化社, 2013）

小塩節／小塩トシ子文（永田萌絵）『聖書のおはなし』（キリスト教視聴覚センター, 2009）

香山彬子（藤田香絵）『聖書物語　旧約編　（新装版）』［講談社　青い鳥文庫］（講談社, 2016）

木崎さと子『聖書物語』［角川ソフィア文庫］（KADOKAWA, 2017）

北村嘉蔵『旧約聖書物語　歴史に働きたもう神』［講談社学術文庫］（講談社, 1995）

草野巧『聖書人名録　旧約・新約の物語別人物ガイド』（新紀元社, 1998）

小出正吾『旧約聖書物語　上／下』（審美社, 1964）

榊原康夫『旧約聖書物語』（小峰書店, 1976）

ジェームズ, ベサン文／エンダースビィ, フランク絵（間川みゆき訳）『365 の聖書物語〜祈りと約束〜』（サンパウロ, 2018）＝ James, Bethan, *365 Bible Stories Prayers and Promises Illustrated by Frank Endersby*, (Hertfordshire: Anno Domini Publishing, 2018)

シントラー，レギーネ作／ザヴゼル，シュチェパン絵（下田尾治郎訳）『聖書物語』（福音館書店，1999）＝ Schindler, Regine, *Mit Gott unterwegs Illustrations by Stepan Zavrel*, (Zürich: Bohem Press, 1996)

杉本美帆子『イラストで読む旧約聖書の物語と絵画』（河出書房新社，2019）

田中久美子監修『入門　旧約聖書の世界』［洋泉社 Mook］（洋泉社，2013）

ディキンスン，ピーター（フォアマン，マイケル挿画／山本史郎訳）『聖書伝説物語　楽園追放から黄金の都エルサレムの陥落まで』（原書房，2003）＝ Dickinson, Peter, *City of Gold Illustrated by Michael Foreman*, (London: Victor Gollancz Ltd, 1980)

テイラー，N. ケネス（西満訳）『子どもの聖書絵物語』（いのちのことば社，1966）≒ Taylor, Kenneth N., *The New Bible in Pictures for Little Eyes*, (Chicago, IL: Moody Bible Institute, 2002,new)

手塚治虫『手塚治虫の旧約聖書物語　①天地創造』［集英社文庫］（集英社，1999）

デ・ラ・メア，ウォルター（阿部知二訳）『旧約聖書物語　上／下　新版』［岩波少年文庫］（岩波書店，2012）＝ de la Mare, Walter J., *Stories from the Bible*, (London: Faber & Gwyer Limited, 1929)

テリエン，サムエル編（高崎毅／山川道子訳監修）『原色　聖書物語　第一巻　〈旧約聖書Ⅰ〉』（創元社，1967）≒ Terrien, Samuel, *The Children's Bible in Color*, (London: Paul Hamlyn, 1964)

ドッド，サラ文／コラノヴィッチ，ドゥブラブカ絵（女子パウロ会訳編）『ちいさなてんしたちへ　せいしょから 10 のおはなし』（女子パウロ会，2012）＝ Dodd, Sarah J., *Bible Stories for Little Angels Illustrated by Kolanovic, Duvravka*, (Oxford: Lion Hudson plc., 2010)

トロエ，シャーロット文／ガイル，ギル絵（日本聖書協会訳）『ピクチャーバイブル　子どものための聖書物語』（日本聖書協会，2016）＝ Thoroe, Charlotte & Guile, Gill, *Picture Bible Bible Favorites for Early Readers*, (Copenhagen: Copenhagen Publishing House, 2015)

長岡輝子『長岡輝子の聖書ものがたり』（一麦出版社，2007）

中川健一『日本人に贈る聖書ものがたり　族長たちの巻／Ⅱ 契約の民の巻／Ⅲ メシアの巻／Ⅳ 諸国民の巻』（文芸社，2003/2004/2005/2006）

長崎次郎『聖書物語』［中学生全集］（筑摩書房，1952 再版）

中村吉蔵『聖書物語』（春秋社，1925 三版）

中村星湖編（初山滋装てい・さし絵）『こども聖書　旧約聖書』（冨山房，1954 新訂版）

並木伸一郎『眠れないほどおもしろい「聖書」の謎』［王様文庫］（三笠書房，2011）

ニーバー，フルダ（中村妙子訳）『旧約聖書物語』［キリスト教少年文庫］（新教出版社，1960）　＝ Niebuhr, Hulda Clara August, *The One Story*, (Philadelphia, PA:

Westminster Press, 1948)

西山清『聖書神話の解読　世界を知るための豊かな物語』［中公新書］（中央公論社, 1998）

長谷川修一『謎解き聖書物語』［ちくまプリマー新書］（筑摩書房, 2018）

バック, パール（刈田元司訳）『聖書物語　旧約篇』（社会思想社, 1981）＝ Buck, Pearl S. & Engel, Lyle Kenyon, *The Story Bible*, (New York, NY: Bartholomew House, 1971)

バン・ローン, ヘンドリク・ウィレム（片岡政昭訳）『聖書物語』（国土社, 2003）＝ Van Loon, Hendrik Willem, *The Story of the Bible*, (New York, NY: Boni and Liveright, 1923)

バン・ルーン（百々佑利子訳）『聖書物語』［ポプラポケット文庫］（ポプラ社, 2006）＝ Van Loon, Hendrik Willem, *The Story of the Bible*, (New York, NY: Boni and Liveright, 1923)

樋口雅一（山口昇監修）『マンガ版　聖書　旧約・新約物語』（講談社, 2001）

古川順弘（宇野亜喜良絵）『物語と挿絵で楽しむ聖書』（ナツメ社, 2016）

ヘイスティングス, セリナ文／トーマス, エリック絵／加藤常昭監修（田辺希久子／山川さら訳）『おとなと子どものための聖書物語』（フレーベル館, 1995）＝ Hastings, Selina, *The Children's Illustrated Bible　Illustrated by Eric Thomas*, (London: Dorling Kindersley Limited, 1994)

ホフマン, F. 絵／エーリスマン, P. 文（小塩節訳）『聖書物語』（日本基督教団出版局, 1991）＝ Hoffmann, Felix., *Bilderbibel / mit 100 Lithogr. von Felix Hoffmann. Texte von Paul Erismann*, (Zürich: Theologischer Verlag, 1989,4th.)

ボワイエ, フレデリック／ブロック, セルジュ（船曳建夫監修／石野香奈子・千倉真理訳）『アートで魅せる旧約聖書物語』（千倉書房, 2017）＝ Boyer, Frédéric & Bloch, Serge, *Bible*, (Montrouge: Bayard Editions, 2016)

町田俊之監修『名画とあらすじでわかる！　旧約聖書』［青春新書］（青春出版社, 2013）

三浦光世（上條滝子絵）『ジュニア聖書ものがたり 50』（いのちのことば社フォレストブックス, 2008）

ヤーニッシュ, ハインツ文／ツヴィルガー, リスベート絵（小森香折訳）『リスベート・ツヴィルガーの聖書物語』（BL 出版, 2017）＝ Janisch, Heinz, *Geschichten aus der Bibel mit Bildern von Lisbeth Zwerger*, (Zurich: NordSüd Verlag AG, 2016)

柳生望『物語解釈で聖書を読む』（ヨルダン社, 1998）

山形孝夫『聖書物語』［岩波ジュニア新書］（岩波書店, 1982）

山形孝夫（山形美加図版解説）『図説　聖書物語　旧約篇』（河出書房, 2001）

山形孝夫『聖書を読み解く　物語の源流をたどって』（PHP エディターズ・グループ, 2007）

山室静『ドレ画　聖書物語』（社会思想社，1979）

山室静『聖書物語』［現代教養文庫］（社会思想社，1985 再版）

山本七平『［新装版］山本七平の旧約聖書物語　上／下』（ビジネス社，2015）

脇田晶子『聖書物語』（女子パウロ会，1998）

脇田晶子文／小野かおる絵『旧約聖書物語』（女子パウロ会，2002）

4. 洋書（聖書物語）

Ash, Christopher, *Remaking a Broken World The Heart of the Bible Story*, (Surrey: The Good Book Company, 2019)

Batterson, Mark with Nellist, Glenys, *Big Dreams & Powerful Prayers Illustrated Bible Illustrated by Omar Aranda*, (Grand Rapids, MI: Zonderkidz, 2019)

Bell, Rob, *What Is the Bible？ How an Ancient Library of Poems, Letters, and Stories Can Transform the Way You Think and Feel About Everything*, (New York, NY: Harper One, An Imprint of Harper Collins Publishers, 2017)

Bird, Robert, *One Hundred Bible Stories New Illustrated Edition*, (London: Thomas Nelson and Sons Ltd, n.d.)

Blyton, Enid, *Noah's Ark and Other Bible Stories from the Old Testament Illustrated by Sam Loman*, (London: Hodder Children's Book, 2016)

Boone, Pat, *Pat Boone's Favorite Bible Stories*, (Altamonte Springs, FL: Creation House, 1984)

Bowie, Walter Russell, *The Bible Story, for Boys and Girls Old Testament*, (New York, NY: Abingdon-Cokesbury Press, 1952)

Dalton, Russell W., *Children's Bibles in America A Reception History of the Story of Noah's Ark in US Children's Bibles*, [T & T Clark Library of Biblical Studies: Scriptural Traces: Critical Perspectives on the Reception and Influence of the Bible], (London: T&T Clark, 2018)

DeVries, Catherine (ed.), *The Beginner's Bible Timeless Children's Stories*, (Grand Rapids, MI: Zonderkidz , 2005,2016)

DeVries, Catherine, *5-Minute Adventure Bible Stories Polar Exploration Edition*, (Grand Rapids, MI: Zonderkidz , 2009)

Egermeier, Elsie E., *Bible Story Book A Complete Narration from Genesis to Revelation for Young and Old New and Revised Edition*, (Anderson, IN: Warner Press, 1923)

Foster, Charles, *The Story of the Bible from Genesis to Revelation Told in Simple Language Adapted to All Ages, but Especially to the Young 300 Illustrations*,

(Philadelphia, PA: Charles Foster Publishing, 1884)

Hall, Rev. Newton Marshall & Wood, Rev. Irving Francis (eds.), *The Bible Story Volume Three Tales of Old Judaea*, (Springfield, MA: The King-Richardson Company, 1906)

Hoffman, Mary (ed.), *A First Bible Story Book Illustrated by Julie Downing*, (New York, NY: DK Publishing, 2017)

Hudson, Christopher D. and Campbell, Stan, *The Most Important Stories of the Bible Understanding God's Word through the Stories It Tells*, (Minneapolis, MN: Bethany House, a division of Baker Publishing Group, 2019)

Hurlbut, D.D., Rev. Jesse Lyman, *Hurlbut's Story of the Bible Self-Pronouncing The Complete Bible Story, Running from Genesis to Revelation, Told in the Simple Language of To-day for Young and Old*, (Philadelphia, PA: John C. Winston Company Publishers, 1904)

Johnston, Louisa M., *The Bible Story Hour Illustrated by Anna Marie Magagna Managing Editor: Anne Neigoff*, [Child Horizon], (Chicago, IL: Standard Educational Corp, 1995)

Jones, Terry, *Bible Stories to Hear and Touch*, (Bloomington, IN: WestBow Press, 2015)

Marty, Dr. William H., *The Whole Bible Story Everything That Happens in the Bible in Plain English Illustrated Edition*, (Grand Rapids, MI: Baker Books, 2017)

Perry, Ruth, *Bible Stories Like Grandma Told'em*, (Bloomington, IN: WestBow Press, 2015)

Robb, Andy, *40 Old Testament Bible Stories*, (Surrey: CWR, 2018)

Russell, Debra, *Bible Story Poems*, (Bloomington, IN: WestBow Press, 2014)

Ryken, Leland, *How Bible Stories Work A Guided Study of Biblical Narrative*, [Reading the Bible as Literature], (Bellingham, WA: Lexham Press, 2015)

Schmitt, Robin, *Bible Gems to Remember Illustrated Bible 52 Stories with Easy Bible Memory in 5 Words or Less Illustrated by Kris Aro Mcleod*, (Grand Rapids, MI: Zonderkidz, 2019)

Sky, Brittany (ed.), *Bible Basics Storybook*, (Nashville, TN: Abingdon Press, 2019)

Smith, Colin S., *Unlocking the Bible Story Volumes 1,2,3,4*, (Chicago, IL: Moody Publishers, 2002)

Stallings, Dr. R. W., *Old Stories & Forgotten Lessons The Bible Storybook for Adults*, (Bloomington, IN: WestBow Press, 2019)

Stewart, Mary(ed.), *Tell Me a True Story Tales of Bible Heroes for the Children of Today with an introduction by A. F. Schauffler, D.D. Illustrated*, (New York, NY: Fleming H. Revell, Company, 1909)

Vallely, Henry E.(ed.), *Bible Stories from the Old and New Testaments*, (Racine, WI: Whitman Publishing Company, 1941)

Vang, Preben, *The Bible Story One Story from Genesis to Revelation*, (Nashville, TN: B&H Academic, 2019)

後　書

　この半年間の研究は専らディズニー変形譚十五本に集中したため、愉快な文献資料が拙宅からスキップして行けば十分ほどの距離の研究室で幾つもの山を成していた。この山を動かす信仰はまだ身に付けていないため（マタ 17:20, 21:21, cf. コリー 13:2）、一冊ずつ丁寧に手に取るほかなく、文献を渉猟していると、大学のゼミで多くの学生から学んだことが回り灯籠のように想起されて再び感謝の念に堪えない。

　前著『ディズニーランド研究　世俗化された天国への巡礼』はゼミ生がディズニーリゾートのお土産をゼミ教室で配る意義に気付かされたことを契機として一年で完成されたが、同様にして今回の『ディズニー変形譚研究　世俗化された福音への信仰』はゼミ生がディズニー映画の感動をゼミ教室で語る熱さにほだされたことを契機として一気に完成された。

　前著に引き続き、新教出版社の小林望社長には拙著の出版について再びご高配を賜り、重ねて深く感謝申し上げたい。

2020 年 2 月 9 日

宮平　望

著者 宮平 望（みやひら のぞむ）

　1966 年 神戸市生まれ

　1989 年 同志社大学神学部卒業（神学士）

　1991 年 同志社大学大学院神学研究科前期博士課程歴史神学専攻終了（神学修士）

　1992 年 ハーバード大学神学大学院修士課程修了（神学修士号［ThM］受領）

　1996 年 オックスフォード・ウィクリフホール神学大学研究科終了（コベントリー大学より神学博士号［PhD in Theology］受領）

　1996 年 8 月－ 1997 年 3 月 オックスフォード大学グリーン学寮客員研究員

　2002 年 8 月－ 2003 年 8 月 ケンブリッジ大学神学部・宗教学神学高等研究所客員研究員

　2002 年 8 月－ 2003 年 8 月 ケンブリッジ・ティンダルハウス聖書学研究所客員研究員

　2002 年 10 月－ 2003 年 8 月 ケンブリッジ大学セント・エドマンズ学寮客員研究員

　2019 年 4 月－ 2019 年 9 月 ケンブリッジ・ティンダルハウス聖書学研究所客員研究員

　1997 年 4 月以後、西南学院大学文学部国際文化学科講師、助教授、教授を経て、現在、国際文化学部国際文化学科教授（キリスト教学・アメリカ思想文化論担当）

著書

『神の和の神学へ向けて　三位一体から三間一和の神論へ』（すぐ書房, 1997 ／新教出版社, 2017 再版）

Towards a Theology of the Concord of God A Japanese Perspective on the Trinity,
　（Carlisle, Cumbria: Paternoster, 2000）

『責任を取り、意味を与える神　21 世紀日本のキリスト教 1』（一麦出版社, 2000）

『苦難を担い、救いへ導く神　21 世紀日本のキリスト教 2』（一麦出版社, 2003）

『戦争を鎮め、平和を築く神　21 世紀日本のキリスト教 3』（一麦出版社, 2005）

『現代アメリカ神学思想　平和・人権・環境の理念』（新教出版社, 2004 ／ 2018 増補新版）

『ゴスペルエッセンス　君に贈る 5 つの話』（新教出版社, 2004）

『ゴスペルフォーラム　君に贈る 5 つの話』（新教出版社, 2007）

『ゴスペルスピリット　君に贈る 5 つの話』（新教出版社, 2008）

『ゴスペルハーモニー　君に贈る 5 つの話』（新教出版社, 2019）

『神の和の神学入門　21 世紀日本の神学』（新教出版社, 2005）

『マタイによる福音書　私訳と解説』（新教出版社, 2006）

『マルコによる福音書　私訳と解説』（新教出版社, 2008）

『ルカによる福音書　私訳と解説』（新教出版社, 2009）

『ヨハネによる福音書　私訳と解説』（新教出版社, 2010）

『使徒言行録　私訳と解説』（新教出版社, 2011）

『ローマ人への手紙　私訳と解説』（新教出版社, 2011）

『コリント人への手紙　私訳と解説』（新教出版社, 2012）

『ガラテヤ人・エフェソ人・フィリピ人・コロサイ人への手紙　私訳と解説』（新教出版社, 2013）

『テサロニケ人・テモテ・テトス・フィレモンへの手紙　私訳と解説』（新教出版社, 2014）

『ヘブライ人への手紙　私訳と解説』（新教出版社, 2014）

『ヤコブ・ペトロ・ヨハネ・ユダの手紙　私訳と解説』（新教出版社, 2015）

『ヨハネの黙示録　私訳と解説』（新教出版社, 2015）

『ジョン・マクマレー研究　キリスト教と政治・社会・宗教』（新教出版社, 2017）
『ディズニーランド研究　世俗化された天国への巡礼』（新教出版社, 2019）

訳書
クラス・ルーニア『使徒信条の歴史と信仰』（いのちのことば社, 1992）
ボブ・ハウツワールト『繁栄という名の「偶像」』（いのちのことば社, 1993）
D. ブローシュ『キリスト教信仰　真の信仰をめざして』（一麦出版社, 1998）
アーサー F. ホームズ『知と信の対話　キリスト教教育の理念』（一麦出版社, 1999）

ディズニー変形譚研究
世俗化された福音への信仰

2020 年 8 月 31 日　第 1 版第 1 刷発行

著　者……宮平　望

発行者……小林　望
発行所……株式会社新教出版社
〒 162-0814 東京都新宿区新小川町 9-1
電話（代表）03 (3260) 6148
振替 00180-1-9991

印刷製本……モリモト印刷株式会社

ISBN 978-4-400-40751-5　C1016

宮平望の本

表示は税抜き本体価格です。